중국의
상업관행과
제도적 환경변화

현대중국
연구총서

10

중국의
상업관행과
제도적 환경변화

● 김용준 외 지음

본 도서는 2013년 정부(교육부)의 재원으로 한국연구재단의 지원을 받아 이루어졌다(NRF-2013S1A5B8A01053894).

현대중국연구 총서를 내면서…

성균관대학교 현대중국연구소는 2009년도에 20회 생일을 맞이했다! 1989년 11월에 현대중국연구소를 창립하였던 초대소장 양재혁 교수님(현 동양철학과 명예교수)은 20주년 기념 축사를 하였다. 성균관대학교 내에 현대중국연구소를 설립하였던 동기는 중국의 "현대"를 연구하는 기관이 한국에 필요하였기 때문이라 하셨다. "현대"라 함은 마오쩌뚱의 중국공산당이 1949년에 중국을 통일한 이후라 정의하셨다.

1949년 중국공산당이 중국을 통일한 이후 중국은 20세기를 거쳐, 2010년 현재에 산천개벽의 변화를 겪었다. 성균관대학교 중국연구소도 그러하였다. 1997년 11월에 연구소장으로 부임한 경영대학 김용준 교수는 현대중국연구소의 연구방향을 문사철 중심에서, 경제·경영학적 탐구로 전환하였다. "현대"의 개념도 좀 더 협의의 1978년 개혁·개방 이후로 조작적 정의를 하였다. 그 후로 약 10년 동안 중국의 특색적 시장경제 사회주의를 표방하는 시장문화를 경영학적 관점에서 연구하였다. 중국의 시장문화인 중국 소비문화와 기업문화를 심층적으로 연구할수록 중국 전통 상업문화에 대한 이해와 탐구의 갈증은 더욱 강해졌다. 이 학문적 갈증을 해소해줄 기회가 왔다! 그것은 2007년 11월에 한국연구재단의 중점연구소로 선정되면서, 3년씩 3단계에 걸쳐서 9년 동안 "중국 전통 상업문화와 중국 현대 시장문화"를 연구할 수 있도록 터전이 생긴 것이다. 간절히 원하면 되나 보다! 특히 중국 전통 상업문화의 국내 최고 연구가인 성균관대학교 역사학과의 박기수 교수님과의 만남은 현대중국연구소가 비로소 한쪽 날개를 장착하는 진실의 순간이었다. 2008년 이후 8명의 대학교수와 6명의 전임 박사급 연구원이 뭉쳤다. 인문학 중심의 제1연구팀과 경제·경영 중심의 제2연구팀은 중국 황산에서, 자물쇠를 특별히 구입하여 두 연구팀의 학제간 연구 결약식을 맺었다. 그 자물쇠의 열쇠는 황산의 깊은 계곡의 안개 위로 던져졌다.

그 후 현대중국연구소는 7번의 국제학술대회, 약 80여 편의 논문과 9권의 연구저서를 발표·출판하였다. 매월 월례세미나와 연구팀별 특별 연구회는 각각 중국 전통 상업문화와 중국 현대 시장문화를 학습·토론·연구하였다. 특별히 박기수 교수의 책임하에서 역사학을 중심으로 연구하고 있는 제1연구팀과 김용준 교수 책임하의 경영학 중심으로 연구하고 있는 제2연구팀의 교류와 소통은 마치 중국의 전통과 중국 현대의 단절된 역사를 구름다리 넘는 것과 같은 즐거움을 느끼게 해주었다. 다행히 두 연구팀의 14명의 박사급 연구자들의 공통된 비전과 인내심은 조금씩 소통과 겸손을 통하여 학제적 연구의 새로운 모습을 만들어내고 있다. 이러한 통섭의 산출물이 현대중국연구 총서이다. 2010년에 연구개시 3년차를 맞이하여 현대중국연구 총서 제1권인 『중국 전통상인과 현대적 전개』와 제2권인 『중국 현대의 소비문화와 시장문화』를 출판하게 되었으며, 순차적으로 총 10권의 총서를 출판하게 되니 가슴이 벅차오르고 머리가 시원해진다.

현대중국연구 총서 제1권에서는 10여 편의 논문이 중국전통상인의 현대적 전개에 관하여 역사학적·언어학적 관점에서 조명되고 새로운 연구의 가능성과 방향성이 제시되었다. 제2권에서는 10편의 논문이 중국 현대의 소비문화와 시장문화에 대한 경영학적·경제학적·법학적 탐구와 실증연구를 통하여 새로운 사회과학 통찰을 제시하고 있다. 2011년에는 총서 3으로 『중국 상업관행의 근현대적 전개』와 총서 4로 『중국 현대기업문화의 변화』를 연구 업적물로 출판하였다. 2012년에는 총서 5로 『중국 전통상업관행의 동아시아적 전개』와 총서 6으로 『중국 현대기업의 문화와 제도』를 출판하였다. 2013년도에는 총서 7로 『중국 전통 상업관행과 금융발전』, 총서 8로 『중국 현대기업과 상업관행의 변화』, 2014년에는 총서 9와 총서 10을 출판하게 됨을 두 손 모아 감사드린다. 성균관대학교 현대중국연구소는 한국연구재단의 중점 연구소로서 학제간 연구 결과물인 이 총서가 중국현대의 "미래의 기억"으로서 중국전통이 연구되고, 중국전통의 "과거의 상상"으로서 중국현대가 연구되는 초석이 되리라 소망해본다.

아직은 거친 돌이지만 앞으로 중국전통과 중국현대를 연결하는 다이아몬드와 같은 연구총서를 출간하기 위하여 다시 한 번 옷매무새를 다듬으며 독자들에게 예의를 올린다. 제1연구팀 책임연구자이시자 현대중국연구소 부소장이신 박기수 교수님께 다시 한 번 존경의 배를 올린다. 이 총서를 기획하고 만들어낸 현대중국연구소의 이호현 박사, 이상윤 박사, 김주원 박사께 감사를 표한다. 또한 이 총서를 출판해주신 한국학술정보㈜에도 감사드린다. 마지막으로 이러한 연구기회와 연구총서를 낼 수 있도록 지원해주시는 한국연구재단에 큰절을 올린다.

2014년 11월
성균관대학교 현대중국연구소 소장
김용준 교수

현대중국연구 총서 10권을 내면서

'중국의 상업관행과 제도적 환경변화'

중국은 2008년 글로벌 금융위기 이후 2013년 최근에 이르기까지 미국과 함께 G2로 불리며 세계경제에서 중국의 영향력을 더욱 확대시켰다. 이는 중국의 기업들이 개혁개방 30년 만에 시가총액 기준 세계 10대 회사에 랭크되고, 글로벌 금융위기를 기회로 삼은 금융기관들의 도약 등 중국 기업들의 성장이 견인차 역할을 한 것으로 볼 수 있다. 이렇듯 기업의 성장에 힘입어 중국은 더 이상 '세계의 생산기지'가 아닌 '세계의 소비시장'이라는 타이틀이 더 어울리는 경제대국으로 성장하며 우리에게 더 많은 위기와 기회를 주는 국가가 되었다.

더욱이 최근 진행되고 있는 중국과의 FTA 협상은 우리 기업의 경쟁력을 제고시키고 거대한 중국시장을 개척하기 위하여 우리에게 중국의 문화와 기업에 대한 심층적인 접근과 연구가 보다 절실해졌음을 느끼게 해주었다. 이러한 이유로 현대 중국경제 발전의 특징과 향후의 미래를 예측하는 것은 한국과 중국의 경제관계를 고려할 때 매우 중요한 문제이다.

그런데 최근에는 중국의 경제적 급부상과 더불어 그 이면에 내재되어 있었던 사회적 불평등의 심화, 환경문제, 부패 등에 대한 사회적 문제 및 부작용이 대두됨에 따라 이러한 문제를 개혁개방으로 해결될 수 있을 것인가에 대한 회의가 증가하고 있다. 이를 극복하기 위해서 최근 중국은 본질적인 이념의 문제를 둘러싼 논쟁과 소위 "성장전략의 전환"을 통해 사회적으로 직면한 문제를 해결하려는 움직임과 도전을 보이고 있으나 하루아침에 해결하기는 어려움이 있을 것이다.

생각해보면 그동안 중국의 경제적 급부상에 대해서 많은 관심을 기울여온 것에 비해 중국의 미래에 대한 관심이 상대적으로 부족했다. 그러나 앞으로 중국의 경제적 급부상 속에 직면한 사회적 문제들을 해결하려는 중국정부의 고민을 정확하게 분석하고 중국이 미래에 어떤 방향으로 갈 것인지를 이해한다면 중국과의 관계를 보다 의미 있게 발전시켜나가며 효과적으로 대응할 수 있는 전략을 수립할 수 있을 것이다.

이를 위해 중국의 현대 기업 및 중국 경제의 발전에서 나타나는 특징을 면밀히 파악하고, 부단히 중국 경제의 미래를 예측하는 것은 한국과 중국의 경제관계를 고려할 때 매우 중요한 문제이다. 그동안 많은 경제·경영 학자들은 중국의 경제·경영에 관한 다양하고 유용한 분석모델과 이론을 제시해왔으나 본 연구총서에는 중국의 상업관행과 제도적 환경에 주목할 필요가 있다고 본다. 보통 어느 특정 국가의 문화는 가족관계나 법질서 등의 사회구조 형성에 영향을 주며, 다양한 경제적 질서를 형성한다. 이러한 고유한 경제질서는 다시 경제발전에 영향을 주게 된다. 그러므로 문화에 대한 탐구가 인문학적인 영역에서뿐만 아니라, 경제·경영학 등에도 중요한 의의를 가질 수 있다.

이에 본 연구총서는 중국의 상업관행과 중국의 제도적 환경변화와 관련된 두 가지 범주의 글들로 구분할 수 있겠다.

중국 상업관행에 관한 연구에 있어서 중국 소비자들의 문화적 특성과 브랜드 선택에 관한 연구와 중국 현대기업의 조직문화의 리더십을 살펴보았다. 중국의 제도적 환경파트에서는 중재합의, 식품안전법, 중국 서비스산업과 유통환경의 변화 사례를 연구하였다.

본 연구총서가 출간되기까지 여러 가지 도움을 준 김주원 박사, 이상윤 박사, 이호현 박사에게 이 지면을 빌려 감사의 마음을 표한다. 그리고 본 학술서적을 간행함에 있어 흔쾌히 결정해준 출판사에 대하여 언급하지 않을 수 없다. 한국학술정보㈜에서는 순수 학술서적의 출판을 기피하는 풍토 속에서 올해도 변함없이 우리의 공동연구 성과를 독자들에게 선보일 수 있도록 기회를 제공해주었다. 아무리 뛰어난 성과라 하더라도 독자와 만날 수 없다면 그림의 떡에 불과한 것이 아닌가! 역시 이 자리를 빌려 한국학술정보㈜의 모든 관계자에게 감사의 마음을 표한다.

2014년 11월
성균관대학교 현대중국연구소 소장
김용준 교수

목차

 제1부 중국 상업관행의 변화

 제2부 중국 제도적 환경의 변화

제1부

중국 상업관행의 변화

중국소비자의 문화적 특성 차이와
브랜드 태도에 관한 연구*

김주원 · 문철주 · 김용준

I. 서론

중국은 하나의 나라가 아니다(오마에겐이치, 2002; Enright, Scott and Changet, 2005). 중국은 서로 다른 지역 간에 분명한 문화적 차이가 존재하고(Child and Stewart, 1997; 백권호 · 안종석, 2004; 홍준형 · 김용준, 2006), 지역마다 상이한 자연적 · 역사적 생존환경을 가지고 있다. 중국의 각 지역은 오래전부터 서로 다른 역사와 문화 전통을 가져왔고 또 근대 이후의 역사도 각각 서로 다른 발전 과정을 겪어왔다. 그리고 이러한 서로 다른 경험들은 소비자들에게 하나의 문화적 기억이 되어 근본적으로 기호나 취향과 깊은 관련이 있는 소비행위에도 적지 않은 영향을 끼쳐왔다(홍준형 · 김용준, 2006).

중국과 같이 오랜 역사와 광활한 영토, 그리고 서로 다른 배경을 가진 다양한 민족으로 구성된 나라의 경우에는 여전히 지역마다의

---

* 본 논문은 『국제지역연구』 제16권 제3호에 게재된 논문이다.

제1부 중국 상업관행의 변화 17

독특한 문화적 요소를 무시할 수 없다. 중국의 이천 년을 알려면 시안(西安)을, 오백 년을 알려면 북경(北京)을, 백 년을 알려면 상해(上海)를, 그리고 중국의 최근 10년을 알려면 광주(廣東)를 보라(楊東平, 1994)는 주장이 있다. 이 가운데 시안(西安)을 제외한 세 도시는 황하(黃河), 장강(長江), 주강(珠江) 유역을 중심으로 하는 화북문화(華北文化), 강남문화(江南文化), 영남문화(嶺南文化)의 핵심 도시로 전통과 현대가 교차하는 지점에서 각 지역의 독특한 문화를 새롭게 재창조하고 이를 다시 주변지역으로 파급시켜 온 지역문화의 중심지이다. 북경(北京), 상해(上海), 광주(廣州)가 갖는 이러한 시공간적 특성은 각각의 도시로 하여금 지역성과 역사성, 그리고 당대성을 겸비한 그 도시만의 독특한 문화적 특성을 형성시켰고, 이는 가치관이나 문화심리 등의 형태로 현재까지도 이 지역 시민들의 생활방식과 소비자 행동에 중대한 영향을 미치고 있다.

문화적 특성과 관련된 기존연구에서는 현지시장의 문화적 특성이 내수시장의 사업개발과 경영성과에 영향을 미친다(Douglas and Dubois, 1977; Schneider and De Meyer, 1991). 이와 같은 사실은 지역 간의 문화적 차이를 인식하고 의사결정에 반영해야 좋은 경영성과를 낼 수 있다는 것이다. 또한 기업의 국제경영활동과 문화 간의 관계에 대한 기존의 논의들은 문화적 차이가 기업전략에 영향을 미치는 주요 요인이라는 데 동의한다(Douglas and Dubois, 1977).

그런데 그동안 대부분의 연구는 문화를 단지 국가와 동의어로 간주하여 사실상 국가 간의 차이만을 기술하는 경향이 있다(Child, 1997). 그렇지만 이제는 비교대상 국가의 조직이나 사회구성원들에게 표준화된 측정도구를 사용하여 그들의 반응을 단지 국가별로만 비교하는 것이 아니라 관찰된 차이를 설명할 수 있는 적절한 이론체계의 개발과 제시된 이론의 타당성 및 개념들의 문화적 비교 타당성을 검증하는 연구들이 필요하다(서용원, 1996; 이철, 1995). 체계적인 문화비교를 위해서는 문화를 공통된 차원으로 구별하고 비교할 수 있어야 한다.

이와 관련해 본 연구는 문화특성을 국가 차원이 아닌 지역 차원에서 분석하는 것이 의미가 있다고 본다. 그런데 현실적으로 중국의 지역별 문화특성이 무엇이고, 지역 간에 문화특성의 차이가 무엇인지, 그리고 중국의 지역 간 문화특성에 따라 중국소비자의 브랜드 태도가 어떻게 나타나는지에 대한 실증 연구가 거의 없는 실정이다.

따라서 본 연구는 중국이 주요 도시를 중심으로 지역마다의 문화특성을 파악하고, 그 문화적인 특성이 중국소비자의 브랜드 태도에 어떤 영향을 미치는지를 실증 분석하고자 한다. 이는 최근 한국 제품의 중국 진출이 크게 증가하고 있는 상황에서 중국소비자의 문화적 차이와 브랜드 태도에 관한 실증연구를 통해서 차후 중국내수시장 진출 및 제품 진입 시에 중국 지역별 문화적 차이에 따른 소비자 반응을 효율적으로 이용하여 기업의 경영성과를 극대화하는 전략적 시사점을 제공하는 의의가 있다고 보기 때문이다.

II. 이론적 배경 및 연구가설

1. 문화적 특성과 소비자 행동

문화의 개념 및 정의는 학자마다 다양하게 정의하여 사용하고 있다. 일반적으로 문화는 다른 사람으로부터 한 인간적인 집단을 분리하는 특징과 관련해서 동질적인 특징을 갖고 있다. 또한 문화는 규범, 가치, 그리고 제도와 관련한 사회적인 성격을 제공한다. 그리고 국가적인 차원에서 문화라는 것은 특정 사회에서 전형적인 개인가치 우선권을 얻기 위해 시도하는 것이며 공유되는 문화적응과 관련하여 중심적인 취지를 반영하는 것이다(Schwartz, 1999).

또한 문화는 주어진 사회에서 행동적인 규범을 일으키는 신념, 가치, 관습 등의 학습된 총체로서 정의될 수 있다(Yan, 1994). 그리고 문화는 사람들이 사회의 구성원으로서 소유하고, 생각하고, 행동하는 모든 것을 포함하며(Ferraro, 2002), 문화의 영향을 받은 개인적인 가치관에 의해 종종 소비자의 구매태도와 소비자 의사결정을 드러낸다.

이러한 문화는 광범위하게 소비자 행동에 영향을 미친다. 이것은 소비자가 선택하는 제품이나 서비스가 그 당시 우세한 문화적 이상을 반영하기 때문에 문화와 소비자 행동은 서로 영향을 주는 상관관계가 있다고 볼 수 있다. 따라서 소비자의 행동을 올바로 이해하고 파악하기 위한 개념으로 문화적 요인이 중요하다고 할 수 있다.

이와 관련하여 한 나라의 문화적 가치는 오랫동안 소비자 행동에 영향을 미치는 요인으로서 규명되어 왔다(Roth, 1995; Sommers and Kernan, 1967). 대체적으로 문화의 영향력은 광고(Laroche et al., 2001), 시장진입방식(Brouther and Brouthers, 2001), 소매전략(Bello and Dahringers, 1985), 인터넷 사용(Quelch and Klein, 1996), 쇼핑전략(Akerman and Tellis, 2001), 다국적 마케팅(Salk and Brannen, 2000), 그리고 마케팅 환경(Doran, 2002)등을 포함한 마케팅활동의 다양한 측면에서 언급되어 왔다.

그리고 Hofstede(1991)는 문화를 특정 환경에 속하는 사회구성원을 구별하는 집단적인 정신프로그램이라고 언급하였다. Hofstede(1991)에 의하면 문화는 개개인의 특성이 아니며, 동일한 교육과 생활경험에 의해 조건화된 수많은 사람들의 집단적 특성이다. 즉, 문화는 각 개인이 가지는 인간본성이나 개성과는 구별되며 사회구성원 모두가 공유하는 것이다.

이처럼 문화는 가치와 윤리 같은 추상적인 사고들을 포함하며, 어떤 조직이나 사회와 구성원들 사이에 공유된 의미, 의식, 규범, 전통의 축적일 뿐만 아니라 사람들에 의해서 생산되고 높이 평가된 자동차, 의복, 음식, 예술, 스포츠 같은 물리적 대상과 서비스로 표현되기도 한다. 이것은 문화가 소비자 행동에 미치는 영향이 광범위함을 의미한다. 또한 앞에서 언급하였듯이 소비자들에게 도시의 문화적 기억이 소비행위에 영향을 끼치고(홍준형·김용준, 2006), 현지시장의 문화적 특성이 내수시장의 경영성과에 영향을 미치고(Douglas and Dubois, 1977; Schneider and De Meyer, 1991), 그리고 문화적 차이가 기업전략에 영향을 미치는 주요 요인(Douglas and Dubois, 1977)이 된다. 또한 지역적인 문화특성에 따라 브랜드 태도도 다르게 나타난다(零點調査, 2004).

이와 같은 내용을 종합해볼 때 문화적 특성이 중국소비자의 행동에 영향을 미친다고 보아 다음과 같은 가설을 설정하여 실증 분석하고자 한다.

> 가설 1: 문화적 특성은 중국소비자들의 브랜드 태도에 영향을 미칠 것이다.

한편 보통 비교문화 연구 분야에서 문화 간 비교를 하기 위하여 문화적 차이를 측정했다. 국제경영 및 국제마케팅 연구들은 국가들 간의 문화적 차이를 설명하기 위하여 문화적 거리의 측정을 선호하고 있다(Shenkar, 2001). 그러나 문화의 개념이 학자들에 따라 다양하게 정의되는 만큼 문화적 거리를 측정하기 위한 척도, 차원, 그리고 측정방법 등을 개발하는 것은 쉬운 것이 아니다(Boyacigiller et al., 1996).

본 연구에서는 Hofstede(1980)의 4가지 문화차원을 사용하여 문화특성을 측정하였다. Hofstede(1991)는 문화차원이 문화의 특성을 측정 가능케 하는 문화의 측면을 의미하며 실제로 여러 사회 내의 문화적 현상을 구분 가능케 하는 역할을 한다고 하였다.

그리고 Hofstede의 문화차원은 국가 간 문화적 차이를 설명하는 데 유용한 개념적 틀로 사용되고 있지만, 마케팅과 국제경영 분야(Nakata and Sivakumar, 2001)는 물론 개인적인 가치관, 신념, 그리고 행동패턴(Hofstede, 2001) 등 다양한 학문 및 실무 분야에서도 널리 사용되고 있다.

Hofstede(2001)는 국가 간에 문화적 다양성이 존속할 뿐만 아니라 새로운 기술이 국가 사이에 그리고 국가 내에 문화적 차이를 증가하게 했다고 언급하였다. 보통 국가 간의 사업거래는 서로 다른 사회 활동의 가치체계와 상호작용하는 것을 포함한다. 그렇지만 비록 국가의 범위가 항상 동질적인 가치체계와 조화를 이루는 것은 아닐지라도, 공유되는 문화를 창조하고 유지하기 위하여 국가의 범위 안에 강한 영향력이 있는 것이다(Rokeach, 1973; Hofstede, 1980).

현실적으로 소비자들은 다양한 나라에 존재하므로 기업들은 현지의 문화에 대응해야 한다(Bower, 2005). 특히 중국과 같은 나라는 거대한 지역으로 분할되어 있으므로 각 지역의 지방문화에 대응하는 기업전략이 불가피한 것이다. 이는 소비자들이 지역 및 국가의 문화적인 특성에 따라 소비자 편익에 대한 준거기준을 갖게 되기 때문이다. 따라서 국제 마케터들은 문화적 특성 차이와 관련한 소비자 준거기준의 영향이 무엇인지 이해할 필요가 있다(Deshpande, Farley, and Webster, 2000).

그리고 중국은 지역마다 서로 다른 문화적인 특성을 갖고 있고(Child and Stewart, 1997; 백권호·안종석, 2004; 홍준형·김용준, 2006), 지역적으로 광범위하여 지역별 문화적 차이에 따른 이질적인 특성을 갖고 있다(Cui and Liu, 2001; Swanson, 1998). 선행연구에서 Cui와 Liu(2000)는 중국 내 경제권별로 시장구조와 소비자 라이프스타일이 뚜렷한 차이를 보이며, 특히 중국 소비자들의 구매력, 태도, 구매패턴 등이 지역별로 유의적인 차이가 나타난다고 하였다. 또한 Swanson(1998)은 중국 내수시장마케팅을 위해서는 중국 지역 간의 불균형에 대한 이해가 중요하다고 하였다. 이것은 광대한 중국을

하나의 시장으로 볼 수 없으며 특히 중국의 개혁개방 이후에 지역
간 경제적 발전의 불균형에 따른 서로 다른 소비성향과 라이프스타
일로 인해 하나의 동질적 특징을 지닌 소비시장으로 볼 수 없다(오
마이겐이치, 2002; Enright et al., 2005; 김용준 외, 2007)는 시각이
다. 따라서 본 연구에서는 다음과 같은 가설을 설정하여 실증 분석
하고자 한다.

가설 2: 중국은 주요지역 간에 문화적 특성의 차이를 보일 것이다.

2. 중국소비자의 문화특성에 따른 브랜드 태도

가. 중국소비자의 브랜드 태도

일반적으로 브랜드 태도는 소비자가 어떤 특정 브랜드에 대해 갖
는 긍정적 혹은 부정적 감정의 양이라고 할 수 있다. 흔히 브랜드 태
도는 어떤 특정 제품에 대한 전반적인 이미지 그 브랜드가 갖고 있
는 현저한 속성, 편익 간의 강도와 호감의 정도에 따라 형성된다
(Keller, 1993). 이는 브랜드 태도가 브랜드 이미지에 의해 형성된다
고 볼 수 있는 것이다. 그런데 브랜드 이미지는 어떤 특정 브랜드에
대해 갖는 전체적인 인상을 의미하며 브랜드와 관련된 연상의 호감,
강력하고 차별적인 특성들로 결합되어 구축된다(Aaker, 1996b;
Keller, 1993). 또한 브랜드 이미지는 브랜드 개성과 상표와 연합된
제품속성이나 편익, 사용용도, 그 상표와 연합된 감정들을 포괄한다
고 할 수 있다. 심지어 브랜드 및 제품의 원산지 이미지도 브랜드 이
미지 형성에 직간접으로 영향을 미친다.

기존연구를 보면, 브랜드 원산지 이미지가 직간접적으로 소비자의 구매 의도나 브랜드 충성도에 영향을 미친다(Lin and Kao, 2004; Piron, 2000). 예컨대 원산지 이미지는 제품의 품질 지각을 통해 시장성과에 영향을 미치고(Teas and Agarwal, 2000), 지각된 제품가치를 통해 브랜드 구매에 영향을 미친다(Hui and Zhou, 2002). 또한 국가이미지는 해당 국가 제품의 품질지각에 긍정적인 영향을 미치고(안종석, 2005), 국가이미지가 호의적일수록 그 국가에서 생산한 제품을 더 좋게 평가한다(김용준・김주원・문철주, 2007). 이와 같은 연구들은 브랜드 이미지가 브랜드 태도 및 소비자 행동에 영향을 미치는 요인이 되고 있음을 알 수 있다.

그리고 브랜드 태도는 소비자가 갖고 있는 욕구에 따라 형성될 수 있다. 소비자의 욕구는 기능적 욕구와 상징적 욕구가 있으며, 이러한 욕구를 충족시키는 브랜드에 대해 소비자는 좋은 이미지를 가질 수 있고 태도 또한 긍정적일 수 있다(Bhat and Reddy, 1998). 가령 기능적 특성의 제품과 감각적 특성의 제품을 선택하여 외국 브랜드명이 소비자가 제품을 지각하고 평가하는 데 미치는 영향에 대해 실험 분석한 결과, 외국어로 된 브랜드명이 소비자의 지각과 태도에 영향을 미쳤다(Leclerc, Schmitt, and Dube, 1994).

특히 중국시장은 개혁개방 이후에 외국 브랜드 및 외국상품이 급격히 증가되기 시작함에 따라 외국 브랜드에 대한 중국소비자들의 선호도가 크게 증가하였다. 중국소비자는 외국 브랜드가 세련미, 후광효과, 현대성, 그리고 품질이 좋다고 평가하고(Li and Gallup, 1995), 국내 브랜드보다 외국 브랜드를 더 선호하는 경향이 있다(Wang and Chen, 2000). 보통 중국소비자들이 외국 브랜드를 선호하는 것은 외국 브랜드들을 가지고 있는 상징적 가치 때문이다(Zhou and Hui, 2003). 심지어 강한 자국중심주의 성향을 가진 소비자도 원산국의 이미지에 대한 긍정적인 생각을 가지면 외국제품이 더 우수하다고 평가한다(Yagci, 2001).

그리고 소비자들은 특정 브랜드에 대한 좋은 이미지를 가짐으로써 브랜드에 대한 좋은 태도를 나타낼 수 있다. 이는 기업의 브랜드 이미지가 장기적으로 소비자의 브랜드 태도 및 충성도에 영향을 미치기 때문이다(Aaker and Keller, 1990; Keller, 1993). 또한 어떤 특정 브랜드에 대해 강력하고 호의적인 태도를 가지고 있다면 그 브랜드는 파워가 있다고 할 수 있다. 본 연구에서는 Aaker(1996a)가 제시한 브랜드 자산의 원천이라고 할 수 있는 브랜드 인지도, 이미지 연상, 지각된 품질로써 브랜드 파워를 측정하였다.

중국소비자의 브랜드에 대한 선호도는 지역 간에 서로 다른 차이를 보이고 있다. 즉, 베이징 소비자들은 상품구매 시에 상하이, 광저우 소비자에 비해 가격보다는 브랜드를 중시하며 국산품을 선호한다. 그리고 상하이 소비자들은 브랜드, 품위를 중시하지만 제품의 질과 가격을 동시에 꼼꼼하게 따지면서 수입품을 선호한다. 또한 광저우 소비자들은 개인생활의 질을 가장 중시하며 유명브랜드에 크게 좌우되지 않고 제품의 질과 가격을 가장 중요시하는 실리적인 소비성향을 나타냈다(零點調査, 2004). 이와 같은 연구들이 대부분 시사하고 있는 바는 광범위한 지역의 중국소비자들이 모두 동질적인 브랜드 태도를 보이는 것이 아니고 지역적인 문화특성에 따라 브랜드 태도도 다르게 나타난다고 볼 수 있다.

특히 본 연구에서는 중국이 개혁개방 이후 점차적으로 개인주의 문화가 발달되고 있고, 또한 불확실성 회피 문화의 차이가 지역 간에 존재하므로 이에 초점을 맞추어 아래와 같이 실증 분석하고자 하였다.

　나. 중국소비자의 개인/집단주의 문화특성에 따른 브랜드 태도
　중국인들은 개혁개방 이후에 상당히 개인주의적인 성향으로 전환되었고, 중국 사회가 이미 개인의 능력에 따른 소득분배의 시장경제체제의 도입, 독생자 정책 등으로 개인주의가 조장될 개연성이 커졌다(백권호・안종석, 2004). 개인/집단주의는 사회구성원이 집단 내에서 함께 일을 하려는 성향으로서 조직에 대한 개인의 독립성과 의존성의 정도를 나타낸다. 또한 개인주의는 "나를" 집단주의는 "우리들"로서 대조된다(Hofstede, 2001).
　개인주의 문화는 사람들 간에 느슨한 인연의 특징을 갖고 있으며, 사람들은 주로 그들 자신과 육친을 돌보는 것을 기대한다. 사람들은 개인주의 문화에서 다른 사람들보다는 자기 자신의 관심에 초점을 맞춘다(Dwyer, Mesak and Hsu, 2005). 또한 개인주의와 집단주의 문화차원은 홀(Hall and Hall, 1987)의 고배경 문화와 저배경 문화 유형과 매우 비슷하다(Hofstede, 2001; Gudykunst and Ting-Toomey, 1988). 고배경 문화에서의 커뮤니케이션은 의사전달자의 배경, 가치관 등에 더 많은 정보가 포함되어 있으므로 실제로 구두로 나타내는 메시지에는 정보가 적게 포함되어 있고, 저배경 문화에서의 커뮤니케이션은 메시지가 명백하고 실제의 대화를 통하여 대부분의 정보가 교환된다.
　Hofstede(2001)는 고배경 문화에서의 커뮤니케이션은 집단주의 사

회에 적합하고 저배경 문화에서의 커뮤니케이션이 개인주의 문화의 유형이라고 주장하였다. 그런데 집단주의 문화에서는 신제품 도입과 관련하여 사회구성원들 간에 커뮤니케이션에 대한 기회를 더욱 많이 제공해야 하며(Takada and Jain, 1991; Tellefsen and Takada, 1999), 대중을 통해 확산하는 것이 효율적이다(Rogers, 1983; Tellefsen and Takada, 1999). 즉, 이것은 집단주의 문화에서 제품에 대한 확산이 가속화된다는 것이다. 반면, 개인주의 문화에서는 사람들 간의 관계가 상대적으로 느슨하고 사람들이 집단주의 문화에서만큼 통합되지 않는다. 그런 까닭에 커뮤니케이션 경로에 있어서 정보의 흐름이 줄어든다. 바꾸어 말하면 개인주의가 낮은 문화에서의 사회적 네트워크는 정보의 중요 원천으로서 도움이 되는 것이다(Hofstede, 2001).

또한 개인주의 문화는 사회적인 구조를 우선하기보다는 자신과 개인적인 가족을 돌보는 것을 더 먼저 생각하는 경향이 있으며(Hofstede, 1980), 이에 기업들은 개인의 편익에 초점을 맞추려는 경향이 있다(Cutler, Erdem and Javagi, 1997). 그리고 개인주의가 낮은 문화에서는 획일주의와 비밀주의가 높은 경향이 있다(Salter and Niswander, 1995).

한편 집단주의 문화는 신제품 혁신 수용에 관한 커뮤니케이션 배경을 제공하며 이것과 반대되는 현상이 개인주의 문화라는 사실이다. 그러므로 기술적인 제품 혁신의 확산은 개인주의 문화가 높은 지역에서 더 낮다고 본다. 통상적으로 개인주의에 상반되는 집단주의 문화는 비교적 유교 문화권에 속하는 한국, 일본, 중국의 소비자들에게 강하게 나타나는 현상이라 할 수 있다. 이것은 흔히 집단주의 문화가 전통적인 가치 문화의 일부분이며, 개인주의 문화는 서구 문화의 대표적인 가치 문화라고 할 수 있기 때문이다. 그런데 집단주의와 개인주의의 차이는 한 개인이 의사결정을 내릴 때 얼마나 자신이 속해 있는 집단의 요구를 고려하는가에 달려 있다(이철, 1995).

일반적으로 전통적인 가치는 가족주의, 권위주의, 관료주의의 성향이 강하기 때문에 예절과 체면을 중히 여기고 인정주의 사상을 불러일으킨다. 이와 같은 가치의 소유자들은 제품의 권위성과 위신을 중시하기 때문에 유명 브랜드를 선호하고 유명 회사 제품을 신뢰하는 경향이 높게 나타난다고 할 수 있다. 따라서 집단주의 성향이 높은 사람은 의복을 통해서 자신의 지위나 신분을 나타내고자 하는 의식이 높을 것으로 예상되며 수입의복 착용을 통하여 이러한 욕구를 충족시키리라 예상된다(Yau, 1989). 이와 같은 내용들을 미루어볼 때 집단주의 문화에서는 브랜드 파워가 있는 유명 브랜드나 외국 브랜드를 선호하는 경향이 높은 것으로 짐작된다. 반면에 개인주의 문화는 독립심, 개인 간의 경쟁, 개인 성취욕, 자기만족, 자유 그리고 개인의 쾌락 등을 강조하는 경향이 있으며, 일반적으로 개인주의는 개인적인 성취를 소중히 여긴다(Hofstede, 1980). 즉, 개인주의 문화는 소비자의 개인적인 편익에 초점을 맞추는 경향이 있다(Cutler, Erdem, and Javalgi, 1997).

따라서 본 연구는 개인주의가 높은 문화특성을 지닌 지역의 소비자들이 개인주의가 낮은 문화특성을 지닌 지역의 소비자들보다 제품의 질이나 가격 등을 신중하게 고려하는 구매태도를 나타낸다고 본다. 또한 중국시장은 개혁개방 이후에 외국 브랜드 및 외국 상품이 급격히 증가되기 시작함에 따라 외국 브랜드에 대한 중국소비자들의 선호도가 크게 증가하고, 국내 브랜드보다 외국 브랜드를 더 선호하는 경향이 있고(Wang and Chen, 2000), 특히 외국 브랜드들이 가지고 있는 상징적 가치 때문에 중국소비자들은 외국 브랜드를 선호한다(Zhou and Hui, 2003)고 본다. 이상과 같은 논의를 바탕으로 다음과 같은 가설을 제시하여 실증 분석하고자 한다.

가설 3: 개인주의 문화성향의 소비자들보다 집단주의 문화성향의 소비자들이 브랜드 파워가 있는 외국 브랜드에 대하여 더욱 호의적인 태도를 보일 것이다.

다. 중국소비자의 불확실성 회피 문화특성에 따른 브랜드 태도
일반적으로 불확실성 회피가 높은 문화에서는 소비자들이 위험을 줄이기 위해서 제품의 질을 더욱 중요하게 생각한다(Nakata and Sivakumar, 2001). 소비자들이 제품의 품질을 중요하게 생각하는 것은 문제를 예방하고 위험을 줄이는 한 방법으로서 설명될 수 있다 (Roth, 1995). 이와 같이 소비자들이 제품의 품질을 중요하게 생각하는 것은 소비자행동에 있어서 브랜드에 대한 태도로 볼 수 있으며, 불확실성 회피 문화가 높은 지역의 소비자일수록 제품의 품질을 중시하는 브랜드 태도를 지녔다고 볼 수 있다.
그리고 불확실성 회피가 높은 문화는 비전문가적인, 획일주의적인, 보수적인, 그리고 비밀적인 성향이 있다(Salter and Niswander, 1995). 또한 개인 및 조직 간에 결속력이 더 강하고(Money, Gilly and Graham, 1998), 문제해결과 문제예방에 더욱 초점을 두는 경향이 있다(Roth, 1995).

Hofstede(2001)는 불확실성 회피가 낮은 문화에서는 알려지지 않은 상황, 사람, 그리고 관념에 대하여 불확실한 편익을 보다 많이 제공하려고 한다고 한다. 특히 새로운 기능적인 속성을 지닌 기술적인 제품은 이미 소개되었고 소비자들에 의해 사용된 제품과 비교하여 새로운 것이고 입증되지 않은 것을 포함한다. 이와 같은 견해는 크게 보면 기술적인 제품들을 불확실하거나 알려지지 않은 실체로서 생각할 수 있는 것이다(Tellefsen and Takada, 1999). 그러므로 특별히 불확실성 회피 문화가 높은 잠재적인 수용자들은 제공되는 제품의 편익에 관해 확신하지 않을 것이고, 그 결과 제품의 구매를 미룬다는 것이다. 실제로 Rogers(1983)는 불확실성이 신제품 확산에 영향을 미치는 것을 발견하였고, Hofstede(2001)는 불확실성 회피 문화가 낮은 경우에 최근의 기술적인 혁신제품의 사용이 더 크다는 것을 주장하였다.

또한 Veryzer(1998)는 불연속적인 신제품과 관련된 소비자의 편익과 위험에 관한 소비자의 불확실성 회피가 제품평가에 영향을 미치는 중요한 요인이라는 것을 발견하였다. 이와 유사하게 Tellis와 Stremersch, 그리고 Yin(2003) 등은 불확실성 회피 문화가 높은 것보다 불확실성 회피 문화가 낮을 경우에 신제품 출시의 도입부터 제품의 급속한 성장단계까지 더욱 신속하게 발전한다는 것을 발견하였다.

통상적으로 혁신과 관련되어 있는 불확실성은 불확실성 회피 문화가 낮은 경우에 증가해야 하는 것이다. 그런 까닭에 불확실성 회피가 낮은 문화는 불확실성을 신속하게 더욱 관대히 다루는 것이고 (Kale, 1995), 불확실한 상황 또는 알려지지 않은 위험을 받아들이는 의지를 갖고 있는 것이다(Hofstede, 2001). 이것은 어떤 상황에 대한 예측과 확실성에 대한 욕구에 있어서 불확실성 회피가 높은 문화인 경우에 혁신적인 제품을 선택할 가능성이 더욱 적다는 것이다. 즉, 불확실성 회피 문화가 강하다는 것은 혁신적인 제품에 저항하는 것과 연관되어 있는 것이다(Hofstede, 2001). 또한 Jan-Benedict, Hofstede, 그리고 Wedel(1999)은 불확실성 회피 문화가 높은 소비자들이 불확실성 회피 문화가 낮은 소비자들에 비해서 더욱 혁신적이지 않다는 것을 발견하였다. 이것은 오히려 불확실성 회피가 강한 소비자들이 브랜드 파워가 강한 제품에 대한 선호도가 더 높을 것으로 사려된다. 또한 앞에서 언급하였지만 중국 소비자들은 외국 브랜드가 세련미, 후광효과, 현대성, 그리고 품질이 좋다고 평가하고(Li and Gallup, 1995), 국내 브랜드보다 외국 브랜드를 더 선호하는 경향이 있다(Wang and Chen, 2000)고 한다. 따라서 이상과 같은 논의들을 종합하여 다음과 같은 가설을 설정하여 실증 분석하고자 한다.

가설 4: 불확실성 회피 문화 성향이 낮은 소비자들보다 불확실성 회피 문화 성향이 높은 소비자들이 브랜드 파워가 있는 외국 브랜드에 대하여 더욱 호의적인 태도를 보일 것이다.

Ⅲ. 연구방법

1. 표본 및 자료수집

중국의 자동차 시장은 급속도로 성장하고 있다. 중국은 '94년 자동차공업산업정책'을 제정해 2010년까지 자동차산업을 국민경제의 기간산업으로 육성시킬 계획을 마련했다. 특히 2001년 WTO 가입과 2008년 베이징올림픽의 유치를 계기로 중국자동차 시장은 예상보다 빠르게 성장하고 있다. 2002년에 중국자동차 규모는 약 325만 대로 세계 5위에 랭크되었고, 2003년 6월에는 개인용 승용차 보유량은 1,000만 대를 돌파하였다. 그리고 2005년 중국의 자동차 생산량과 판매량은 각각 571만 대, 576만 대로 2004년 대비 각각 12.6%, 13.6% 증가했다. 또한 2006년 중국자동차 생산량과 판매량은 각각 729만 대, 721만 대로 달해, 생산량에서는 독일을 제치고 미국, 일본에 이어 세계 3위, 내수판매량에서는 일본을 제치고 세계 2위가 되었다. 이러한 중국의 자동차시장의 급속한 성장은 세계 메이저 자동차산업들을 중국에 끌어들였다. BMW, GM, Ford를 비롯하여 Honda, Toyota, Nissan, 프랑스의 푸조, 한국의 현대, 기아 등 상당수의 자동차 업계가 중국 내 생산 거점 확보와 중국내수시장을 공략하기 위해 이미 진출해 있는 등 글로벌 완성차업체의 활발한 중국진출은 중국자동차시장을 미국에 이은 제2의 올림픽시장으로 만들었다. 중국의 자동차 시장이 세계의 자동차 시장에서 차지하는 비중이 커짐에 따라 중국은 세계의 자동차 산업뿐만 아니라 한국의 자동차 산업에도 큰 영향을 미치는 주요 시장으로 부상하게 되었다. 이에 본 연구에서는 자동차 제품을 선정하여 중국소비자를 대상으로 설문조사를 실시하였다.

본 실증 연구를 위한 자료조사는 중국의 조사업체에 의뢰하여 베이징, 상하이, 광저우에 거주하는 18세 이상부터 60세 미만인 성인 남녀 1,500명을 대상으로 실시되었다. 표본은 지역, 연령, 성별의 각 수준에 비례를 유지하기 위하여 할당표본추출을 시행하였다. 본 실증분석을 위한 표본의 인구통계적 특성은 전체 대상 1,500명 가운데 남자가 750명(50%), 여자가 750명(50%), 연령별로는 18~29세 375명(25%), 30~39세 375명(25%), 40~49세 375명(25%), 그리고 50~59세(25%)의 분포를 나타냈으며, 또한 지역별로는 베이징, 상하이, 광저우에서 각각 500명씩이다.

2. 변수의 조작적 정의 및 측정

Hofstede(1991)는 문화차원이 문화의 특성을 측정 가능케 하며 실제로 여러 사회 내의 문화적 현상을 구분 가능케 하는 역할을 한다고 한다. 특히 중국과 같은 나라는 중국 내의 여러 지역에서 지역별 문화가 존재한다.

따라서 본 연구는 중국 내에서 지역별로 관찰된 문화적 특성을 파악하고 측정하기 위하여 Hofstede(1980, 1991)의 문화특성 하위차원의 개념을 이용하여 모든 항목을 7점 리커트 척도로 측정하였다. 먼저, 권력거리는 특정 문화 내의 사회구성원들이 조직 내의 계층이나 불평등한 권력의 배분을 기대하고 수락하는 정도를 의미하는 것으로서 4개의 측정항목을 사용하였다. 개인주의/집단주의는 사회구성원이 집단 내에서 함께 일을 하려는 성향으로서 조직에 대한 개인의 독립성과 의존성의 정도를 나타내는 것으로서 3개의 측정항목을 사용하였다. 그리고 불확실성 회피는 한 문화의 구성원들이 불확실한 상황 또는 알려지지 않은 상황에 의해 위협을 느끼는 정도를 의미하는 것으로서 3개의 측정항목을 사용하였다. 또한 장기지향성은 Hofstede와 Bond(1988)의 연구에서 추가된 차원으로 유교적인 철학 가치를 가지고 있는 정도를 나타내며 특정 사회가 관습적이고 역사적인 관점이 아니라 실용적이고 미래지향적인 관점을 갖는 정도를 의미하는 것으로서 4개의 측정항목을 사용하였다. 한편, 본 연구는 사전조사에서 남성성/여성성 차원을 측정하는 신뢰도가 낮게 나와 제외하였다.

그리고 브랜드 태도와 관련하여 브랜드 선호도에 대한 측정은 중국소비자들이 브랜드에 대하여 어떤 호의적인 인식을 갖고 있는지를 파악하고자 한충민(1998)의 연구에서 사용하였던 브랜드 태도에 대한 측정항목을 활용하여 중국소비자들이 전반적으로 지각하는 품질에 대한 신뢰성, 제품에 대한 흥미성, 그리고 제품을 좋아하는지 싫어하는지에 대한 호의성 등의 항목으로 7점 척도를 이용하여 측정하였다.

한편 본 연구에서는 중국소비자들이 자동차를 평가할 때에 순수한 국내 브랜드인지, 외국 브랜드인지, 또는 합작 브랜드인지에 따라 그 선호하는 것이 다르다는 것을 감안하였다. 본 연구에서는 합작 브랜드를 외국 브랜드가 중국과 합작계약을 체결하여 중국에서 생산하여 중국에서 판매하는 제품의 브랜드를 합작 브랜드로 조작적 정의하였다. 즉, 현대자동차가 중국에서 생산한 베이징현대(北京現代)차, 혼다자동차가 중국에서 생산한 광저우 혼다(广州本田) 등의 제품들을 합작 브랜드 제품이라고 하였다. 이는 중국소비자를 대상으로 베이징현대차, 현대차, 광저우 혼다차 그리고 혼다차를 국산 브랜드와 외국 브랜드로 인식하는지에 대한 사전조사를 통해서 조작적 정의한 것이다.

또한 사전조사결과, 국내 브랜드보다 외국 브랜드에 대한 브랜드 파워가 더 크게 나타났다. 본 연구에서 브랜드 파워는 Aaker(1996a)가 제시한 브랜드 자산의 원천이라고 할 수 있는 브랜드 인지도, 이미지 연상, 지각된 품질을 기본적인 구성요소로 하여 자동차 브랜드에 대한 인지도와 이미지, 그리고 지각된 품질로써 평가하였다. 이에 본 연구에서는 브랜드 파워가 낮은 제품으로 중국 국내 자동차 브랜드인 중화 자동차를, 브랜드 파워가 높은 제품으로 외국 브랜드인 현대 자동차(소나타 수입)를 실증 연구대상 제품으로 선정하였다.

Ⅳ. 연구결과

1. 측정변수에 대한 신뢰성과 타당성 검증

본 실증연구에 사용된 구성된 개념들의 신뢰성을 측정하기 위하여 Cronbach's alpha계수를 이용하여 분석하였다. Cronbach's alpha계수는 반드시 몇 점 이상이어야 한다는 기준은 없지만 흔히 0.8~0.9 이상이면 바람직하고, 0.6~0.7이면 수용할 만한 것으로 여겨지는데, 분석결과(<표 1> 참고) 모든 변수의 알파계수가 0.7 이상으로 나타나 신뢰성이 확인되었다. 또한 타당성 검증에서는 요인들의 고유치가 1 이상, 요인부하량도 대부분 0.60 이상으로 나타나므로 타당성이 확보되었다. 이는 흔히 요인부하량이 0.50 이상일 때 실제적 유의성을 갖는 것으로 받아들일 수 있기 때문이다.

2. 가설검증

가. 문화특성이 브랜드 태도에 미치는 영향 검증결과

본 연구에서는 먼저 중국 주요지역 소비자의 문화특성이 브랜드 태도에 미치는 영향을 확인하기 위하여 외국 브랜드 제품과 중국 국내 브랜드 제품을 구분해서 다중회귀분석을 실시하였다. 분석결과(<표 2> 참고), 외국 브랜드(F=13.85, ρ <.01)와 국내 브랜드(F=11.09, ρ <.01)의 회귀식이 모두 유의한 것으로 나타났다. 또한 외국 브랜드 제품에서는 개인/집단주의(ρ <.05), 불확실성 회피(ρ <.01), 그리고 장기지향성(ρ <.01)이 브랜드 태도에 유의한 영향을 미치는 변수로 나타났다. 반면, 국내 브랜드 제품에서는 개인/집단주의(ρ <.01), 불확실성 회피(ρ <.01)가 브랜드 태도에 유의적인 영향을 미치는 변수로 나타났다. 이런 결과는 문화특성 변수들 가운데 외국 브랜드이든지 국내 브랜드든지 간에 개인/집단주의적 변수와 불확실성 회피 변수가 중국소비자들의 브랜드 태도에 통계적으로 유의한 영향을 미치는 공통적인 변수임을 알 수 있다. 이와 같은 결과를 통해 볼 때 가설 1은 부분적으로 지지되었다. 한편, <표 2>에서 보듯이 공차한계의 값이 .10보다 크며, 분산팽창요인(VIF)의 값이 10보다 작은 값을 나타내고 있으므로 다중공선성의 문제는 없다고 할 수 있다.

<표 1> 측정변수의 신뢰성과 타당성 검증

변수		회전된 성분행열				알파계수
		요인 1	요인 2	요인 3	요인 4	
장기 지향성	검소함	0.84	0.22	0.07	0.04	0.843
	안전정서유지	0.77	0.28	0.13	0.08	
	전통 존중	0.74	0.10	0.06	0.24	
	인내와 근면함	0.73	0.31	0.19	-0.06	
권력 거리	불평등은 존재	0.32	0.73	0.15	0.03	0.725
	자녀들에 대한 평등	0.33	0.70	0.12	-0.02	
	지위가 높은 사람들의 특권	0.22	0.66	0.04	0.22	
	조직의 권한 집중	0.32	0.64	0.17	-0.03	
불확실 성 회피	위험에 대한 느낌	0.13	0.05	0.80	0.10	0.721
	경솔하게 행동	0.23	0.19	0.71	0.06	
	공격성과 감정 표출	0.01	0.16	0.58	0.32	
개인/집 단주의	조직의 이익이 중요함	0.06	0.00	0.04	0.81	0.701
	사화 추구하는 방향은 복지	0.08	0.10	0.21	0.72	
	인간관계가 중요함	0.19	0.21	0.17	0.56	
eigenvalue		5.389	1.699	1.069	1.003	
pct of var(총 60.70%)		34.68%	10.66%	8.09%	7.27%	

<표 2> 문화적인 특성이 브랜드 태도에 미치는 영향 검증

구분	문화특성	비표준화		표준화 계수	t-값	유의 확률	F	공선성 통계량	
		B	표준 오차	베타				공차 한계	VIF
외국 브랜드	상수	4.01	0.20		19.81	.000***	13.85 ***		
	개인/집단주의	0.069	0.029	0.064	2.33	.021**		.871	1.148
	불확실성 회피	0.111	0.029	0.105	3.89	.000***		.893	1.120
	권력거리	-0.024	0.03	-0.022	-8.15	.415		.888	1.126
	장기지향성	0.102	0.024	0.112	4.228	.000***		.926	1.080

국내 브랜드	상수	3.051	0.229		13.33	.000***	11.09 ***	.871	1.148
	개인/집단주의	0.112	0.033	0.092	3.36	.000***		.893	1.120
	불확실성 회피	0.102	0.032	0.085	3.15	.000***		.888	1.126
	권력거리	0.054	0.034	0.043	1.59	.112		.926	1.080
	장기지향성	0.032	0.027	0.031	1.16	.241			

***p<0.01 **p<0.05 *p<0.1

한편 본 연구는 추가분석으로 중국 주요지역 간에 제품평가 차이가 있는지를 검증하였다. 중국 주요지역별 제품 평가 차이를 파악하기 위해 F-검증 결과, 베이징, 상하이, 그리고 광저우 간에 브랜드 평가가 서로 차이가 있는 것으로 나타났다(F=6.004, ρ <0.01). 다음의 <표 3-1>과 <그림 1>을 보면, 베이징, 상하이, 광저우 모든 지역에서 국내 브랜드보다 외국 브랜드를 더 선호하며, 이 중 베이징이 외국 브랜드를 가장 높게 평가하고 상하이와 광저우는 큰 차이가 없는 것을 알 수 있다. 그러나 중국 주요지역별의 브랜드 평가들 간의 사후검증결과 <표 3-2>를 보면, 베이징과 상하이, 베이징과 광저우 간에는 통계적으로 유의한 차이가 있고, 상하이와 광저우는 유의적인 차이가 아님을 알 수 있다.

〈표 3-1〉 중국 주요지역별 브랜드 평가 결과(평균, 표준편차)

	외국 브랜드	국내 브랜드
베이징	5.13(1.05)	3.84(1.39)
상하이	4.87(1.18)	4.47(1.22)
광저우	4.95(0.98)	4.35(1.07)
합 계	4.99(1.07)	4.22(1.26)

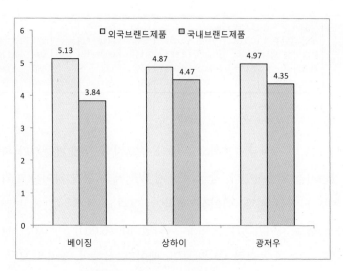

〈그림 1〉 중국 주요지역별 제품 평가결과

〈표 3-2〉 중국 주요지역별 브랜드 평가 사후검증

(I) 지역	(J) 지역	평균차(I-J)	표준오차	유의확률
베이징	상하이	(0.19)*	0.06	0.00***
	광저우	(0.18)*	0.06	0.00***
상하이	베이징	0.19 *	0.06	0.00***
	광저우	0.01	0.06	0.84
광저우	베이징	0.18*	0.06	0.00***
	광저우	(0.01)	0.06	0.84

나. 문화적 특성에 따른 지역 간 차이 검증결과

본 연구는 중국의 지역별 문화특성 차이에 따른 브랜드 태도 차이를 파악하기 위하여 먼저 지역별 문화특성 차이를 ANOVA분석을 통해 검증하였다. 지역별 문화특성 차이를 검증한 결과 <표 4-1>과 <표 4-2>와 같이 나타났다. <표 4-1>에서 나타난 것과 같이 지역 간의 문화특성 차이는 통계적으로 유의하게 나타났다(F=22.041, p<.01). 또 지역별 문화특성인 장기지향성, 권력거리, 불확실성회피, 그리고 집단주의의 F 검증결과도 <표 4-2>와 같이 통계적으로 유의하게 나타났다. 따라서 중국을 대표하는 베이징, 상하이, 광저우 3대 도시의 문화적인 특성이 지역 간에 통계적으로 유의한 차이가 있음을 알 수 있다. 이와 같은 결과를 토대로 가설 2는 지지되었다.

이런 결과로 볼 때, 베이징은 상대적으로 다른 지역보다 집단주의 성향과 불확실성 회피 성향이 높게 나타났다. 이는 베이징이 원대(元代) 이래 현재까지 약 800여 년 동안 줄곧 중국의 수도로서 명실상부한 중국 정치, 사회, 문화의 중심지에 따라 장기간에 걸친 왕도에서 생활한 베이징 사람들로 하여금 사회구성원이 조직 내의 계층이나 불평등한 권력의 배분을 수락하는 정도가 높고, 사회구성원이 집단 내에서 함께 일을 하려는 성향이 높고, 집단 내에 함께 일을 함으로써 불확실성 회피를 높이려 하고 전통적인 사회습관들이 많다는 것을 알 수 있다.

그리고 베이징 지역이 상하이나 광저우보다 장기지향성이 더 높게 나타났다. 이것은 장기지향성이 실용적이고 미래지향적인 관점을 갖는 정도로 조작적으로 정의하여 검소함, 안전정서 유지, 전통 존중, 인내와 근면함이라는 측정항목으로 측정한 결과로 본다. 이와 같은 결과는 베이징이 실용적이고 미래지향적인 관점을 추구하는 이면에는 아직도 앞에서 언급하였던 전통적 사회습관 속에 전통과 안전을 존중하고 인내가 자리 잡고 있다고 할 수 있겠다.

또한 베이징은 왕도문화 및 귀족문화, 상하이는 조계문화, 그리고 광저우는 변방문화라는 점(홍준형·김용준, 2006; 김용준 외, 2007;

김용준 외, 2009)을 통해 유추할 수 있겠다. 즉, 베이징 소비자는 소비자의 문화적 욕구와 지위적 만족도를 충족시킬 수 있는 정치적 상징과 감성적 기분 등의 전통적 요인과 안전정서를 중시하는 데 비해, 상하이는 "조계(租界) 상업문화"지로서 비교적 실리적·개방적·심미적인 소비성향을 나타내면서 동시에 변화하는 트랜드를 지향하거나 명품을 추구하는 의식이 높아짐으로 전통과 안전정서, 그리고 검소함이 상대적으로 낮아 장기지향성이 베이징에 비해 낮다고 볼 수 있겠다. 그리고 광저우는 "개항·변방문화"지로서 광저우 소비자들은 자긍심과 중심의식보다는 변방의식이 내재되어 변화하는 상황 속에 실리적인 측면을 중시하는 경향이 높으나 또한 전통을 존중하고 안전정서를 유지하려는 의식이 상대적으로 낮아 베이징에 비해 상대적으로 장기지향성 정도가 낮다고 볼 수 있겠다.

이런 결과는 장기지향성이 실용적이고 미래지향적이나 그 이면에는 전통을 존중하면서 안전정서가 기본적으로 깔려 있으면서 인내와 근면 검소함을 추구하고 있다는 것으로 유추할 수 있겠다.

〈표 4-1〉 베이징, 상하이, 광저우 3개 도시의 문화적 특성 차이 검증

소스	제Ⅲ 유형 제곱합	자유도	평균제곱	F	유의확률
문화특성	80.89	1	80.89	93.742	.000 ***
문화특성 * 지역	38.04	2	19.02	22.041	.000 ***
오차(문화특성)	1291.75	1497	0.86		

***p<0.01 **p<0.05 *p<0.1

<표 4-2> 베이징, 상하이, 광저우 3개 도시의 문화적 특성 차이 검증

	베이징	상하이	광저우	F
장기지향성	5.77(0.79)	5.03(1.01)	4.89(1.41)	90.88***
권력거리	4.99(0.93)	4.70(0.78)	4.51(1.09)	32.65***
불확실성 회피	5.05(0.87)	4.74(0.85)	4.57(1.18)	30.27***
집단주의	5.06(0.93)	4.82(0.82)	4.71(1.15)	17.65***

***p<0.01 **p<0.05 *p<0.1

다. 개인/집단주의 문화특성에 따른 브랜드 태도 검증결과

본 연구에서는 중국소비자들의 문화특성에 따른 중국소비자들의 브랜드 태도를 검증하기 위해서 개인/집단주의 문화특성에 따른 브랜드 태도를 검증하였다(<표 5>와 <그림 2> 참고). 검증결과, 개인/집단주의에 따라 브랜드 태도에 차이가 있는 것으로 나타났고(F=6.10, p<0.01), 또한 브랜드 파워에 따라 브랜드 태도에 차이가 있는 것으로 나타났다(F=23.58, p<0.01). 그리고 개인/집단주의와 브랜드 파워 간의 상호작용 효과가 통계적으로 유의하게 나타났다(F=14.29, p<0.01).

<표 5> 개인주의 특성에 따른 브랜드 태도 검증

소스	제III유형 제곱합	자유도	평균제곱	F	유의확률
개인/집단주의	8.76	1	8.76	6.10	.001***
브랜드 파워	344.27	1	344.27	23.58	.000***
개인/집단주의 * 브랜드 파워	20.54	1	20.54	14.29	.000***
오차	4305.09	29996	0.86		
합계	74982.769	30000			

***p<0.01 **p<0.05 *p<0.1

<그림 2>에서 보듯이, 중국소비자들은 개인주의든지 집단주의든
지 간에 대체적으로 외국 브랜드를 더 선호하는 것으로 나타났다.
또한 집단주의 소비자들은 개인주의 성향의 소비자들보다 브랜드
파워가 높은 외국 브랜드를 더 호의적으로 평가하는 것으로 나타났
다. 그렇지만 개인주의 성향의 소비자들은 브랜드 파워가 높은 외국
브랜드를 선호하지만 브랜드 파워가 낮은 국내 브랜드도 집단주의
소비자보다 상대적으로 더 선호하는 것을 알 수 있다. 이는 개인주
의가 높은 소비자들은 브랜드 파워에 따라 제품을 평가하는 것도 있
지만 가격이나 원산지와 같은 다른 속성에도 의하여 제품에 대한 구
매태도를 갖는 것으로 볼 수 있다. 이상의 결과를 종합해볼 때 가설 3
은 지지되었다.

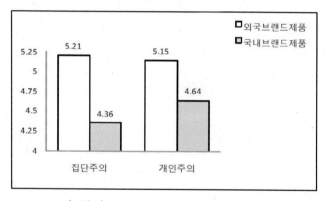

〈그림 2〉 개인주의 특성에 따른 브랜드 태도

라. 불확실성 회피 문화특성에 따른 브랜드 태도 검증결과
　불확실성 회피 문화 성향이 낮은 소비자들보다 불확실성 회피 문
화 성향이 높은 소비자들이 외국 브랜드에 대하여 더 호의적인 브랜

드 태도를 보일 것이라는 가설 4를 검증하기 위해서 불확실성 회피의 문화특성에 따른 브랜드 태도에 대한 평가를 검증하였다. 검증결과 <표 6>에서 보듯이, 불확실성 회피 성향에 따라 브랜드 태도에 차이가 있는 것으로 나타났고(F=6.58, p<0.01), 또한 브랜드 파워에 따라 브랜드 태도에 차이가 있는 것으로 나타났다(F=16.21, p<0.01). 그리고 불확실성 회피 문화특성과 브랜드 파워 간에 상호작용 효과가 나타났고 통계적으로 유의하게 나타났다(F=20.49, p<0.01). 이에 불확실성 회피 문화특성에 따른 브랜드 태도에 대한 평가 검증결과를 <그림 3>으로 나타내었다.

〈표 6〉 불확실성 회피 문화특성에 따른 브랜드 태도 검증

소스	제Ⅲ유형 제곱합	자유도	평균제곱	F	유의확률
불확실성 회피 성향	10.09	1	10.09	6.58	.001***
브랜드 파워	254.98	1	254.98	16.21	.000***
불확실성 회피 * 브랜드 파워	31.45	1	31.45	20.49	.000***
오차	4596.302	29996	1.53		
합계	73832.087	30000			

***p<0.01 **p<0.05 *p<0.1

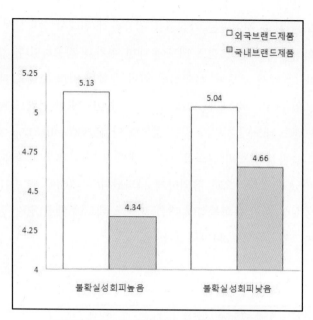

<그림 3> 불확실성 회피 특성에 따른 브랜드 태도

위의 <그림 3>에서 보는 바와 같이, 중국소비자들은 불확실성 회피 성향에 관계없이 대체적으로 외국 브랜드를 더 선호하는 가운데, 불확실성 회피 성향이 높은 소비자들은 불확실성 회피 성향이 낮은 소비자들보다 브랜드 파워가 높은 외국 브랜드를 더 호의적으로 평가하는 것으로 나타났다. 즉, 불확실성 회피 성향이 높은 소비자들은 브랜드 파워가 높은 외국 브랜드 및 유명 브랜드의 제품을 더 선호하는 브랜드 태도를 알 수 있다. 이런 결과를 통해 볼 때 가설 4는 지지되었다.

한편 불확실성 회피 성향이 낮은 소비자들은 불확실성 회피 성향이 높은 소비자들에 비해 브랜드 파워에 상관없이 국내 브랜드를 높게 평가하는 것을 알 수 있다. 이는 불확실성 회피 성향이 높은 소비자들은 브랜드 파워에 따라 소비자 행동에 영향을 받지만, 불확실성 회피 성향이 낮은 소비자들은 브랜드 파워 이외에 가격, 원산지 등과 같은 다른 속성에 의하여 제품에 대한 구매태도를 갖는 것으로 볼 수 있겠다.

V. 결론 및 논의

1. 연구결과 및 시사점

지금까지 본 실증 연구는 문화적 특성이 중국소비자의 브랜드 태도에 영향을 미치고, 중국 지역별로 문화특성 차이가 존재하고 있음을 파악하였다. 또한 중국 주요지역별 소비자들의 문화적 특성인 개인/집단주의와 불확실성 회피 성향에 따라 브랜드 태도가 다름을 알 수 있었다. 이에 본 연구에서 수행된 실증 분석 결과를 종합해보면서 그 결과에 대한 요약 및 시사점을 제시한다.

먼저, 문화특성들 가운데 개인/집단주의적 변수와 불확실성 회피 문화 변수가 중국소비자들의 국내외 브랜드 평가에 통계적으로 유의미한 영향을 미치는 공통적인 변수로 나타났다. 둘째, 중국 주요 지역 간에는 문화적 특성 차이가 나타났다. 특히 개인/집단주의의 문화특성을 보면 베이징이 집단주의 문화특성이 제일 높고, 그다음은 상하이, 광저우 순으로 나타났다. 셋째, 불확실성 회피 문화특성을 보면 베이징이 불확실성 회피 문화특성이 높고, 그다음은 상하이며, 광저우 지역이 제일 낮게 나타났다. 이를 요약하면, 베이징이 상하이나 광저우 지역보다 집단주의 문화, 불확실성 회피 문화가 높다는 것을 알 수 있다. 반면, 상하이와 광저우는 개인주의 문화 성향이 높고, 불확실성 회피 문화 성향이 베이징보다 낮은 것을 알 수 있다. 이런 결과는 중국은 지역 간에 문화적 차이가 존재한다(백권호·안종석, 2004; Child and Swewart, 1997; Cui and Liu, 2001; Swanson, 1998)는 연구결과와 일치한다. 넷째, 중국소비자들은 지역별 문화특성에 따라 브랜드 태도가 다르게 나타나는 것을 알 수 있다. 즉, 지역별로 불확실성 회피 성향이 높고, 집단주의가 높은 지역일수록 불확실성 회피가 낮고 개인주의 성향이 있는 지역보다 브랜드 파워가 있는 외국 브랜드를 더 높게 평가하는 것을 알 수 있다.

그러므로 중국시장에서는 개인주의 문화가 높은 지역의 소비자들보다 개인주의 문화가 낮은 지역의 소비자들(집단주의 소비자들)이 본 연구에서 사용되었던 자동차 제품과 같은 내구재 및 전문품에 대해서는 브랜드 파워가 강한 유명 브랜드와 외국 브랜드를 더욱 선호하는 태도를 보인다고 볼 수 있겠다.

이와 관련하여 자동차 분야의 경우에는 자동차의 외관과 기능, 마케팅 능력뿐만 아니라 브랜드의 이미지, 탁월한 혁신적 기술이 중국 본토 브랜드와 비교해서 아직까지 외국 브랜드가 더 낫다고 보기 때문이다. 또한 이는 중국 주요 도시 소비자들이 외국 브랜드에 대해 실용주의적 가치보다는 제품의 상징적 가치, 즉 현대화된 생활, 체면 혹은 지위, 진보적 라이프스타일 등에 의해 구매행위가 나타난다(Zhou and Hui, 2003)고 볼 수 있기 때문이다.

또한 본 실증연구 결과를 볼 때, 중국시장에서는 불확실성 회피 문화가 높은 지역의 소비자들이 불확실성 회피 문화가 낮은 지역의 소비자들보다 내구재, 전문품 등의 기술적이고 기능적인 제품에 대해 더욱 호의적인 구매태도를 보인다고 볼 수 있다. 이는 불확실성 회피가 높은 베이징 지역의 소비자들이 제품을 구매할 때 유명 브랜드를 선호하고 가격에 크게 구애받지 않는 소비문화를 보이고 있으며, 제품을 구매할 때 브랜드에 의존함으로써 권력의 파워나 조직의 계층주의 그리고 집단주의적 소비성향을 나타내는 것으로 볼 있고, 이와 비교해서 불확실성 회피가 낮은 상하이 소비자들은 유명 브랜드를 선호하지만 동시에 제품의 질과 가격, 그리고 제품의 기타 속성을 고려하여 제품을 구매하는 소비문화(零點調査, 2004) 특성이 나타난 것으로 볼 수 있겠다.

그리고 베이징소비자들의 유명 브랜드에 대한 선호는 기본적으로 중국 정치, 문화의 중심지인 수도 시민으로서의 자긍심과 우월감에서 출발하는 것으로서 전통적인 정치 질서와 관료제도 속에서 익숙해진 귀족적인 등급의식이 상품 구매에 있어서도 중요한 심리적 동기로 작용한 것으로 볼 수 있다. 이에 비해 상하이소비자들은 대단히 계산적이고 치밀하기 때문에 품위 및 체면적인 만족도 중요하지만 재정적인 문제 또한 놓칠 수 없다는 것으로서 볼 수 있고, 이는 어떤 일을 행함에 있어서 자신의 권익이나 개인적 이익을 극대화하는 것을 미덕으로 삼는 상하이소비자들의 품성이 소비문화의 차원에서 구현된 것(홍준형·김용준, 2006)으로 볼 수 있겠다.

지금까지의 연구결과로 볼 때, 본 연구는 Hofstede의 문화적 특성 변수를 중국 베이징, 상하이, 광저우의 소비자 행동에 적용하여 중국 주요지역별 소비자의 개인/집단주의와 불확실성 회피 문화특성의 차이점을 도출하고 중국 주요지역 소비자의 브랜드 태도가 어떻게 나타나는지를 실증 분석하여 시사점을 제공한 것이 의의가 있다고 본다.

특히 본 연구는 한국 제품의 중국 진입에 있어서 지역에 따라 집단주의 성향이 높고 불확실성 회피가 높은 지역에서 브랜드 선호 성향이 높고, 개인주의 성향이 높은 곳은 이와 상반되는 경향이 나타난다는 시사점을 얻어낸 것이 의의가 있다고 본다. 이를 바탕으로 향후 한국기업이 중국시장에 진출할 경우, 불확실성 회피 문화가 강한 지역과 집단주의 성향이 높은 지역으로 혁신적인 신제품을 진출시킬 때는 제품에 대한 소비자의 편익과 더불어 브랜드 자산 가치를 제고시켜 전략적으로 신중하게 접근할 필요가 있다는 시사점을 적용할 수 있겠다. 또한 본 실증 연구는 차후 광범위한 중국 내수시장에 진출할 때 지역별로 서로 다른 문화특성을 고려한 시장세분화 전략과 브랜드 마케팅 전략에 필요한 가이드라인으로 활용할 수 있겠다.

2. 연구의 한계 및 향후 연구방향

그러나 본 연구는 다음과 같은 한계점을 지지고 있으므로 향후 이러한 한계점을 보완하여 추가적인 미래연구가 필요하다고 본다.

첫째, 본 연구에서는 문화특성을 측정하는 변수로 장기지향성, 권력거리, 개인/집단주의 그리고 불확실성 회피 등 4가지를 사용하였는데 차후에는 더 많은 문화적인 변수와 소비자욕구, 원산지이미지, 브랜드이미지 등 다양한 요인들을 변수로 고려하여 중국 지역적인 문화 차이를 폭넓게 규명할 필요가 있다고 본다.

또한 본 연구는 Hofstede의 문화특성 변수를 이용하여 중국 주요 지역 소비자 간의 문화적 특성 차이와 브랜드 태도를 측정하였지만 문화의 다차원적인 구조로 인해서 Hofstede의 문화측정 변수로만 문화를 측정하기에는 다소 무리가 있을 수 있겠다. 따라서 향후 연구에서는 문화의 다른 척도를 객관적으로 이용하고 각 변수의 측정방법과 응답원을 달리해봄으로써 동일방법편의(common method bias)를 최소화하는 노력이 필요하다고 본다.

둘째, 본 연구는 중국 지역적인 문화특성과 브랜드 파워가 소비자의 구매의도에 미치는 효과를 파악함에 있어서 자동차 제품만을 가지고 실증 분석하였다. 보통 자동차는 고관여 제품에 속하는 특성이 있기 때문에 만약 관여도가 낮은 제품에 대해 실증 분석해도 동일한 연구결과가 나올 수 있을지에 대한 의문이 있겠다.

따라서 향후 연구에서는 관여도를 고려하고 제품을 더욱 확장하여 연구할 필요가 있겠다. 이는 제품의 종류 및 제품의 특성 그리고 관여도에 따라 국내 브랜드와 외국 브랜드를 선호하는 것이 다를 수 있기 때문이다. 보통 중국시장에서는 가구・의약품・가전・미용헤어・의류・신발류 등에 대해서는 많은 소비자들이 중국 브랜드를 더 선호한다. 반면, 제품성능과 디자인 등이 중요시되는 자동차, 소비 전자류제품에 대해서는 외국 브랜드를 더 선호하는 경향이 있지만, 점차적으로 중국의 기술이 발전함에 따라 국내외 브랜드가 대등한 비율을 보이거나 국내 브랜드를 선호하는 경향이 증가될 수 있기 때문이다.

마지막으로, 향후 한국기업들이 중국 내수시장을 공략을 할 때,

중국 지역별 소비자를 대상으로 각 지역의 문화특성이 서로 다르다는 것을 파악하고 무엇보다도 중국의 지역정체성 및 문화특성을 잘 파악하여 내수시장을 공략하는 것이 기업의 부가가치를 창출하는 데 도움이 된다고 보고 이에 대한 심층 깊은 미래 연구가 더욱 필요하다고 본다.

참고문헌

김용준 · 김주원 · 문철주(2007), 「중국 주요지역별 국가이미지와 지역
　　이미지가 제품평가에 미치는 영향에 관한 실증연구」, 『국제경
　　영연구』, 제18권 2호, pp.41-69.

김용준 · 권지은 · 박주희 · 이준환(2007), 「중국소비자의 라이프스타일
　　에 관한 실증연구: 북경, 상해, 광주 소비자 비교를 중심으로」,
　　『마케팅연구』, 제22권 제2호, pp.21-47.

김용준 · 김주원 · 문철주(2009), 「중국 주요지역 소비자의 구매패턴
　　특성에 따른 브랜드 평가에 관한 실증연구」, 『국제경영연구』,
　　제20권 1호, pp.27-54.

백권호 · 안종석(2004), 「중국의 지역 간 문화차이에 관한 실증연구」,
　　『중국학 연구』, 제27집, pp.326-350.

서용원(1996), 「산업 및 조직심리학에서의 비교문화연구」, 『한국심리
　　학회』, pp.343-376.

안종석(2005), 「다차원적 속성의 국가 이미지가 제품평가 및 브랜드
　　태도에 미치는 영향: 중국소비자를 중심으로」, 『국제경영연구』,
　　16(2), pp.63-80.

이철(1995), 「비교문화적 소비자 행동연구의 연구모형 및 문헌 분석」,
　　『경영학 연구』, 제24권 2호, pp.85-114.

오마에겐이치(2002), 『차이나임팩트』, 청림출판사: 서울.

한충민(1998), 「외국 브랜드에 대한 미국소비자의 태도와 구매 의도
　　에 관한 실증적 연구: 자동차 브랜드 중심으로」, 『마케팅연구』,
　　제13권 제1호, pp.27-42.

홍준형 · 김용준(2006), 「중국 도시민의 문화적 기억과 소비문화의 지

역성: 北京, 上海, 廣州를 중심으로」, 『중국학연구』, 제36집, pp.437-463.

楊東平(1994), 『城市季風-北京和上海的文化精神』, 上海, 東方出版社.

零點調査(2004), 『消費文化差異下的營鎖策略』, 世界商業評論.

Akerman, D. and G. Tellis(2001), "Can Culture Affect Prices? A Cross-Cultural Study of Shopping and Retail Price", Journal of Retailing, 77(1), pp.57-82.

Aaker, D. A.(1996a), Building Strong Brands, New York: The Free Press.

Aaker, D. A.(1996b),"Measuring Brand Equity Across Products and Markets", California Management Review, 38(Spring), pp.102-120.

Aaker, D. A. and K. L. Keller(1990), "Consumer Evaluations of Brand Extensions", Journal of Marketing, 54(1), pp.27-41.

Bower, L. Joseph(2005), "Breakthrough Ideas for 2005: The Velcro Organiza-tion", Harvard Business Review, 83(2), pp.6-7.

Bello, Daniel C. and Lee D. Dahringers(1985), "The Influence of Country and Product on Retailer Operating Practices: A Cross National Comparison", International Marketing Review, 2(2), pp.42-52.

Bhat, S. and S. K. Reddy(1998), "Symbolic and Functional Positioning of Brands", Journal of Consumer Marketing, 15(1), pp.32-43.

Boyacigiller, N., Kleinberg, M., Philips, M and S. Sackmann(1996), Concep-tualizing Culture. In B. J. Punnett and O. Shenkar, Handbook for Interna-tional Management Research. Cambridge, MS: Black well.

Brouther, Keith D., and L. E. Brouthers(2001), "Perceived Communication Skills and Resultant Trust Perceptions Within the Channel of Distri-bution", Journal of the Academy of Marketing Science, 13(2), pp.206-217.

Child, John, and S. Stewart(1997), "Regional Differences in China and Their Implications for Sino-Foreign Joint Ventures", Journal of General Management. 23, pp.65-86.

Cui G. and Q. Liu(2001), "Emerging Market Segments in a Transitional Economy: A Study of Urban Consumers in China", Journal of International Marketing, 9(1), pp.84-106.

Cutler, Bob D, Altan S. Erdem, and R. G. Javagi(1997), "Advertiser's Relative Reliance on Collectivism-Individualism Appeals: A Cross-Cultural Study", Journal of International Consumer Marketing, 9(3), pp.43-55.

Deshpande, Rohit, John U. Farley, and Frederick E. Webster(2000), "Triad Lessons: Generalizing Results on High Performance Firms in Five Business-to-Business Market", International Journal of Research in Marketing, 17(4), pp.352-72.

Doran, K. Brewer(2002), "Lessons Learned in Cross-Cultural Research of Chinese and North American Consumers", Journal of Business Research, 55, 10, pp.823-829.

Douglas, Susan. p. and B. Dubois(1977), Looking at the Cultural Environment for International Marketing Opportunities, Columbia Journal of World Business, Win.

Dwyer, Sean, Hani Mesak, and H. Maxwell(2005), "An Exploratory of the Influence of National Culture on Cross-National Product Diffusion", Journal of International Marketing, 13, 2, pp.1-28.

Enright, Michael J., Edith E. Scott and C. Ka-mun(2005), Regional Powerhouse: The Greater Pearl River Delta and the Rise of China, John Wiley & Sons(Asia) Pte Ltd. pp.1-14.

Ferraro, P. Gary(2002), The Cultural Dimension of International Business, 4th ed. Upper Saddle River, NJ: Prentice Hall.

Gudykunst, W. B. and S. Ting-Toomey(1988), Cultural and Interpersonal Communication. Newbury Park, CA: Sage Publications.

Jan-Benedict E. M. Steenkamp, F. T. Hofstede, and M. Wedel(1999), "A Cross-National Investigation into the Individual and National Cultural Antecedents of Consumer Innovativeness", Journal of Marketing, Vol. 63, pp.55-69.

Hall, Edward T. and M. R. Hall(1987), Hidden Differences: Doing Business with the Japanese. New York: Anchor Books/Doubleday.

Hui, M. K. and L. Zhou(2002), "Linking Product Evaluations and Purchase Intention for Country-of-Origin Effects", Journal of Global Marketing, 15(3/4), pp.95-111.

Hofstede, Geert(1980), Culture's Consequences: International Differences in Work-Related Values, Beverly Hills, CA: Sage Publications.

Kale, H. Sudhir(1995), "Grouping Euroconsumers: A Culture-Based Clustering Approach", Journal of International Marketing, 3(3), pp.35-48.

Keller, K. L.(1993), "Conceptualizing, Measuring, and Managing Customer-Based Brand Equity", Journal of Marketing, 57(1), pp.1-17.

Laroche, Michel, V. H. Kirpalani, Frank Pons, and L. Zhou(2001), "A Model of Advertising Standardization in Multinational Corporations", Journal of international Business Studies, 32, 2, pp.249-266.

Leclerc, F., B. Schmitt, and L. Dube(1994), "Foreign Branding and Its Effects on Product Perception and Attitudes", Journal of Marketing Research, 23(1), pp.374-378.

Li, D. and A. Gallup(1995), "In Search of the Chinese Consumer", The China Business Review, September-October, pp.19-22.

Lin, C. H. and D. T. Kao(2004), "The Impacts of Country-of-Origin on Brand Equity", Journal of American Academy of Business, 5(1/2), pp.37-40.

Mackenzie, S. B. and R. J. Lutz(1989), "An Empirical Examination of the Structual Antecedents of Attitude Toward the Ad in an Advertising Protesting Context", Journal of Marketing, 53(4),

pp.48-56.

Money, Bruce R., Mary C. Gilly, and J. L. Graham(1998), "Explorations of National Culture and Word-of-Mouth Referral Behavior in the Purchase of Industrial Services in the United States and Japan", Journal of Marketing, 62(October), pp.76-87.

Nakata, Cheryl and K. Sivakumar(2001), "Instituting the Marketing Concept in a Multinational Setting: The Role of National Culture", Journal of the Academy of Marketing Science, 29(3), pp.255-275.

Piron, F.(2000), "Consumers' Perceptions of the Country-of-Origin Effect on Purchasing Intentions of Conspicuous Products", The Journal of Consumer Marketing, 17(4), pp.308-312.

Quelch, John and Lisa R. Klein(1996), "The Internet and International Marketing", Sloan Management Review, 37(3), pp.60-75.

Rogers, M. Everett(1983), Diffusion of Innovation, 3d ed. New York. The Free Press.

Rokeach, M.(1973), The Nature of Human Values, Free Press: New York.

Roth, S. Martin(1995), "The Effects of Culture and Socioeconomics on the Performance of Global Brand Image Strategies", Journal of Marketing Research, 32(May), pp.163-175.

Salter, Stephen B. and F. Niswander(1995), "Cultural Influence on the Development of Accounting Systems Internationally: A Test of Gray's Theory", Journal of International Business Studies, 26, 2, pp.379-395.

Schneider, S. and A. DeMeyer(1991), "Interpreting and Responding to Strategic Issues: The Impact of National Culture", Strategic Management Journal, 12, pp.307-320.

Schwartz, S. H.(1999), "A Theory of Cultural Values and Some Implications for Work", Applied Psychology: An International Review, 48(1),

pp.23-47.

Shenkar, Oded(2001), "Cultural Distance Revisited: Towards a More Rigorous Conceptualization and Measurement of Cultural Differences", Journal of International Business Studies, 32, 3, pp.519-535.

Salk, Janes E. and Y. Brannen(2000), "National Culture, Networks, and Indiv-idual Influence in a Multinational Management Team", Academy of Management Journal, 43(2), pp.191-202.

Sommers, Montrose and J. Kernan(1967), "Why Products Flourish Here, Fizzle There", Columbia Journal of World Business, 11(2), pp.89-97.

Takada, Hirokazu and J. Dipak(1991), "Cross-National Analysis of Diffusion of Consumer Durable Goods in Pacific Rim Countries", Journal of Marketing, 55(April), pp.48-54.

Swanson. L. A.(1998), "Market segmentation in the People's Republic of China", Journal of Segmentation in Marketing, 2(2), pp.99-116.

Teas, R. K. and S. Agarwal(2000), "The Effects of Extrinsic Product Cues on Consumers' Perceptions of Quality, Sacrifies and Value", Academy of Marketing Science Journal, 28(2), pp.278-290.

Tellefsen, Thomas and H. Takata(1999), "The Relationship Between Mass Media Availability and the Multicountry Diffusion of Customer Products", Journal of International Marketing, 7(1), pp.77-96.

Tellis, Gerard J., Stefan Stremersch and E. Yin(2003), "The International Takeoff of New Products: The Role of Economics, Culture, and Country Innovativeness", Marketing Science, 19(4), pp.366-380.

Veryzer, Robert W., Jr.(1998), "Key Factors Affecting Customer

Evaluation of Discontinuous New Products", Journal of Product Innovation Manage ment, 15(2), pp.136-150.

Wang, C. L. and Z. X. Chen(2000), "The Influence of Hedonic Values on Consumer Behavior: Journal of Consumer Marketing, 21(4), pp.245-253.

Yagci, M. L.(2001), "Evaluating the Effects of Country-of-Origin and Consumer Ethnocentrism: A Case of a Transplant Product", Journal of International Consumer Marketing, 13(3), pp.63-85.

Yan, R.(1994), "To Reach China's Consumers, Adapt to GuoQing", Harvard Business Review, 72(September-October), pp.66-74.

Yau, O. H. M.(1989), "Chinese Cultural Values: Their Dimensions and Marketing Implications", European Journal of Marketing, 22(5), pp.169-182.

Zhou, L. and M. K. Hui(2003), "Symbolic Value of Foreign Products in the People's Republic of China", Journal of International Marketing, 11(2), pp.36-58.

중국기업의 리더십과 조직문화가
조직유효성에 미치는 영향에 관한 연구*

A Study on the Effects of Leaderships
and Organizational Cultures of Chinese Corporations
on Organizational Effectiveness

이상윤(Lee Sang Youn)

성균관대학교 현대중국연구소 연구교수, 제1저자, davidsangyoun@gmail.com

김주원(Kim Ju Won)

성균관대학교 현대중국연구소 연구교수, 공동저자

김용준(Kim Yong June)

성균관대학교 경영대학 교수, 교신저자

Ⅰ. 서론

중국 외환관리국은 2013년 4월에 중국의 대외순금융자산 보유현황을 발표하였으며, 2012년 말 기준으로 대외순금융자산 보유규모는 1.74조 달러에 달하는 것으로 알려졌다. 이러한 막대한 자본력으로 무장한 중국의 기업들은 해외 기업 M & A에 전력을 다하고 있는

---

* 이 논문은 (사)무역연구원 무역연구 제9권 제4호에 게재된 논문이다.

상황이다. 이와 같은 상황 속에 중국기업에 대한 연구의 중요성은 과거 어느 때보다도 더욱 커지고 있다고 할 수 있다.

더욱이 중국기업에 대한 연구를 진행하는 목적이 현지투자와 현지화의 필요성이라는 수준을 넘어서 글로벌 시장에서 중국기업과의 치열한 경쟁과 협력을 통해 경쟁력 우위를 확보하고 제고시키려는 측면이 점차 부각되고 있다. 특히 중국 현지 기업 관리자, 중국 현지 투자자 그리고 중국기업 연구자는 한국기업이 중국시장을 포함한 글로벌시장에서 효과적으로 경쟁과 협력을 하기 위해서 중국기업을 한국기업의 경쟁기업이면서 협력파트너로 고찰할 필요가 있으며, 중국기업의 경영관리 행태를 객관적이고 구체적으로 이해하여야 할 것이다. 이는 중국기업의 경영관리 행태에 대한 이해의 증진이 한국기업의 경쟁력 강화의 방법을 제시하고 기업의 경영성과를 높일 수 있는 요인이 될 수 있기 때문이다.

기업의 경영관리 행태를 파악하고 이해하기 위해 경영조직이론을 활용할 수 있다. 경영학 분야 중 경영조직이론에서 관심을 가지고 연구하는 많은 주제는 조직의 성과와 유효성을 제고시키기 위한 것과 깊은 관계를 가지고 있다(민진, 2003). 특히 조직이론에서 조직유효성을 제고하기 위해 진행된 많은 연구의 주제는 리더십과 조직문화에 대한 이론들이다. 즉, 다수의 연구결과가 리더십과 조직유효성 간, 조직문화와 조직유효성 간의 연관성을 보여주고 있다.

그리고 일반적으로 기업의 조직문화는 직무만족, 조직몰입, 직무성과 등의 조직유효성 변수에 영향을 미치며, 최고경영자의 리더십 역시 조직의 성과에 영향을 미친다고 볼 수 있다(박경미, 2012; 최병주·홍아정, 2012).

그렇다면 중국기업의 리더십과 조직문화는 어떠할까? 최근 중국기업의 경영자가 구사하는 리더십 스타일은 점차 다양화되고 있다. 그 이유는 유교사상과 도가사상 등 전통문화유산의 영향에 따라 전통적인 조직운영 방식(정보쉰鄭伯壎, 2005; Cheng et al., 2009; Min Wu et al., 2011)을 반영하는 리더십 스타일이 존재하는 동시에, 개혁개방 이후 서구의 경영사상이 보급되고 외자기업의 중국진출도 더욱 증가하면서 서구적인 리더십 스타일(Bass, 1985; Bass and Avolio, 1996, 1999)이 선호되고 있기 때문이다.

또한 중국기업 경영자는 안정적이고 균형적인 조직운영을 중요시하며(백권호·장수현, 2009, 이상윤, 2011a), 특히 장기적인 조직관리 방식과 함께 발전과 성장을 추구하는 조직문화를 보여주고 있다고 할 수 있다(지앙강린蔣岡霖, 2001; 차이밍티엔蔡明田, 2000; 양쥔루楊君茹, 2011; 이상윤, 2011a).

그러나 아직까지 국내에서 이루어진 중국기업의 리더십 및 조직문화 등과 관련된 실증연구들은 중국경제의 규모와 세계경제 중에서 차지하는 비중, 중국경제 중에서 기업이 담당하는 역할, 중국기업과의 점차 치열해지는 경쟁상황 등 요인을 고려할 때 중국기업의 중요성에 비해 여전히 부족하다고 볼 수 있다.

국내에서 이루어진 중국 조직문화에 관한 연구 중에서 중국기업 구성원을 대상으로 한 연구는 중국기업의 조직문화 특성에 대한 연구(양리화·김진학, 2008), 중국기업 근로자의 기업문화 인식과 직무만족도에 대한 연구(박상수·왕뢰, 2010), 중국인 근로자의 직무성과 향상과 기업문화 적응에 대한 연구(박종돈, 2010) 등이 대부분이다.

또한 국내 연구자에 의해 이루어진 중국기업 종업원에 대한 중국

기업 리더십 연구는 리더십, 조직몰입 및 이직의도에 대한 연구
(김기태·조정정·이용진, 2013), 슈퍼리더십과 조직몰입에 대한 연
구(서문교·최명철, 2012), 지시적 리더십과 권력 차이에 대한 연구
(이도화·위효외·이종법·박은철, 2011) 등이 대부분이다.

이에 본 연구는 중국기업의 리더십이 조직유효성에 미치는 영향,
중국기업의 조직문화가 조직유효성에 미치는 영향, 리더십과 조직문
화의 상호작용이 조직유효성에 미치는 영향과 중국기업 소재 지역·
기업형태·소속 산업 등 통제변수가 조직유효성에 미치는 영향을
위계적 회귀분석 방법을 이용하여 실증분석하고, 이러한 실증분석
결과를 통해 이론적 함의와 실무적 시사점을 이끌어내고자 한다.

즉, 본 연구는 중국기업 리더십, 조직문화 및 리더십과 조직문화
간의 상호관계가 조직유효성에 미치는 영향을 실증 분석하여 이론
적인 시사점은 물론 실무적인 전략적 시사점을 도출함으로써 한국
기업이 중국시장과 글로벌 시장에서 경쟁우위를 선점할 수 있는 있
는 가이드라인을 제공하고자 하는 연구의 목적을 갖고 있다.

그동안 국내 선행연구는 중국기업의 특정한 리더십 유형과 조직
관련 변수 간 관계에 대한 연구를 하였으며, 중국기업의 조직문화와
조직관련 변수 간 관계에 대한 연구를 수행하였다. 그러나 본 연구
에서는 전통적인 가부장적 리더십과 서구적인 리더십 스타일인 변
혁적 리더십을 함께 고려하였고, 중국기업의 리더십과 조직문화 간
상호관계를 고찰하고자 했다는 점에서 본 연구의 의의를 찾을 수
있겠다.

Ⅱ. 선행연구고찰 및 연구가설 설정

1. 리더십 관련 연구

중국 및 타이완에서 리더십 관련 이론을 통한 연구가 지속적으로 이루어지고 있으나 리더십 관련 연구는 리더십 관련 이론체계를 통하여 정태적이고 비교 가능한 유형으로 구분하여 분석하는 유형화를 통한 연구가 주로 이루어지고 있다.

리더십 연구와 관련하여 Burns(1978)는 리더와 추종자 간의 관계를 서비스에 대한 보상의 교환 측면과 추종자에게 영향을 미치고 변화와 변혁을 이끌어내는 측면 등 2개의 측면으로 나누어 거래적 리더십과 변혁적 리더십으로 구분하였다. 이에 비하여 Bass(1985)는 변혁적 리더십, 거래적 리더십, 카리스마적 리더십 간의 개념적인 차이점을 구체적으로 제시하였다.

변혁적 리더십 및 카리스마 리더십에 대한 연구는 상당수 학자들에 의해 이루어져 왔으며 그중 가장 영향력이 있는 연구는 Bass와 Avolio(1996, 1999)에 의한 MLQ(Multiple Leadership Questionnnaire) 모델에 의한 리더십 평가 방식이다. 이러한 리더십 모델은 관리자의 변혁적 행위를 네 가지 척도를 통하여 측정하였다. 첫째는 이상적인 영향력(idealized influence)으로서 이는 추종자의 감정과 리더와의 일체화를 불러일으키는 행위이다. 둘째는 개별적인 배려(individualized consideration)로서 이는 추종자에 대한 지원, 격려 및 코칭을 포함한다, 셋째는 지적 자극(intellectual stimulation)으로서 이는 추종자가 문제를 인식하고 새로운 측면에서 문제를 보도록 영향력을 발휘하는 것이다. 넷째는 영감적 동기(inspirational motivation)로서 이는 추종자가 비전을 받아들이도록 소통하고 부하의 성취목표에 집중하는 것이다.

그리고 타이완, 중국 및 서구 모두에서 가부장적 리더십에 대한 연구가 진행되고 있다. Cheng et al.(2004)은 60개의 타이완기업을 대상으로 부하직원이 느끼는 '일체화(identification)', '복종(compliance)'과 리더로부터 느끼게 되는 '감사(gratitude)'에 대한 인자형 리더십, 도덕적 리더십 및 권위적 리더십의 영향을 고찰하였다. 이러한 연구는 인자형 리더십과 도덕적 리더십이 일체화와 '감사'에 대해 정(+)의 영향을 주며 권위적 리더십은 복종에 대해 정(+)의 영향을 주는 결과를 보여주었다.

또한 Cheng et al.(2009)은 타이완의 민간기업 직원을 대상으로 관리자에게 느끼는 존경과 직무상 느끼는 동기부여에 대한 인자형 리더십 및 도덕적 리더십의 영향을 실증분석을 통해 고찰하였다. 이러한 실증연구의 결과 인자형 리더십과 도덕적 리더십이 모두 높은 경우 '존경'과 '동기부여'가 모두 높게 나타나고 그다음으로 인자형 리더십이 높은 경우, 세 번째로 도덕적 리더십이 높은 경우이며 네 번째는 두 가지 리더십이 모두 낮은 경우로 나타났다.

그리고 Min Wu et al.(2011)은 중국 섬유기업을 대상으로 직무 성과, 개인을 대상으로 한 조직시민행동(OCBI: Organizational Citizenship Behavior towards Individual)과 조직을 대상으로 한 조직시민행동(OCBO: Organizational Citizenship Behavior towards Organization)에 대한 권위적, 인자형, 도덕적 리더십의 영향을 고찰하기 위한 실증연구를

수행하였다. Min Wu et al.(2011)의 실증연구는 권위적 리더십이 직무성과, OCBI, OCBO 모두에 부(-)의 영향을 주었으며, 인자형 리더십과 도덕적 리더십이 직무성과, OCBI, OCBO 등 3개 변수에 정(+)의 영향을 주는 결과를 보여주었다.

한편, 서구에서는 가부장적 사상이 주로 가족기업들에서 영향을 주어오고 있다. 이는 19세기 중엽 영국 빅토리아 시대의 기업들이 직무와 공동체 생활을 결합한 구조를 갖추고 사회적인 가부장적 사상(social paternalism)을 발전시켰으며, 이후 서구에서 주로 규모가 작은 규모에 국한되지만 가족의 소유권이 중요한 역할을 하면서 가부장적 사상은 생존하고 변화하여 왔던 것이다. 서구에 있어 가부장적 문화는 비교적 소수의 기업에서 나타나는 현상이지만 주로 소규모 기업에서 다양한 형태로 존재하고 있다. 이러한 경영방식은 높은 급여의 지급, 이윤의 배분, 지역공동체와의 연계성 등의 특징을 보여준다. 서구의 가부장적 경영방식은 기업의 지속적인 성장에 따라 가부장적 관계를 강화하는 '인간적인 접촉'을 유지하기가 어려워지는 측면을 보여주게 된다(Paul et al., 2009).

기존의 타이완기업 및 중국기업에 대한 리더십 분야의 실증분석 결과에서 보여주는 것과 같이 개인적이고 장기적인 관심을 보여주는 특성의 인자형 리더십, 리더가 높은 도덕적 수준과 수양을 보여주어 구성원의 존경을 받고 구성원들이 자발적으로 리더의 행위를 배우게 되는 특성의 도덕적 리더십이 조직 관련 변수에 가장 뚜렷한 영향을 주는 것으로 나타났다.

또한 이상윤(2011b)은 중국기업의 조직성과에 대한 리더십스타일의 영향을 보여주는 조직성과의 평균값이 참여형 리더십(S3), 코치형 리더십(S2), 위임형 리더십(S4), 지시형 리더십(S1)의 순서로 나타난 분석결과를 보여주었다.

기존의 연구결과(Cheng et al., 2004; Cheng et al., 2009[1]; Min Wu et al., 2011; 이상윤, 2011b)를 기반으로 하여, 본 연구는 중국 기업 경영자의 리더십이 가부장적 리더십 중 인자형 리더십(관계지향), 도덕적 리더십(도덕지향), 권위적 리더십(권위지향) 등 3개 요인을 각각 강약의 형태로 조합하여 운영하며 이를 통해 조직유효성에 영향을 줄 수 있을 것이라고 예상한다. 또한 서구 경영학이 점차 중국기업의 경영에 영향을 미치게 되면서 중국의 전통적 리더십과는 다른 서구적 리더십이 조직운영에 영향을 주게 될 것이며, 이에 따라 변혁적 리더십이 조직유효성에 영향을 줄 것으로 예상할 수 있다. 그러므로 다음의 가설을 설정하여 실증 분석하고자 한다.

가설 1: 중국 기업 경영자의 리더십은 조직유효성에 정(+)의 영향을 줄 것이다.

가설 1-1: 중국 기업 경영자 리더십 중 인자형 리더십은 조직유효성에 정(+)의 영향을 줄 것이다.

가설 1-2: 중국 기업 경영자 리더십 중 도덕적 리더십은 조직유효성에 정(+)의 영향을 줄 것이다.

가설 1-3: 중국 기업 경영자 리더십 중 변혁적 리더십은 조직유효성에 정(+)의 영향을 줄 것이다.

---

1) Chun-Pai, Niu, An-Chih, Wang and Bor-Shuian. Cheng, "Effectiveness of a moral and benevolent leader: Probing the interactions of the dimensions of paternalistic leadership", Asian Journal of Social Psychology, Vol. 12, 2009, pp.32-39.

2. 조직문화 관련 연구

먼저 조직문화와 관련된 연구로서 Harrison(1972)은 기업의 공식화 및 집권화 정도에 근거하여 조직문화를 4가지 유형으로 구분하는 분석모델을 제시하였다. Harrison(1972)에 따르면 조직문화는 공식화 정도가 높고 집권화 정도 역시 높은 관료문화, 공식화 정도가 높고 분권화 정도 역시 높은 행렬문화, 공식화 정도는 낮고 집권화 정도가 높은 권력문화, 공식화 정도는 낮고 분권화 정도가 높은 핵화(atomized)문화로 구분하였다.

그리고 Quinn(2006)은 조직문화를 개인적 측면, 유연성을 강조하는 정도와 안정성과 통제를 강조하는 정도로 구분하여 유연성이 높고 내부적 유지를 중요시하는 집단문화, 유연성이 높고 외부적 포지셔닝을 중요시하는 발전문화, 안정성 및 통제를 중요시하면서 내부적 유지를 지향하는 위계문화, 안정성과 통제를 중요시하면서 외부적 포지셔닝을 중요하게 생각하는 합리문화로 구분하는 분류체계를 제시하였다. 이 가운데서 첫째, 집단문화는 인적 자원·인간관계·팀워크를 중요하게 여기며 충성심과 전통을 통해 응집력이 생기게 하는 문화를 의미한다. 이러한 문화에서 직장은 가족의 연장선상에 있는 것 같은 인간적인 장소이며, 조직의 수장은 멘토와 같은 역할을 담당한다. 둘째, 발전문화는 유연성·비(非)집중화·확장·성장 및 발전 등의 가치를 중요시하며 몰입과 발전을 통해 전체로서 모이게 되는 문화로서, 성장과 새로운 자원의 획득을 강조하고 창의적인 문제 해결 프로세스를 중요하게 여긴다. 발전문화에서 직장은 다이내믹하고 기업가정신이 풍부한 장소이며, 조직의 수장은 혁신가 또는 모험부담자(risk taker)이다. 셋째, 위계문화는 통제·중심화·공식화·구조화·안정성·계속성 및 절차 등을 중요하게 여기며 공식적인 규정과 정책을 통해 하나로 모여지게 되는 문화로서, 연속성과 안정성에 중점을 두고 성과(결과물)에 대한 예측성을 중시한다. 위계문화에서 직장은 매우 공식적이고 구조화된 장소이며, 조직의 수장은 조정자이자 조직의 책임자이다. 넷째, 합리문화는 지시·목표설정·목표의 명확성·효율·생산성·수익성을 강조하며 임무와 목표 완수를 통해 응집력을 발휘하게 하는 문화이다. 합리문화는 경쟁력 있는 행동과 성취를 중요하게 여기며 성과의 탁월함과 품질을 중시한다. 합리문화에서 직장은 생산(제작) 지향적인 장소이며, 조직의 수장은 생산관리자(또는 제작전문가) 또는 기술자이다.

또한 지앙강린(蔣岡霖, 2001)은 조직문화를 직무의 명확성·직원의 안정성·통제의 엄격성·협력적인 팀워크 등 4개 요인에 따라 분류하여, 직무의 명확성과 직원의 안정성이 뚜렷한 시장형 조직문화, 직원의 안정성 정도가 높은 가족형 조직문화, 통제의 엄격성을 강조하는 관료형 조직문화, 협력적인 팀워크 성향이 뚜렷한 발전형 조직문화로 구분하였다. 특히 지앙강린(蔣岡霖, 2001)은 타이완 식품 회사를 조사 대상으로 하여 156개 샘플을 통한 실증분석을 실시하여, 가족형 조직문화와 관료형 조직문화가 인원수요 계획·인원계획의 집행·채용업무 프로세스 구비 여부 등 3가지 측면에서 시장형 조직문화보다 뚜렷한 특성을 보여주었으며, 가족형 조직문화가 채용업무 프로세스 구비 여부 측면에서 발전형 조직문화와 대비할 경우 유의하게 나타난 결과를 보여주었다.

그리고 차이밍티엔(蔡明田, 2000) 외는 조직문화를 내향적 또는 외

향적인 정도, 유연성 또는 통제의 정도에 따라 관료형 조직문화·혁
신형 조직문화·지원형 조직문화·효율형 조직문화로 구분하였고,
조직성과를 ROE·ROA·이익증가율·직원 1인당 평균 생산성 등
4개 요인의 재무성과와 직원의 사기(士氣)·R&D 성과 등 2개 요인을
포함한 인적 자원관리 성과로 구분하였다. 차이밍 티엔(蔡明田, 2000)
외는 타이완의 96개 과학기술기업을 실증분석 대상으로 하였으며 관
료형 조직문화·혁신형 조직문화·지원형 조직문화·효율형 조직문
화 중 혁신형 조직문화가 인력자원관리 성과에 가장 유의한 영향을
주는 것으로 나타났으며, 이들 4가지 조직문화가 재무 성과에는 유의
한 영향을 주고 있지 못하였다는 실증분석 결과를 보여주었다.

한편, 양쥔루(楊君茹, 2011) 외는 Schein(1985)의 조직문화 모형 중
조직·환경과의 관계에 대한 가정, 사실·진리의 본질에 대한 가정,
인간본성에 대한 가정, 인간 활동의 본질에 대한 가정, 인간관계의
본질에 대한 가정 등 5개 요인을 통하여 조직문화를 정의하였으며,
직원만족도는 직원의 사기·조직 몰입도·이직 의지 등 3개 요인으
로 구성하였다. 양쥔루(楊君茹, 2011) 외는 중국 4개 지역소재 기업
에서 502개 설문지를 획득하여 실증분석을 실시하였으며 조직문화를
구성하는 5개 요인의 11개 세부요인 중에서 엄격한 규칙 및 규범·
공평공정·진취적인 정신·직원에 대한 관심·협력적인 팀워크·개
인적인 관계 등 6개 세부요인에 대한 고찰을 실시한 결과 엄격한 규
칙 및 규범은 직원 만족도에 유의한 정(+)의 영향을 주지 못하였고
6개 세부요인 모두 이직 의지에는 유의한 영향을 주지 못하는 것으
로 나타났으며, 공평공정·진취적인 정신·직원에 대한 관심·협력
적인 팀워크·개인적인 관계 등 5개 세부요인 모두는 직원의 사기

와 조직 몰입도에 정(+)의 영향을 주는 것으로 나타났다.

이와 같은 연구들을 살펴볼 때 타이완기업 및 중국기업에 대한 조직문화 관련 기존의 실증연구들(지앙강린蔣岡霖, 2001; 차이밍티엔蔡明田, 2000; 양쥔루楊君茹, 2011)은 내부적 인간관계와 안정성을 중요시하는 조직문화 유형, 외부환경에 대한 적응력과 혁신을 중요하게 보는 조직문화 유형의 조직 관련 변수에 대한 영향이 뚜렷한 결과를 보여주었다. 또한 기존의 이상윤(2011a)의 실증연구 결과는 집단문화, 발전문화 및 합리문화가 과업만족도·승진만족도·생활만족도에 대한 유의한 영향을 주는 것으로 나타났다.

기존의 연구결과에서 보여주는 것과 같이 화합과 안정을 중요하게 보는 집단문화와 외부환경에의 적응력을 중요시하는 발전문화가 조직유효성에 유의한 영향을 주는 것으로 나타났다. 따라서 기존의 연구결과(Quinn, 2006; 지앙강린蔣岡霖, 2001; 차이밍티엔蔡明田, 2000; 양쥔루楊君茹, 2011; 이상윤, 2011a)를 종합하여 다음과 같은 연구가설을 설정하였다.

가설 2: 중국 조직문화는 조직유효성에 정(+)의 영향을 줄 것이다.
가설 2-1: 중국 조직문화 중 집단문화는 조직유효성에 정(+)의 영향을 줄 것이다.
가설 2-2: 중국 조직문화 중 발전문화는 조직유효성에 정(+)의 영향을 줄 것이다.

그리고 본 연구에서는 리더십 유형이 조직유효성에 영향을 미치는 동시에 조직문화 유형이 조직유효성에 영향을 미치는 상황을 고려할 경우, 조직유효성에 대한 리더십의 영향과 조직유효성에 대한 조직문화의 영향 이외에도 이들이 동시에 영향을 미치는 상호작용을 고찰하고자 하였다.

　기존연구(Cheng et al., 2004; Cheng et al., 2009; Min Wu et al., 2011; 이상윤, 2011b) 결과에 따르면 인자형 리더십·도덕적 리더십이 조직관련 변수에 유의하게 정(+)의 영향을 주는 것으로 나타났다. 또한 기존에 이루어진 선행연구(지앙강린蔣岡霖, 2001; 차이밍티엔蔡明田, 2000; 양쥔루楊君茹, 2011; 이상윤, 2011a)는 집단문화·발전문화가 조직관련 변수에 유의하게 영향을 주는 것을 보여주었다. 또한 중국기업을 대상으로 하는 기존연구들(저우지에周傑 외, 2007; 야오이엔홍姚艶虹 외, 2009)는 리더십 유형과 조직문화 유형 간의 대응관계 또는 적합성을 고찰하고자 하였다. 저우지에 외(周傑, 2007)는 중국기업을 대상으로 변혁적 리더십 및 거래적 리더십과 조직문화 간 대응관계를 고찰하였고, 야오이엔홍 외(姚艶虹, 2009)는 변혁적 리더십 및 거래적 리더십과 규칙지향적 문화·목표지향적 문화·혁신지향적 문화·지지(支持)지향적 문화 등 조직문화 간의 적합도를 고찰하였다. 이에 비해 타이완 기업을 대상으로 하여 리더십과 조직문화에 대하여 고찰한 기존연구(차오구오시옹曹國雄 외, 1998)는 카리스마 리더십과 만족문화·안전/관계문화·안전/임무(任務)문화 간의 상관성을 살펴보았는데 카리스마 리더십과 만족문화간, 카리스마 리더십과 안전/관계문화 간에 높은 상관관계를 존재함을 보여주었다. 다만 현재까지 리더십과 조직문화 간의 상호작용이 조직관련 변수인 조직유효성, 조직성과 등에 미치는 연구는 매우 제한적인 실정이다.

이에 따라 리더십 유형 및 조직문화 유형 간의 상호작용이 조직유효성에 미치는 영향을 고찰하기 위해 다음의 연구가설을 설정하였다.

가설 3: 인자형 리더십 또는 도덕적 리더십과 집단문화 또는 발전문화 간의 상호작용은 조직유효성에 정(+)의 영향을 줄 것이다.

가설 3-1: 인자형 리더십과 집단문화 간의 상호작용은 조직유효성에 정(+)의 영향을 줄 것이다.

가설 3-2: 인자형 리더십과 발전문화 간의 상호작용은 조직유효성에 정(+)의 영향을 줄 것이다.

가설 3-3: 도덕적 리더십과 집단문화 간의 상호작용은 조직유효성에 정(+)의 영향을 줄 것이다.

가설 3-4: 도덕적 리더십과 발전문화 간의 상호작용은 조직유효성에 정(+)의 영향을 줄 것이다.

본 연구는 지금까지 언급한 리더십 변수, 조직문화 변수 및 조직유효성에 대한 가설을 고찰하기 위해 다음과 같은 연구모형을 설정하였다.

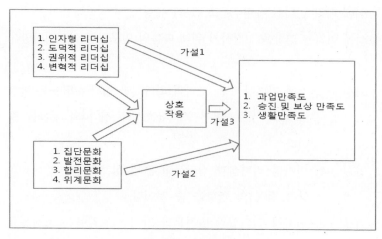

〈그림 1〉 연구모형

3. 조직유효성 관련 연구

앞에서 중국기업의 조직문화와 리더십에 관하여 살펴보았다. 본 연구는 기업의 재무성과 등 조직성과 지표가 다양한 요소의 영향을 받을 수 있음을 인식한다. 조직이론 및 조직행위 분야의 연구자들은 조직성과를 측정하기 위한 요인으로서 조직몰입도(Organizational Commitment), 조직성과(Organizational Performance), 조직유효성 (Organizational Effectiveness) 등의 변수를 개발하였다.

조직유효성은 아직까지 통일된 개념적 정의와 조작적 정의가 존재하지 않은 상황이다. 조직연구자들은 조직유효성의 개념을 정의하는 관점인 '목표달성 개념관(조직유효성을 목표의 달성으로 보는 개념관)', '체제 개념관(조직유효성을 조직 체제의 존속과 유지 능력으로 보는 개념관)', '포괄적 개념관[2](조직유효성을 포괄적 평가기준으

로 이해하는 개념관)', '이해관계 개념관(조직유효성을 조직 이해관
계자의 평가로 보는 개념관)'등 관점에 따라 다른 정의를 내리고 있
는 상황이다(민진, 2003). 이에 따라 연구의 목적과 대상에 근거하여
조직유효성을 정의하는 것이 매우 중요하다고 할 수 있을 것이다
(Kaplan, 1992).

조직유효성과 관련하여 Horowitz와 Edington(1986)은 라이프스타
일 분석 모형을 개발하였다. 이 모형은 과업만족도, 직무만족도, 승
진만족도, 관리감독만족도, 생활만족도 및 건강만족도 등 6개 측면
에서 조직유효성을 측정하였다.

그리고 Gold 등(2001)은 주로 지식경영과 관련된 12개 요인을 통
해 조직유효성을 정의하였다. 이들 12개 요인은 조직관련 2가지 요
인(제품 지식의 구성, 과정 지식의 구성)과 기술을 통한 조직의 능력
관련 10개 요인(경쟁과 파트너에 대한 모니터링, 조직 내 협력, 조직
외 협력·다수 지역인원의 집단으로서의 동시학습·다수 지역인원
의 집단으로서의 다원적 학습·새로운 지식에 대한 탐구·특정유형
의 지식에 대한 위치표시·제품 및 과정에 대한 지식 활용·시장 및
경쟁에 대한 지식 활용·파트너 관련 기회 창출 등)을 포함한다.

또한 Robert et al.(2010)은 생산성(productivity)·재무(finance)·고
객(customers)·인사(HR)·목적(purpose) 등 5개 측면으로 조직유효
성을 정의하였다. 이들은 이러한 5개 측면이 다음의 요인들로 구성
된다는 견해를 제시하였다. 생산성 측면은 효율성과 혁신을 포함하

---

2) 본 연구에서는 과업만족도·승진 및 보상만족도·생활만족도 등 3개 요인을 통해
중국기업의 조직유효성에 대한 조작적 정의를 하였다. 이는 민진(2003)이 제시한 조
직유효성을 인식하는 개념적 분류방법 중 조직유효성을 포괄적 평가기준으로 보는
'포괄적 개념관'의 한 종류로서 이해할 수 있을 것이다.

고, 재무 측면은 시장 및 회계에 기반하는 요인을 보여주며, 고객 측면은 시장점유율과 성장을 의미하여, HR 측면은 몰입과 재능 수준 등 요인을 통해 구성되며, 목적 측면은 미션·문화 및 사회적 책임을 포함한다.

그리고 Kellis et al.(2013)은 "나의 기능수준이 지난 1년간 향상되었다", "나의 대리인은 미션 수행에 성공적이었다", "모든 요인을 생각해볼 때 당신은 조직에 얼마나 만족하는가"등 요인을 통해 조직유효성을 정의하였다.

이에 비해 타이완 및 중국대륙의 연구자들은 중국적 상황을 고려하여 전통적 가치관과 현대적 가치관을 중심으로 중국인의 가치관에 대한 연구를 진행하였다.

정보쉰 외(鄭伯壎, 1999)는 타이완기업, 중국 내 타이완계 및 외자기업, 중국 국유기업 및 향진기업으로부터 각각 1,200명, 600명, 600명의 직원에 대한 인터뷰를 실시하고 이중 유효한 샘플 2,290명을 대상으로 실증연구를 진행하였다. 정보쉰 외(1999)의 중국 대륙과 타이완의 사회문화 비교 결과에 따르면, 중국 대륙의 경우 은혜 및 의리 가치−가족가치−타인가치−인정가치−권위가치의 순으로 나타났으며, 타이완의 경우 은혜 및 의리 가치−가족가치−타인가치−인정가치−권위가치의 순서로 나타났다. 이 중 은혜 및 의리 가치·가족가치·인정가치·타인가치는 타이완의 평균값이 중국 대륙보다 높으며 권위가치는 중국대륙의 평균값이 타이완보다 높은 결과를 보여주었다.

그리고 뤼준푸(呂俊甫, 2001)는 1983~1995년에 걸쳐 중국 대륙, 타이완, 홍콩 및 미국의 중국인 성인을 대상으로 2,640부의 유효 설문지를 회수하여, 이들 설문지를 분석대상으로 하여 중국인의 성격과 가치관에 대한 연구를 진행하였다. 뤼준푸(2001)의 실증분석 결과에 따르면, 중국인의 궁극적인 사회적 가치관은 조화(화합)·비공격성·타인으로부터의 존중·타인의 성취를 초월함·사회에 대한 공헌·체면(즉, 面子)·민주 등 7가지로 추출되어 압축되었고, 궁극적인 개인적 가치관은 안전(모험과 대비됨), 안전한 느낌(공포·걱정·위험 등 고난에서 탈피함)·명성, 재산 및 부·높은 사회적 지위·사업상의 성취·자급자족(경제적 독립)·중용·행복한 결혼생활·이혼하지 않는 성향 등 10가지를 포함하는 것으로 나타났다.

이에 비해 천지아성 외(陳家聲, 1999)는 '근로생활의 품질(QWL: Quality of Work Life)'에 대한 구체적인 연구를 실시하였다. 천지아성 외(1999)는 타이완 신죽(新竹) 지역의 8개 IT기업을 대상으로 하여 총 42개조 290명의 직원을 대상으로 실증분석을 실시하였다. 천지아성 외(1999)는 '근로생활의 품질(Quality of Work Life)'을 업무환경·급여·성과급·복리후생·승진·훈련 및 발전·업무성격·상사의 리더십 스타일·동료와의 협력·기업의 명성 양호 여부·커뮤니케이션·조직제도·조직분위기 및 문화·업무의 시간 및 양 등 14가지 요인으로 정의하였다. 천지아성 외(1999)의 실증분석에 따르면, 엔지니어는 업무성격·급여 및 상여금·훈련 및 발전을 가장 중요하게 생각했고, 행정 분야 스태프는 업무성격·상사의 리더십 스타일·급여 및 상여금을 가장 중요하게 여겼으며, 관리자는 급여 및 상여금·업무성격·조직제도를 가장 중시하였다. 이에 비해 현장작업자는 급여 및 상여금·복리후생·업무환경을 가장 중시했으며 기타 유형은 급여 및 상여금·복리후생·훈련 및 발전을 가장 중요하게 여기는 결과를 보여주었다.

Ⅲ. 분석방법

1. 표본 및 자료수집

본 연구의 가설을 검증하기 위해 중국 5개 지역[베이징시(北京市), 상하이시(上海市), 산동성(山東省) 칭다오시(靑島市), 샨시성(陝西省) 시안시(西安市), 하이난성(海南省) 하이커우시(海口市)]의 기업을 모집단으로 하여 137개 기업을 대상으로 설문조사를 실시하였다. 중국 5개 지역인 베이징시, 상하이시, 샨시성 시안시, 산동성 칭다오시, 하이커우시를 대상으로 실증분석을 한 이유는 5개 지역이 중국 내 도시로서의 각기 다른 대표성을 가지고 있다는 점을 고려한 것이다. 베이징시는 중국의 수도로서 중국 내에서 가장 큰 대도시 중 하나이며 화북지역의 도시로서 북방에 위치한 주요도시라는 점에서 실증분석의 대상으로 선정하였다. 상하이시는 중국에서 가장 중요한 상공업 도시 중 하나이며 화동지역의 대표적인 도시라는 점에서 실증분석의 대상으로 선정되었다. 샨시성 시안시는 서북지역의 주요도시 중 하나로서 중국 정부가 추진하는 서부대개발의 거점도시임을 고려하여 실증분석의 대상으로 포함시켰다. 산동성 칭다오시는 산동성 내에서 해외직접투자 유치가 가장 먼저 시작된 도시 중 하나이며 연해지역의 주요도시라는 점을 고려하여 실증분석 대상으로 선정하였다.

하이난성 하이커우시는 화남지역으로서 남방에 위치한 도시라는 점을 고려하여 실증분석의 대상으로 선정하였다.

조사방법은 2012년 6월 1일부터 6월 25일까지 70부의 설문지를 회수하여 pilot test를 실시하였으며, 이 시기에 신뢰성 분석을 통해 5개 지역의 정식 설문조사 이전에 설문지의 리더십 스타일, 조직문화, 조직유효성 요인이 통계적으로 유의한지를 파악하는 방식을 사용하였다. 그리고 2012년 7월 10일부터 7월 25일까지 가설을 검증하기 위해 중국 5개 지역(베이징시, 상하이시, 산동성 칭다오시, 샨시성 시안시, 하이난성 하이커우시)의 각 기업에 재직하고 있는 인원을 통해 설문조사를 실시하였으며 총 184부의 유효한 설문지가 회수되었다. 특히 본 연구는 상이한 직종 및 직위를 포함한 1기업당 응답자를 1~4인으로 하고 최대 4인 이내로 하여 소수의 기업에 집중할 때 생기는 편차를 줄이기 위한 실증분석을 실시하였다. 본 연구의 실증 분석을 위한 표본의 특성 및 소속기업의 산업별 분포는 <표 1>과 같다. 설문지 작성자 총 184명 중 남자는 105명이고 여자는 76명이며 3명은 응답하지 않은 것으로 나타났다. 이에 따라 결측치를 뺀 유효 퍼센트를 살펴보면 남자가 58%의 비율을 차지하며 여자는 42%의 비율을 차지하고 있는 것으로 나타났다. 응답자의 소속기업의 산업별 분포를 살펴보면, 제조업·금융업·정보기술서비스업(정보제공, 소프트웨어업 포함)·도소매업·교통운수 및 창고업(우편업 포함)의 순으로 높은 비중을 보여주었다.

<표 1> 표본의 특성 및 소속기업의 산업별 분포

구분		빈도	비율(%)
성별	남성	105	57.1
	여성	76	41.3
	결측치	3	1.6
	합계	184	100
산업별 분포	농업, 임업, 목축업, 어업	9	4.9
	제조업	32	17.4
	전력, 열, 가스 및 수자원생산 및 공급업	7	3.8
	건축업	4	2.2
	도소매업	25	13.6
	교통운수, 창고, 우편업	10	5.4
	숙박, 음식업	1	.5
	정보제공, 소프트웨어, 정보기술서비스업	27	14.7
	금융업	28	15.2
	부동산업	7	3.8
	임대 및 비즈니스서비스업	5	2.7
	과학연구 및 기술서비스업	8	4.3
	주민서비스, 수리 및 기타서비스업	3	1.6
	교육	7	3.8
	위생 및 사회서비스업	4	2.2
	문화, 체육, 엔터테인먼트산업	7	3.8
	합계	184	100.0

2. 측정변수의 조작적 정의 및 측정

중국기업의 조직문화와 경영자 리더십의 조직유효성에 대한 영향을 측정하기 위하여 다음의 각 변수에 대하여 조작적 정의를 하고 각 변수에 대하여 5점 척도로 측정하였다.

첫 번째로, 리더십 변수는 정보쉰(鄭伯壎, 2005; Cheng et al., 2009)이 제시한 인자형·도덕적·권위적 리더십 등 3개 리더십 변수와 서구적 리더십인 변혁적 리더십(Bass, 1985; Bass and Avolio, 1996, 1999) 변수로 구분하여 측정하였다. 본 논문에서 인자형 리더십은 구성원 개인에 대한 복지와 관심 정도로서 조작적 정의를 하였고, 도덕적 리더십은 도덕적 수양을 보여주며, 이를 통해 구성원이 존경심을 가지고 자발적으로 리더의 행위를 학습하는 정도로서 정의하였다. 권위적 리더십은 리더가 절대적인 권위를 가지고 구성원에 대한 엄격한 통제를 하며, 구성원이 절대적인 복종을 하는 것에 대한 정도로서 조작적 정의를 하였으며, 변혁적 리더십은 리더가 장기적인 비전을 제시하고 비전의 실현 과정 중 자발적인 충성과 내적인 보상을 하는 정도로서 조작적 정의를 하였다.

두 번째로, 본 연구는 다양한 가치가 공존하는 가운데 균형을 추구하는 중국 조직관리의 특성을 고려하였으며 Quinn(2006)의 경쟁가치 이론은 상이한 가치 간의 균형과 경쟁을 반영하는 분석방법이 될 수 있다고 사료되었다. 이에 따라 조직문화 변수는 Quinn(2006)의 경쟁가치 이론체계를 인용하여, 집단문화는 인적 자원·인간관계·팀워크·응집력을 중요하게 여기는 정도로서 조작적 정의를 하였다. 발전문화는 유연성·비(非)집중화, 확장·성장·발전 등의 가치를 중요시하는 정도로 정의하였다. 이에 비해 위계문화는 통제·중심화·공식화·구조화·안정성·계속성·절차 등을 중요하게 여기는 정도로서 조작적 정의를 하였으며, 합리문화는 지시·목표설정·목표의 명확성·효율·생산성·수익성을 강조하는 정도로 조작적 정의를 하고 측정하였다.

세 번째로, 조직유효성에 대한 측정은 Horowitz와 Edington(1986)이 개발한 라이프스타일 분석 모형과 이상윤(2011a)의 조직유효성 설문 문항을 이용하여 과업만족도, 승진 및 보상만족도, 생활만족도로 측정하였다.

본 연구는 조직유효성에 대한 정의가 연구의 목적과 대상을 고려하여 이루어져야 함을 고려하였고(민진, 2003; Kaplan, 1992), 중국기업의 조직유효성을 고찰하기 위해 중국기업 구성원의 가치관을 고려하는 것이 중요한 요인임을 인식하였다. 이에 따라 본 연구는 Horowitz와 Edington(1986), 뤼준푸(呂俊甫, 2001), 천지아성 외(陳家聲, 1999), 정보쉰 외(鄭伯壎, 1999), 양쥔루(楊君茹, 2011)의 연구결과를 기반으로 하여 과업만족도·승진 및 보상 만족도·생활만족도 등 3개 요인을 통해 중국기업 구성원에 적합할 수 있도록 조직유효성에 대한 조작적 정의를 하였다.[3]

IV. 실증분석결과

1. 측정변수의 타당성 검증

<표 2>에서 변수들 간의 상관계수를 살펴보면, 본 연구에서 독립변수로 설정한 인자형 리더십·도덕적 리더십·변혁적 리더십과 조직유효성 변수인 과업만족도·승진 및 보상만족도·생활만족도 간에는 높은 상관관계가 존재한다. 또한 <표 2>의 상관분석 결과는 본 연구에서 독립변수 중 조직문화로 설정한 집단문화·위계문화와 과업만족도·승진 및 보상만족도·생활만족도 간에도 높은 상관관계가

---

3) 본 연구는 각 측정변수에 대한 조작적 정의를 하기 위하여 리더십 변수는 4개 요인으로, 조직문화 변수는 4개 요인으로, 조직유효성은 3개 요인으로 정의하였다. 각 측정변수의 요인별 정의는 부록 1의 설문조사지에 구체적으로 제시되어 있다.

존재하고 있음을 보여주었다. 이러한 결과는 본 연구의 가설을 뒷받침하는 작용을 하는 것으로 보인다. 본 연구는 리더십 변수, 조직문화 변수 및 조직유효성 변수에 대한 KMO 및 Bartlett의 검정을 실시하였다. 리더십 변수, 조직문화 변수 및 조직유효성 변수에 대한 Bartlett의 구형성 검정의 결과는 모두 유의확률이 0.01보다 작은 것으로 나타났다. 이러한 결과는 리더십 변수, 조직문화 변수 및 조직유효성 변수에 대한 요인분석이 가능하다는 것을 의미한다.

〈표 2〉 변수의 기술통계량 및 상관계수

구분	평균	표준편차	인자형리더십	도덕적리더십	권위적리더십	변혁적리더십	집단문화	발전문화	합리문화	위계문화	과업만족도	승진 및 보상
인자형리더십	3.361	.7331										
도덕적리더십	3.590	.8663	.567***									
권위적리더십	3.047	.8447	-.159**	-.429***								
변혁적리더십	3.355	.6936	.510***	.548***	-.131*							
집단문화	3.394	.7294	.568***	.724***	-.474***	.555***						
발전문화	3.436	.6762	.490***	.574***	-.290***	.579***	.687***					
합리문화	3.712	.5849	.306***	.411***	-.083	.550***	.495***	.640***				
위계문화	3.543	.4777	.064	.178**	-.039	.248***	.188**	.249***	.426***			
과업만족도	3.461	.6332	.343***	.424***	-.211***	.322***	.446***	.468***	.251***	.197***		
승진 및 보상	3.085	.7847	.468***	.499***	-.153*	.387***	.530***	.501***	.365***	.204***	.593***	
생활만족도	3.175	.6393	.387***	.385***	-.166**	.257***	.424***	.438***	.235***	.261***	.725***	.647***

이에 따라 측정변수들의 타당성을 검증하기 위해 리더십 변수, 조직문화 변수 및 조직유효성 변수에 대한 탐색적 요인분석(Exploratory factor analysis)을 실시하였다. <표 3>은 측정변수의 타당성 분석결과를 보여준다.

리더십 변수의 경우는 고윳값 1 이상으로 요인을 추출한 결과, 4개의 고정된 요인(인자형 리더십·도덕적 리더십·권위적 리더십·변혁적 리더십)[4]이 전체 변이의 56.322%를 설명하는 것으로 나타났다.

조직문화 변수의 경우는 고윳값 1 이상으로 요인을 추출한 결과, 네 개의 고정된 요인(집단문화·발전문화·합리문화·위계문화)으로 전체 변이의 49.181%를 설명하는 것으로 나타났다.

조직유효성 변수의 경우는 고윳값 1 이상으로 요인을 추출한 결과, 세 개의 고정된 요인(과업만족도, 승진 및 보상만족도, 생활만족도)으로 전체 변이의 57.947%를 설명하는 것으로 나타났다. 이에 따라 이상의 타당성 분석을 종합하면, 본 연구에서 다루는 변수들은 서로 다른 개념의 요인이라 판단할 수 있다.

〈표 3〉 측정변수의 타당성 분석 결과

변수	요인	문항	Cronbach's α	총분산 설명력
리더십 변수	인자형 리더십	4	.812	56.322%
	도덕적 리더십	4	.888	
	권위적 리더십	4	.787	
	변혁적 리더십	4	.704	
조직 문화	집단문화	4	.805	49.181%
	발전문화	4	.737	

4) 측정변수별로 조작적 정의를 통해 고정된 요인의 구체적 내용은 부록 1의 설문조사지에 제시되어 있다.

조직 문화	합리문화	4	.757	49.181%
	위계문화	4	.501	
조직 유효성	과업만족도	5	.828	57.947%
	승진 및 보상만족도	5	.904	
	생활만족도	5	.792	

2. 가설검증 결과

독립변수인 인자형 리더십·도덕적 리더십·권위적 리더십·변혁적 리더십이 과업만족도·승진 및 보상만족도·생활만족도 등 조직유효성에 미치는 영향과 집단문화·발전문화·합리문화·위계문화가 조직유효성에 미치는 영향 등 직접효과와 인자형 리더십과 집단문화 간 상호작용·인자형 리더십과 발전문화 간 상호작용·도덕적 리더십과 집단문화 간 상호작용·도덕적 리더십과 발전문화 간 상호작용 등 4가지 상호작용이 조직유효성에 미치는 영향인 간접효과를 검증하기 위하여 위계적 회귀분석(Hierarchical Regression Analysis)을 실시하였다.

상호작용 효과를 고찰할 때 상호작용 항에서 또는 상호작용 항과 다른 독립변수 간에 발생할 수 있는 다중공선성(multi-collinearity)을 줄이기 위해 상호작용 항을 이루는 리더십 및 조직문화 변수를 평균중심화(mean centering)[5]시킨 후 회귀분석을 실시하였다. <표 4>, <표 5>, <표 6>에서 제시되는 위계적 회귀분석 중 모형1, 모형2,

---

5) 평균중심화는 원래의 변수에서 평균값만큼을 감소시켜 변환시키는 것을 의미하며, 상호작용 항을 이루는 각 변수에서 각 변수의 평균값만큼을 감소시킨 후(mean centering)에는 각 독립변수와 상호작용 항 간의 상관관계가 감소되어 다중공선성을 줄여줄 수 있다.

모형3, 모형4의 통제변수, 독립변수, 상호작용 항에 대한 다중공선성을 보여주는 VIF는 모두 10 이하로 나타났으며, 이에 따라 위계적 회귀분석의 각 모형 중 사용된 통제변수, 독립변수 및 상호작용 항 간에는 다중공선성이 존재하지 않는 것으로 볼 수 있을 것이다.

<표 4>는 과업만족도에 대한 위계적 회귀분석 결과를 보여준다. 모형1은 통제변수만으로 구성되어 있는 기본모형이다. 통제변수는 지역별 더미변수, 산업별 더미변수, 성별, 기업형태 더미변수를 사용하였다.[6] 모형1의 통제변수 중 산동성(칭다오시) 지역·베이징시 지역과 Joint-Venture 기업형태가 과업만족도에 .05 수준에서 유의한 정(+)의 영향을 미치고 있었다. 본 연구에서 설정한 가설인 인자형 리더십이 조직유효성에 영향을 줄 것이라는 가설 1-1을 검증하기 위해 분석한 모형2를 살펴보면, 인자형 리더십이 .05 수준에서 유의하게 나타났다. 도덕적 리더십이 조직유효성에 영향을 미칠 것이라는 가설 1-2를 검증하기 위해 모형2의 분석결과를 보면, 역시 도덕적 리더십이 .05 수준에서 조직유효성인 과업만족도에 유의하게 영향을 주는 것으로 나타났다.

그러나 서구적 경영사조가 중국에 유입되면서 중국 조직운영에

---

6) 지역별 더미변수는 시안시, 상하이시, 하이난성(하이커우시), 산동성(칭다오시) 및 베이징시 등 5개 지역에 대해 4개의 더미변수를 이용하여 4개의 더미변수가 모두 0인 경우는 시안시로 하며, 지역별 더미변수가 1인 경우에 해당 지역에 대한 통제변수로 사용하였다. 산업별 구분은 <표 1>의 산업별 분포가 너무 세분화되어 있음을 고려하여 각 세부산업을 1, 2, 3차 산업으로 묶어 2개의 더미변수가 모두 0인 경우는 2차 산업으로 하며, 2개의 더미변수는 각각 1차 산업과 3차 산업의 통제변수가 되도록 하였다. 성별은 더미변수가 0인 경우는 남자가 되며, 더미변수가 1인 경우에는 여자가 되도록 정의하였다. 기업형태 더미변수는 민간기업, 국유기업, 상장기업, 외국독자기업, Joint-Venture, 지방정부투자기업, 집체기업 등 7가지 기업형태에 대하여 6개의 더미변수를 이용하여 모든 기업형태 더미변수가 0인 경우는 민간기업으로 하며, 하나의 기업형태 더미변수가 1인 경우에 그 기업형태에 대한 통제변수가 되도록 하였다.

영향을 줄 것으로 생각되어 리더십변수에 포함시킨 변혁적 리더십은 조직유효성인 과업만족도에 정(+)의 영향을 주지만 유의한 영향을 주지 못하는 것으로 나타났다. 이는 현재까지 변혁적 리더십이 조직유효성에 직접적인 영향을 주기보다는 다른 리더십과의 조합을 통해 조직유효성에 영향을 주기 때문으로 보인다.

조직문화 유형 중 집단문화가 조직유효성에 정(+)의 영향을 미친다는 가설 2-1과 발전문화가 조직유효성에 정(+)의 영향을 준다는 가설 2-2를 검증하기 위한 모형3의 분석결과를 살펴보기로 하겠다. 집단문화가 조직유효성인 과업만족도에 정(+)의 영향을 주고 있으나 유의한 영향을 주지는 못하는 것으로 나타났다.

〈표 4〉 과업만족도에 대한 위계적 회귀분석

변 수		과업만족도			
		모형1	모형2	모형3	모형4
		표준화계수	표준화계수	표준화계수	표준화계수
통제 변수	상하이시 지역	.061	.072	.088	.075
	하이난성 지역	.090	.137	.138	.112
	산동성 지역	.240**	.182**	.199**	.201**
	베이징시 지역	.164**	.141*	.144**	.141
	1차 산업	-.022	.006	-.025	-.041
	3차 산업	-.225***	-.076	-.084	-.105
	성별	-.041	-.081	-.045	-.028
	국유기업	-.140	-.142*	-.147*	-.182**
	상장기업	-.017	.063	.040	.029
	외국독자기업	.029	.044	.021	.013
	Joint-venture	.175**	.213***	.185***	.180***
	지방정부투자기업	.102	.073	.107	.119*

독립변수	리더십	집체기업	-.062	-.057	-.020	.003
		인자형 리더십		.197**	.129	.136
		도덕적 리더십		.220**	.120	.108
		권위적 리더십		-.067	.021	.034
		변혁적 리더십		.099	-.032	-.026
	조직문화	집단문화			.108	.111
		발전문화			.334***	.334**
		합리문화			-.114	-.155
		위계문화			.115	.116
상호작용		인자형 리더십 *집단문화				.050
		인자형 리더십 *발전문화				.179
		인자형 리더십 *합리문화				-.251**
		도덕적 리더십 *집단문화				-.193
		도덕적 리더십 *발전문화				-.196
		도덕적 리더십 *합리문화				.409**
R 제곱			.143	.320	.388	.438
수정된 R 제곱			.076	.248	.307	.338
F			2.130	4.477***	4.775***	4.386***

이에 비해 발전문화가 과업만족도에 유의하게 정(+)의 영향을 미치는 것으로 나타났다. 모형3은 조직유효성에 대한 통제변수, 리더십과 조직문화의 영향을 분석하고자 하였으며, 이러한 분석의 결과 리더십과 조직문화가 함께 고려될 때 조직유효성인 과업만족도에 대한 조직문화의 영향이 유의한 것으로 나타났다.

마지막으로 모형4[7]는 리더십 유형과 조직문화 유형 간의 상호작용을 포함시켜 이들 상호작용 항이 조직유효성인 과업만족도에 어떠한 영향을 미치는지에 대해 살펴보았다. 본 연구에서 설정한 가설인 인자형 리더십과 집단문화 간 상호작용은 조직유효성에 정(+)의 영향을 미친다는 가설 3-1과 인자형 리더십과 발전문화 간 상호작용은 조직유효성에 유의하게 영향을 준다는 가설 3-2를 검증해보기 위해 모형4를 살펴보면, 인자형 리더십과 집단문화 간 상호작용·인자형 리더십과 발전문화 간 상호작용이 모두 과업만족도에 유의한 영향을 주지 못하는 것으로 나타났다. 도덕적 리더십과 집단문화 간 상호작용, 도덕적 리더십과 발전문화 간 상호작용 역시 과업만족도에 정(+)의 방향으로 유의한 영향을 주지 못하는 결과를 보여주었다.[8] 모형4의 분석결과에 따르면 인자형 리더십과 합리문화 간 상호작용은 조직유효성에 부(-)의 방향으로 유의한 영향을 주며, 도덕적 리더십과 합리문화 간 상호작용은 정(+)의 방향으로 유의한 영향을 주는 것으로 나타났다.

<표 5>는 승진 및 보상만족도에 대한 위계적 회귀분석 결과를 보여준다. 모형1은 통제변수만으로 구성되어 있는 기본모형이다. 모형1의 통제변수 중 베이징시 지역이 .05 수준에서 조직유효성인 승

---

7) <표 2>에서 제시된 상관관계 분석 결과를 살펴보면, 인자형 리더십과 합리문화 간, 도덕적 리더십과 합리문화 간, 과업만족도와 합리문화 간, 승진 및 보상만족도와 합리문화 간, 생활만족도와 합리문화 간에 유의한 정(+)의 상관관계가 존재함을 알 수 있다. 이에 따라 각 조직유효성 변수에 대한 위계분석 중 인자형 리더십과 합리문화 간 상호작용 항과 도덕적 리더십과 합리문화 간의 상호작용 항을 포함시켜 회귀분석을 실시하였다.

8) 4장 2절 후반부에서 과업만족도, 승진 및 보상만족도 및 생활만족도에 대한 리더십과 조직문화 간 상호작용의 영향에 대해 좀 더 세밀하게 고찰해보기로 한다.

진 및 보상만족도에 유의한 영향을 주는 것으로 나타났다. 본 연구는 모형2를 통해 통제변수와 리더십 변수를 포함한 회귀분석을 실시하였으며, 인자형 리더십과 도덕적 리더십 모두 .05 수준에서 승진 및 과업만족도에 유의한 영향을 주는 것으로 나타났다.

승진 및 보상만족도에 대한 모형2의 분석결과에 따르면, 변혁적 리더십은 승진 및 보상만족도에 정(+)의 영향을 주지만 유의한 영향을 주지 못하는 것으로 나타났다. 이는 과업만족도에 대한 모형2의 분석결과와 일치하며, 변혁적 리더십과 다른 리더십이 함께 작용하여 조직유효성에 영향을 주기 때문으로 사료된다. 집단문화가 조직유효성에 정(+)의 영향을 미친다는 가설 2-1과 발전문화가 조직유효성에 정(+)의 영향을 준다는 가설 2-2를 검증하기 위해 모형3의 분석결과를 살펴보면, 집단문화와 발전문화는 모두 승진 및 보상만족도에 유의하게 정(+)의 영향을 주는 것으로 나타났다.

모형3의 분석결과를 보면, 리더십과 조직문화가 함께 고려될 때 승진 및 보상만족도에 대한 인자형·도덕적 리더십과 집단문화·발전문화의 영향이 유의한 것으로 나타났다.

마지막으로 모형4의 분석결과에 따르면, 인자형 리더십과 집단문화 간 상호작용·인자형 리더십과 발전문화 간 상호작용 모두가 과업만족도에 유의한 영향을 주지 못하는 것으로 나타났다. 도덕적 리더십과 집단문화 간 상호작용, 도덕적 리더십과 발전문화 간 상호작용은 모두 과업만족도에 부(-)의 방향으로 영향을 주는 결과를 보여주었다.

<표 5> 승진 및 보상만족도에 대한 위계적 회귀분석

변 수		승진 및 보상만족도			
		모형1	모형2	모형3	모형4
		표준화계수	표준화계수	표준화계수	표준화계수
통제 변수	상하이시 지역	-.110	-.082	-.073	-.104
	하이난성 지역	.002	.072	.051	.006
	산동성 지역	.089	.033	.057	.092
	베이징시 지역	.173**	.155**	.165**	.150**
	1차 산업	-.005	.013	-.011	-.034
	3차 산업	-.153*	.012	.012	-.027
	성별	-.060	-.112*	-.082	-.062
	국유기업	-.091	-.105	-.094	-.144
	상장기업	-.082	.001	-.008	-.025
	외국독자기업	.104	.112	.082	.067
	Joint-venture	-.109	-.070	-.075	-.095
	지방정부투자기업	.020	-.015	.019	.031
	집체기업	-.003	.015	.040	.054
독립 변수	인자형 리더십		.245***	.177**	.195**
	도덕적 리더십		.351***	.219**	.176*
	권위적 리더십		.016	.105	.144*
	변혁적 리더십		.046	-.092	-.093
	집단문화			.206*	.197*
	발전문화			.206*	.187*
	합리문화			-.009	-.035
	위계문화			.083	.095
상호 작용	인자형 리더십 *집단문화				.096
	인자형 리더십 *발전문화				.114
	인자형 리더십 *합리문화				-.183*
	도덕적 리더십 *집단문화				-.297**
	도덕적 리더십 *발전문화				-.274**
	도덕적 리더십 *합리문화				.396***

R 제곱	.117	.374	.431	.502
수정된 R 제곱	.048	.308	.356	.413
F	1.692	5.686***	5.705***	5.666***

　　모형4는 인자형 리더십과 합리문화 간 상호작용은 조직유효성에
부(-)의 방향으로 영향을 주며, 도덕적 리더십과 합리문화 간 상호작
용은 정(+)의 방향으로 유의한 영향을 주는 결과를 보여주었다.

　　<표 6>은 생활만족도에 대한 위계적 회귀분석 결과를 보여준다.
모형1은 통제변수만으로 구성되어 있는 기본모형이다. 모형1의 통
제변수 중 베이징시 지역이 생활만족도에 .05에서 정(+)의 영향을
유의한 영향을 미치고 있는 것으로 나타났다.

　　모형2의 회귀분석 결과에 따르면, 인자형 리더십은 .01에서 생활만
족도에 유의한 영향을 주고 도덕적 리더십은 .1 수준에서 생활만족도
에 정(+)의 영향을 주는 것으로 나타났다. 변혁적 리더십은 생활만족
도에 부(-)의 영향을 주고 있으나 그 영향은 유의하지 않게 나타났다.
모형2는 이 외에도 생활만족도에 대한 상장기업의 영향이 .05 수준
에서 정(+)의 방향으로 유의한 영향을 주며 집체기업은 .1 수준에서
부(-)의 방향으로 유의한 영향을 주고 있음을 보여주었다.

　　모형3의 분석결과는 집단문화는 생활만족도에 정(+)의 영향을 주
고 있으나 그 영향이 유의하지 않으며, 발전문화는 .01 수준에서 생
활만족도에 유의한 영향을 주고 있음을 보여주었다. 모형3은 이 외
에도 위계문화가 .05 수준에서 생활만족도에 유의한 영향을 주고 있
다는 것을 보여주었다.

　　모형3의 회귀분석은 리더십과 조직문화가 함께 고려될 때 생활만

족도에 대한 인자형 리더십, 발전문화 및 위계문화의 영향이 유의하게 나타났다는 결과를 보여주었으며, 이러한 경우 집단문화는 생활만족도에 정(+)의 영향을 주지만 유의한 영향을 주지는 못하는 결과를 보여주었다.

모형4는 인자형 리더십과 집단문화 간 상호작용이 .05 수준에서 생활만족도에 유의한 영향을 주고 있으나 인자형 리더십과 발전문화 간 상호작용이 생활만족도에 유의한 영향을 주지는 못하는 결과를 보여주었다. 도덕적 리더십과 집단문화 간 상호작용, 도덕적 리더십과 발전문화 간 상호작용 모두 생활만족도에 부(-)의 방향으로 유의한 영향을 주는 결과를 보여주었다.

모형4의 분석결과는 인자형 리더십과 합리문화 간 상호작용은 조직유효성에 부(-)의 방향으로 영향을 주며, 도덕적 리더십과 합리문화 간 상호작용은 정(+)의 방향으로 유의한 영향을 주는 것을 보여주었다.

<표 7>은 본 연구에서 설정한 가설에 대한 검증결과와 채택 여부를 보여주고 있다. 인자형 리더십은 과업만족도에 대한 위계적 회귀분석 중 모형2, 승진 및 보상만족도에 대한 위계적 회귀분석 중 모형2, 생활만족도에 대한 위계적 회귀분석 중 모형2에서 모두 조직유효성에 유의한 영향을 보여주었다. 이에 따라 인자형 리더십이 조직유효성에 정(+)의 영향을 줄 것이라는 가설 1-1은 채택되었다.

도덕적 리더십은 과업만족도에 대한 위계적 회귀분석 중 모형2, 승진 및 보상만족도에 대한 위계적 회귀분석 중 모형2, 생활만족도에 대한 위계적 회귀분석 중 모형2에서 모두 조직유효성에 유의한

영향을 주는 것으로 나타났다. 이러한 결과를 통해 도덕적 리더십이 조직유효성에 정(+)의 영향을 미칠 것이라는 가설 1-2는 채택되었다. 변혁적 리더십은 과업만족도에 대한 위계적 회귀분석 중 모형2, 승진 및 보상만족도에 대한 위계적 회귀분석 중 모형2, 생활만족도에 대한 위계적 회귀분석 중 모형2에서 모두 조직유효성에 유의한 영향을 주지 못하는 것으로 나타났다.

이는 변혁적 리더십이 독자적으로 조직유효성에 영향을 미치는 것 이외에 다른 리더십과 함께 작용하여 조직유효성에 영향을 주기 때문인 것으로 보인다. 이러한 회귀분석 결과에 따라 변혁적 리더십이 조직유효성에 정(+)의 영향을 미칠 것이라는 가설 1-3은 기각되었다.

〈표 6〉 생활만족도에 대한 위계적 회귀분석

변 수			생활만족도			
			모형1	모형2	모형3	모형4
			표준화계수	표준화계수	표준화계수	표준화계수
통제 변수		상하이시 지역	-.110	.045	.051	.023
		하이난성 지역	.002	.102	.101	.049
		산동성 지역	.089	.092	.114	.105
		베이징시 지역	.173**	-.009	.002	-.011
		1차 산업	-.005	.073	.041	.015
		3차 산업	-.153*	.044	.033	.008
		성별	-.060	-.074	-.028	-.006
		국유기업	-.091	-.061	-.070	-.119
		상장기업	-.082	.189**	.159**	.135
		외국독자기업	.104	.098	.073	.067
		Joint-venture	-.109	.015	-.006	-.015
		지방정부투자기업	.020	-.012	.020	.043
독립 변수	리더십	집체기업	-.003	-.135*	-.098	-.055
		인자형 리더십		.347***	.285***	.274***
		도덕적 리더십		.169*	.068	.055
		권위적 리더십		-.099	-.009	.006

독립 변수	조 직 문 화	변혁적 리더십		-.021	-.145	-.143
		집단문화			.118	.123
		발전문화			.311***	.311***
		합리문화			-.156	-.209**
		위계문화			.189**	.185**
상호 작용		인자형 리더십 *집단문화				.069**
		인자형 리더십 *발전문화				.353
		인자형 리더십 *합리문화				-.375***
		도덕적 리더십 *집단문화				-.231*
		도덕적 리더십 *발전문화				-.422***
		도덕적 리더십 *합리문화				.626***
R 제곱			.074	.273	.349	.461
수정된 R 제곱			.001	.196	.263	.366
F			1.107	3.573***	4.041***	4.820***

집단문화는 과업만족도에 대한 위계적 회귀분석 중 모형3과 생활
만족도에 대한 위계적 회귀분석 중 모형3에서 모두 조직유효성에
유의한 영향을 주지 못하는 것으로 나타났으나, 승진 및 보상만족도
에 대한 위계적 회귀분석 중 모형3에서는 조직유효성에 유의한 정
(+)의 영향을 주는 것으로 나타났다. 이에 따라 집단문화가 조직유
효성에 정(+)의 영향을 줄 것이라는 가설 2-1은 일부 채택되었다.

구분	가설	종속변수	모형	채택 여부
주 효 과	가설 1-1: 인자형 리더십→조직유 효성	과업만족도	모형2	채택
		승진 및 보상	모형2	채택
		생활만족도	모형2	채택
	최종적인 채택 여부			**채택**
	가설 1-2: 도덕적 리더십→조직유 효성	과업만족도	모형2	채택
		승진 및 보상	모형2	채택
		생활 만족도	모형2	채택
	최종적인 채택 여부			**채택**
	가설 1-3: 변혁적 리더십→조직유 효성	과업만족도	모형2	기각
		승진 및 보상	모형2	기각
		생활 만족도	모형2	기각
	최종적인 채택 여부			**기각**
	가설 2-1: 집단문화→조직유효성	과업만족도	모형3	기각
		승진 및 보상	모형3	채택
		생활만족도	모형3	기각
	최종적인 채택여부			**일부채택**
	가설 2-2: 발전문화→조직유효성	과업만족도	모형3	채택
		승진 및 보상	모형3	채택
		생활만족도	모형3	채택
	최종적인 채택 여부			**채택**
상호 작용	가설 3-1: 인자형 리더십*집단문 화→조직유효성	과업만족도	모형4	기각
		승진 및 보상	모형4	기각
		생활만족도	모형4	채택
	최종적인 채택 여부			**일부채택**
	가설 3-2: 인자형 리더십*발전문 화→조직유효성	과업만족도	모형4	기각
		승진 및 보상	모형4	기각
		생활만족도	모형4	기각
	최종적인 채택 여부			**기각**
	가설 3-3: 도덕적 리더십*집단문 화→조직유효성[9]	과업만족도	모형4	기각
		승진 및 보상	모형4	기각
		생활 만족도	모형4	기각
	최종적인 채택 여부			**기각**
	가설 3-4: 도덕적 리더십*발전문 화→조직유효성[10]	과업만족도	모형4	기각
		승진 및 보상	모형4	기각
		생활 만족도	모형4	기각
	최종적인 채택 여부			**기각**

---

9) 가설 3-3에 대해서는 도덕적 리더십과 집단문화 간 상호작용이 승진 및 보상만족도
와 생활만족도에 부(-)의 방향으로 유의한 영향을 주는 결과를 보여주었다.
10) 가설 3-4에 대해서는 도덕적 리더십과 발전문화 간 상호작용이 승진 및 보상만족도

발전문화는 과업만족도에 대한 위계적 회귀분석 중 모형3, 승진 및 보상만족도에 대한 위계적 회귀분석 중 모형3, 생활만족도에 대한 위계적 회귀분석 중 모형3에서 모두 조직유효성에 유의한 영향을 주는 것으로 나타났다. 이러한 분석결과에 따라 발전문화가 조직유효성에 정(+)의 영향을 줄 것이라는 가설 2-2는 채택되었다.

인자형 리더십과 집단문화 간 상호작용은 과업만족도에 대한 위계적 회귀분석 중 모형4, 승진 및 보상만족도에 대한 위계적 회귀분석 중 모형4에서 모두 유의한 영향을 주지 못하였으나, 생활만족도에 대한 위계적 회귀분석 중 모형4에서 모두 조직유효성에 정(+)의 방향으로 유의한 영향을 주는 것으로 나타났다. 이러한 회귀분석 결과를 통해 인자형 리더십과 집단문화 간 상호작용은 조직유효성에 정(+)의 영향을 미칠 것이라는 가설 3-1은 일부 채택되었다.

인자형 리더십과 발전문화 간 상호작용은 과업만족도에 대한 위계적 회귀분석 중 모형4, 승진 및 보상만족도에 대한 위계적 회귀분석 중 모형4, 생활만족도에 대한 위계적 회귀분석 중 모형4에서 모두 조직유효성에 유의한 영향을 주지 못하는 것으로 나타났다. 이러한 분석 결과를 통해 인자형 리더십과 집단문화 간 상호작용은 조직유효성에 정(+)의 영향을 주게 될 것이라는 가설 3-2는 기각되었다. 도덕적 리더십과 집단문화 간 상호작용은 과업만족도에 대한 위계적 회귀분석 중 모형4, 승진 및 보상만족도에 대한 위계적 회귀분석 중 모형4, 생활만족도에 대한 위계적 회귀분석 중 모형4에서 모두 조직유효성에 유의한 정(+)의 영향을 주지 못하는 것으로 나

와 생활만족도에 부(-)의 방향으로 유의한 영향을 주는 것으로 나타났다.

타났다. 이에 따라 도덕적 리더십과 집단문화 간 상호작용은 조직유효성에 정(+)의 영향을 줄 것이라는 가설 3-3은 기각되었다. 도덕적 리더십과 발전문화 간 상호작용은 과업만족도에 대한 위계적 회귀분석 중 모형4, 승진 및 보상만족도에 대한 위계적 회귀분석 중 모형4, 생활만족도에 대한 위계적 회귀분석 중 모형4에서 모두 조직유효성에 정(+)의 방향으로 유의한 영향을 주지 못하는 것으로 나타났다.

이러한 분석 결과에 통해 도덕적 리더십과 발전문화 간 상호작용은 조직유효성에 정(+)의 영향을 줄 것이라는 가설 3-4는 기각되었다.

마지막으로 리더십 변수와 조직문화 변수 간 상호작용에 대하여 좀 더 세밀하게 고찰해보고자 한다.

첫째, 인자형 리더십과 집단문화 간 상호작용은 생활만족도에 대한 위계적 회귀분석 중 모형4에서만 조직유효성에 유의한 영향을 주는 것으로 나타났다.

둘째, 인자형 리더십과 발전문화 간 상호작용은 과업만족도·승진 및 보상만족도·생활만족도 등 3가지 조직유효성 변수에 정(+)의 방향으로 영향을 주지만 유의한 영향을 주지는 못하는 결과를 보여주었다.

셋째, 과업만족도·승진 및 보상만족도·생활만족도에 대한 위계적 회귀분석에서 도덕적 리더십과 집단문화 간 상호작용, 도덕적 리더십과 발전문화 간 상호작용은 모두 조직유효성에 부(-)의 방향으로 영향을 주는 결과를 보여주었다.

넷째, 과업만족도·승진 및 보상만족도·생활만족도 등 3가지 조직유효성 변수에 대한 위계적 회귀분석 결과에서, 인자형 리더십과 합리문화 간 상호작용은 조직유효성에 부(-)의 방향으로 영향을 주며, 도덕적 리더십과 합리문화 간 상호작용은 정(+)의 방향으로 영향을 주는 것으로 나타났다.

이러한 상호작용 항을 좀 더 구체적으로 살펴보기 위해 그래프를 통해 변수 간의 상호작용을 알아보고자 하며, 리더십 변수와 조직문화 간 일부 연구가설이 기각된 이유를 함께 살펴보고자 한다.

리더십과 조직문화 간 상호작용을 고찰하기 위해 상호작용 항을 구성하는 각 측정변수에 평균중심화(mean centering)를 한 이후, 평균중심화를 한 각 측정변수를 X축에 표시하고 조직유효성 변수를 Y축에 표시한 후에 추계선을 그려 측정변수의 조직유효성 변수에 대한 영향을 살펴보고자 하였다. 그다음에 2개의 평균중심화한 측정변수의 곱으로 구성된 상호작용 항을 X축에 표시하고 조직유효성 변수를 Y축에 표시한 후에 추계선을 그려 상호작용 항의 조직유효성 변수에 대한 영향을 고찰하고자 하였다. 아래 그림에서 'MC xx'는 xx변수에 대해 평균중심화(mean centering)를 하였음을 의미한다.

<그림 2> 좌측에서 과업만족도에 대한 인자형 리더십 변수의 영향을 나타내는 추계선의 계수는 .2966이며 과업만족도에 대한 집단문화의 영향을 나타내는 계수는 .3872이지만, 과업만족도에 대한 인자형 리더십과 집단문화 간 상호작용의 영향을 나타내는 계수는 -.0313(상관계수는 -.030)에 불과하다. <그림 2> 우측에서 생활만족도에 대한 인자형 리더십의 영향과 집단문화의 영향은 매우 뚜렷하지만, 생활만족도에 대한 인자형 리더십과 집단문화 간 상호작용 항의 영향을 보여주는 계수는 -.014(상관계수는 -.015)에 불과하다. 이

처럼 상호작용 항을 이루는 각 측정변수가 조직유효성에 미치는 영향은 정(+)의 방향으로 뚜렷하게 나타나지만 상호작용 효과는 상대적으로 작게 나타나면서 다중회귀분석에서 회귀계수의 부호 역시 반대 방향으로 나타난 것으로 보인다.

과업만족도, 승진 및 보상만족도 및 생활만족도에 대한 인자형 리더십과 발전문화 간 상호작용 역시 같은 이유로 조직유효성에 대한 각 측정변수의 영향은 정(+)의 방향으로 뚜렷하게 나타나지만 상호작용 항의 영향은 유의하지 않게 나타난 것으로 보인다.

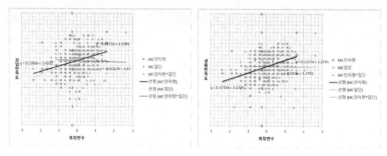

〈그림 2〉 인자형 리더십과 집단문화 간 상호작용

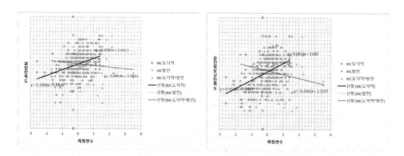

〈그림 3〉 도덕적 리더십과 발전문화 간 상호작용

<그림 3> 좌측에서 도덕적 리더십과 발전문화가 과업만족도에 뚜렷하게 정(+)의 영향을 주고 있지만, 과업만족도에 대한 도덕적 리더십과 발전문화 간 상호작용 항의 영향을 나타내는 계수는 -.0854(상관계수는 -.092)에 불과하다. 이에 비해 <그림 3> 우측에서 도덕적 리더십과 발전문화가 승진 및 보상만족도에 미치는 정(+)의 영향은 매우 뚜렷하지만, 승진 및 보상만족도에 대한 도덕적 리더십과 발전문화 간 상호작용 항의 영향을 보여주는 계수는 -.2061 (상관계수는 -.180**)에 이르는 것으로 나타났다. 이와 같이 도덕적 리더십과 발전문화의 상호작용에서 부(-)의 효과가 뚜렷해지면서, 상호작용 항은 각각 승진 및 보상만족도, 생활만족도에 부(-)의 영향을 주는 결과를 보여주게 되었다. 과업만족도, 승진 및 보상만족도 및 생활만족도에 대한 도덕적 리더십과 집단문화의 영향은 매우 뚜렷하지만, 마찬가지 이유로 도덕적 리더십과 집단문화 간의 상호작용 항이 조직유효성에 미치는 영향은 부(-)의 효과가 뚜렷해진 것으로 보인다.

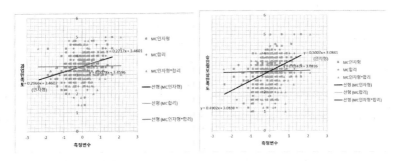

〈그림 4〉 인자형 리더십과 합리문화 간 상호작용

<그림 4> 좌측에서 인자형 리더십과 합리문화는 과업만족도에 뚜렷하게 정(+)의 영향을 주고 있지만, 과업만족도에 대한 인자형 리더십과 합리문화 간 상호작용 항의 영향을 나타내는 계수는 .0078 (상관계수는 .004)에 불과하다. <그림 4> 우측에서 승진 및 보상만족도에 인자형 리더십과 발전문화의 영향은 매우 뚜렷하지만, 승진 및 보상만족도에 대한 인자형 리더십과 합리문화 간 상호작용 항의 영향을 보여주는 계수는 .0243(상관계수는 .013)에 불과한 것으로 나타났다. 이처럼 상호작용을 이루는 조직유효성에 대한 각 측정변수의 영향은 정(+)의 방향으로 뚜렷하게 나타나지만, 상호작용 효과는 상대적으로 작게 나타나면서 다중회귀분석에서 회귀계수의 부호 역시 반대 방향으로 나타난 것으로 보인다.

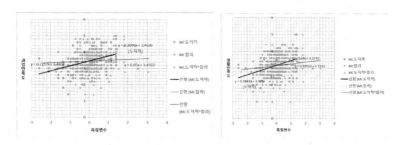

〈그림 5〉 도덕적 리더십과 합리문화 간 상호작용

<그림 5> 좌측에서 도덕적 리더십과 합리문화는 과업만족도에 뚜렷하게 정(+)의 영향을 주고 있지만, 과업만족도에 대한 도덕적 리더십과 합리문화 간 상호작용 항의 영향을 나타내는 계수는 .05 (상관계수는 .047)로 나타났다. 이에 비해 <그림 5> 우측에서 도덕적 리더십과 합리문화가 생활만족도에 미치는 정(+)의 영향은 매우

뚜렷하며, 생활만족도에 대한 도덕적 리더십과 발전문화 간 상호작용 항의 영향을 보여주는 계수는 .1052(상관계수는 .098)에 이르는 것으로 나타났다. 이와 같이 도덕적 리더십과 합리문화의 상호작용 항은 추세선, 상관관계 및 다중회귀분석의 계수 부호가 모두 일치하며, 과업만족도·승진 및 보상만족도·생활만족도에 정(+)의 영향을 주는 것으로 나타났다.

V. 결론

1. 연구결과의 요약 및 시사점

본 연구는 중국기업 리더십과 조직문화가 조직성과와 관련된 주요변수인 조직유효성에 어떠한 직접적인 영향을 주는지, 리더십과 조직문화의 상호작용이 조직유효성에 어떠한 영향을 주는지에 대하여 기존의 이론적 연구를 기반으로 가설을 설정하고 이에 대한 검증을 실시하였다.

특히 본 연구는 중국기업의 소재 지역, 소속 산업, 기업형태 등 통제변수가 조직유효성에 미치는 영향을 분석하였고, 독립변수인 리더십이 조직유효성에 미치는 영향과 조직유효성에 미치는 영향 등 직접효과와 리더십과 조직문화 간 상호작용이 조직유효성에 미치는 영향인 상호작용을 검증하기 위하여 위계적 회귀분석(Hierarchical Regression Analysis)을 실시하였다.

본 연구의 실증연구 결과를 요약하면 아래와 같다.

첫째, 조직유효성에 대한 통제변수의 영향을 살펴보면, 과업만족도·승진 및 보상만족도·생활만족도에 대한 위계적 회귀분석에서 통제변수인 베이징시 지역이 조직유효성에 정(+)의 영향을 주는 것으로 나타났다. 통제변수인 산동성 칭다오시 지역이 조직유효성 중 과업만족도에 유의한 정(+)의 영향을 주는 것으로 나타났다. 중국기업의 소속 산업은 모두 유의한 정(+)의 영향을 주지 못하는 것으로 나타났으나, 3차 산업이 과업만족도·승진 및 보상만족도·생활만족도 등 조직유효성에 모두 유의한 부(-)의 영향을 주는 것으로 나타났다. 중국기업 기업형태가 조직유효성에 미치는 영향을 살펴보면, 통제변수인 합작투자기업이 과업만족도에 정(+)의 영향을 주는 것으로 나타났다.

둘째, 독립변수인 리더십이 조직유효성에 미치는 영향에서 인자형 리더십은 과업만족도·승진 및 보상만족도·생활만족도 등 조직유효성에 모두 유의한 정(+)의 영향을 주는 것으로 나타났다. 도덕적 리더십 역시 과업만족도·승진 및 보상만족도·생활만족도 등 조직유효성에 모두 유의한 영향을 주는 것으로 나타났다. 그러나 서구 경영사상의 도입에 따라 조직유효성에 영향을 미칠 것으로 예상되었던 변혁적 리더십이 3가지 조직유효성 변수에 유의한 정(+)의 영향을 주지 못하는 것으로 나타났다.

셋째, 독립변수인 조직문화와 조직유효성 간의 직접적인 영향관계에서 집단문화가 승진 및 보상만족도에 유의한 정(+)의 영향을 미치는 것으로 나타났다. 조직문화 중 발전문화 역시 과업만족도·승진 및 보상만족도·생활만족도 등 조직유효성에 모두 유의한 정

(+)의 영향을 주는 것으로 나타났다.

넷째, 상호작용 항인 리더십과 조직문화 간 상호작용이 조직유효성에 미치는 영향에서 인자형 리더십과 집단문화 간 상호작용이 생활만족도에 유의한 정(+)의 영향을 주는 것으로 나타났다. 인자형 리더십과 발전문화 간 상호작용, 도덕적 리더십과 집단문화 간 상호작용, 그리고 도덕적 리더십과 발전문화 간 상호작용은 모두 조직유효성에 유의한 정(+)의 영향을 주지 못하는 것으로 나타났다.

이상의 분석결과를 토대로 다음과 같은 이론적 함의와 실무적 시사점을 줄 수 있을 것이다.

첫째, 본 연구의 위계적 회귀분석은 모형1, 모형2, 모형3에서 중국 북방지역인 베이징시와 산동성 칭다오시 지역의 과업만족도에 대한 영향이 샨시성 시안시, 상하이시, 하이난성 하이커우시와 비교하여 더욱 유의한 결과를 보여주었다. 이는 향후 투자지역 선정 시 투자와 관련된 제반 기초시설, 물류시설 등 기타 조건이 같은 수준이라고 할 때 베이징시와 산동성 연해지역인 칭다오 지역의 과업만족도가 상대적으로 높을 수 있으며, 이는 경영성과에 정(+)의 영향을 줄 수 있는 요인이 될 수 있을 것이다.

둘째, 과업만족도에 대한 위계적 회귀분석 모형1, 모형2, 모형3 및 모형4에서 외국기업과 중국기업이 합자기업 형태로 경영에 참여하는 Joint-Venture 기업형태가 조직유효성에 유의한 정(+)의 영향을 주는 결과를 보여주었다. 이는 실무계에서 중국 현지투자 방식을 선택하는 과정 중 Joint-Venture 투자방식이 기업 구성원의 과업만족도를 높이는 데 긍정적으로 작용할 수 있는 요인임을 고려할 수 있다고 할 수 있을 것이다.

셋째, 위계적 회귀분석 결과는 인자형 리더십과 도덕적 리더십이 3가지 조직유효성 변수에 모두 유의한 정(+)의 영향을 주었다는 결과를 보여주었다. 또한 회귀분석 결과는 리더십 변수와 조직문화 변수를 동시에 고려할 경우에는, 과업만족도에 대해서는 발전문화가 유의한 정(+)의 영향을 주고, 승진 및 보상만족도에 대해서는 인자형 리더십·도덕적 리더십과 집단문화·발전문화가 모두 유의한 영향을 주게 되며, 생활만족도에 대해서는 인자형 리더십과 발전문화가 유의한 영향을 주게 된다는 것을 보여주었다.

본 연구의 실증연구 결과는 중국기업 구성원이 담당하는 과업을 자랑스럽고 가치 있게 생각하는 과업만족도를 높이기 위해서는 창의성·혁신·성장과 발전을 중요시하는 발전문화가 가장 중요하다는 것을 보여주었다. 본 연구의 회귀분석 결과는 공정한 승진과 보상을 중요시하는 승진 및 보상만족도를 높이기 위해서는, 창의성과 혁신을 중시하는 과정 중에 리더가 약속을 지키고 솔선수범하는 자세를 보여주어야 하며, 승진과 보상에 대한 인간적인 관심과 배려 역시 중요시해야 함을 보여준다. 중국 조직구성원이 일을 통해 생활의 가치를 발견하게 되는 생활만족도에 대해서는, 구성원에 대한 배려와 관심의 표명 등 인자형 리더십, 창의와 혁신을 중요하게 여기는 발전문화, 안정성과 공식화를 중요한 가치로 보는 위계문화가 모두 유의한 영향을 주는데, 이러한 결과는 구성원에 대한 관심, 창의성 및 안정성이 균형을 이루어야 구성원은 과업을 통해 생활의 만족도를 높일 수 있게 된다는 것을 의미한다고 할 것이다.

넷째, 리더십과 조직문화 간 상호작용 항 중 인자형 리더십과 집단문화 간 상호작용이 생활만족도에 유의한 정(+)의 영향을 주는 것으로 나타났다. 도덕적 리더십과 합리문화 간 상호작용이 과업만족도·승진 및 보상만족도·생활만족도 등 조직유효성에 모두 유의한 정(+)의 영향을 주는 것으로 나타났다. 이에 비하여 인자형 리더십과 합리문화 간 상호작용은 3가지 조직유효성 변수에 부(-)의 방향으로 유의한 영향을 주는 것으로 나타났다. 도덕적 리더십과 발전문화 간 상호작용은 승진 및 보상만족도·생활만족도 등 2 가지 조직유효성 변수에 유의한 부(-)의 영향을 주는 것으로 나타났다.

과업만족도·승진 및 보상만족도·생활만족도에 대한 위계적 회귀분석 결과 도덕적 리더십과 합리문화 간 상호작용이 모형4에서 분석한 상호작용 항 중 표준화계수가 가장 크게 나타났고, 이러한 표준화계수는 도덕적 리더십과 발전문화 간 상호작용, 인자형 리더십과 합리문화 간 상호작용 회귀계수의 절댓값보다 더 큰 것으로 나타났다.

제4장 제2절에서 상호작용 항에 대해서 고찰한 것처럼 상호작용 항이 조직유효성 변수 간에 미치는 영향은 상호작용 항을 구성하는 각 측정변수가 조직유효성 변수에 직접 미치는 영향과 비교할 때 비교적 작게 나타난다. 다만 도덕적 리더십과 합리문화 간 상호작용이 3가지 조직유효성 변수에 모두 유의하게 나타나는 결과를 통해, 모형3에서 비록 합리문화가 직접적으로 조직유효성에 영향을 주지는 못하였으나, 합리문화는 도덕적 리더십과의 상호작용을 통해 조직유효성에 유의한 영향을 줄 수 있는 것으로 보인다. 이러한 분석결과는 실무계의 조직관리자가 명확성·효율·생산성을 중요하게 생각하는 합리문화를 통해 중국기업의 조직유효성을 높이는 데 긍정적으로 작용할 수 있음을 인식해야 함을 보여준다고 할 것이다.

2. 연구의 한계점 및 향후 연구방향

그러나 본 연구는 다음과 같은 연구의 한계점을 가지고 있으므로 향후 이를 보완할 미래연구가 필요하다고 본다.

먼저, 연구방법의 표본추출에 있어 중국 5개 지역(베이징시, 상하이시, 산동성 칭다오, 샨시성 시안시, 하이커우시)의 기업을 모집단으로 하여 137개를 대상으로 설문조사를 실시하였으나, 산업별 분포의 특성이 다르고 표본의 대표성이 확보되었다고 보기는 어렵다고 할 수 있다. 따라서 연구결과의 일반화를 위해서는 향후 산업별 분포의 특성과 다양한 지역의 특성을 고려한 후속연구가 이루어져야 할 것이다.

둘째로, 본 연구는 중국기업 재직인원에 대해 설문조사를 실시하였으며, 이는 응답자의 주관적 태도를 반영하고 있다고 볼 수 있다.

또한 중국기업의 경영관리 행태를 이해하기 위해 지배구조, 소유구조, 전략적 리더십 및 전략적 제휴 등 지배구조와 전략 관련 변수에 대한 심도 있는 고찰이 필요할 것이다. 향후에 이를 위한 심도 깊은 연구가 수행되어야 할 것이다.

참고문헌

김기태·조정정·이용진, 「리더십, 조직몰입, 이직의도의 관계에 관한 연구ㅡ중국 산동성 상업은행 근로자를 중심으로ㅡ」, 『한중사회과학연구』, 제26권 제0호, 한중사회과학학회, 2013, pp.345-374.

민진, 「조직 효과성에 관한 개념 정의의 분석 및 재개념화」, 『한국행정학보』, 제37권 2호, 한국행정학회, 2003, pp.83-105.

문형구·장용선, 「리더십과 조직문화: 연구의 동향과 과제」, 『인사관리연구』, 제24집 2권, 한국인사관리학회, 2001, pp.41-70.

백권호·장수현, 「중국 기업문화의 특성과 경영현지화ㅡ정·리·법 패러다임과 '꽌시'의 비판적 제 고찰」, 『중국학연구』, 제47집, 중국학연구회, 2009, pp.249-280.

박경미, 「농협의 조직문화가 조직유효성에 미치는 영향: 직무만족, 조직몰입, 직무성과를 중심으로」, 『전문경영인연구』, 제30권 제1호, 한국협동조합학회, 2012, pp.1-27.

박상수·왕뢰, 「중국 근로자의 기업문화에 대한 인식 및 직무만족도 분석-Haier을 중심으로ㅡ」, 『동북아경제연구』, 제22권 제2호, 한국동북아경제학회, 2010, pp.235-268.

박종돈, 「중국인 근로자의 직무성과 향상을 위한 기업문화 적응에 관한 연구」, 『통상정보연구』, 제12권 제3호, 한국통상정보학회, 2010, pp.145-166.

서문교·최명철, 「중국 리더십의 새로운 패러다임: 슈퍼리더십이 종업원의 임파워먼트와 조직몰입에 미치는 영향」, 『현대중국연구』, 제14권 제1호, 현대중국학회, 2012, pp.157-192.

이도화·위효외·이종법·박은철, 「지시적 리더십과 결과변수 사이의 관계에 있어서 권력격차의 조절효과ㅡ한국과 중국 근로자

의 비교 연구-」, 『인적자원관리연구』, 제18권 제4호, 한국인
적자원관리학회, 2011, pp.47-67.

이상윤, 「최고경영자의 리더십 유형, 조직문화 유형 및 조직유효성에
대한 실증분석-중국 3개 지역 기업을 중심으로」, 『국제지역
연구』, 제15권 제3호, 한국외국어대학교 국제지역연구센터,
2011a, pp.93-124.

이상윤, 「조직 성숙도, 조직 리더십스타일 및 조직성과에 대한 실증
분석-중국 4개 지역 기업을 중심으로」, 『중소연구』, 제35권
제3호, 한양대학교 아태지역연구센터, 2011b, pp.71-107.

양리화·김진학, 「학습환경이 학습전이 의도와 직무만족에 미치는 영
향에 관한 연구-중국기업의 유형별 조직문화 특성을 중심으
로-」, 『국제지역연구』, 제12권 제3호, 국제지역학회, 2008,
pp.391-415.

최병주·홍아정, 「콘텐츠 기업에서 창의적 조직문화가 직무만족에 미
치는 영향: 집단효능감을 매개로」, 『HRD연구』, 제14권 제2호,
2012, pp.21-45.

Donelson, R. Forsyth 저, 남기석·안미영·이종택·이진환·최훈석·
홍기원 역, 『집단역학』, 서울: 시그마프레스, 2006.

姜定宇·鄭伯壎·鄭紀瑩·周麗芳(2007), "華人效忠主管的槪念分析與量
表建構", 『臺灣: 中華心理學刊』, 第49卷 第4期, 2007, pp.407-432.

蘇英芳, "魅力領導'家長式領導'德性領導與領導效應之硏究", 『臺
灣: 中山管理評論』, 第143券 第4期, 2006, pp.939-968.

楊君茹·費明勝, "企業文化緯度構建及其對員工滿意度影響的實證
分析", 『中國: 財經論叢』, 第4期 總第159期, 2011, pp.99-104.

呂俊甫 저, 洪蘭, 梁若瑜 역, 『華人性格硏究』, 臺灣: 遠流出版工
司, 2001, pp.22, 216-225.

姚艷虹·江繁錦(2009), "領導行爲與企業文化的適配性硏究", 『中
國:華東經濟管理』, 第23卷 第1期, 2008, pp.101-105.

蔣岡霖, "企業文化影響招募與甄選對人材需要之差異分析-以臺灣
食品業爲硏究對象", 『臺灣: 中華管理學報』, 第2卷 第2期,

2001, pp.1-17.

鄭伯壎, 黃國隆, "相似惑相異:海峽兩岸組織文化之比較", 『臺灣: 本土心理學研究, 第11期』, 1999, pp.3-58.

鄭伯壎・姜定宇, 『華人本土心理學』, 臺灣: 桂冠出版社, 2005.

曹國雄・諸承明・夏榕文(1998), "企業文化組織特性與魅力領導之 關聯性研究-以高科技産業中階主管爲實證對象", 『臺灣: 中原 學報(人文及社會科學系列)』, 第26卷 第4期, 2007, pp.11-20.

周傑・牟小俐(2007), "領導行爲和企業文化結構關係的實證研究", 『中國:統計與決策』, 第21期, 2007, pp.93-96.

陳家聲・樊景立, "我國國人工作生活品質之研究", 『臺灣: 管理評 論』, 第19卷 第1期, 1999, pp.31-79.

陳嵩・李佩芬, "上司家長式領導風格對銷售人員目標取向之影響- 以壽險業爲例", 『臺灣: 企業管理學報』, 第71期, 2005, pp.1-34.

蔡明田・余明助, "企業文化組織生涯管理與組織績效之關係研究- 以臺灣高科技産業爲例", 『臺灣: 管理評論』, 第19卷 第3期, 2000, pp.51-75.

Andrew, H. and Gold, Arvind M., Albert H. S., "Knowledge management: An organizational capabilities perspective", *Journal of Management Information Systems*, 18(1), 2001, pp.185-214.

Avolio, B. J. and Bass, B., "Re-examining the components of transformational and transactional leadership using the Multifactor Leadership Questionnaire", *Journal of Occupational & Organizational Psychology*, 72(4), 1999, pp.441-462.

Bass, B. M., "Leadership: Good, Better, Best", *Leadership dynamics*, 13(3), 1985, pp.26-40.

Bass, B. M., Avolio, B. J. and Atwater, L., "The Transformational and Transactional Leadership of Men and Women", *Applied Psychology: An International Review*, 45, 1996, 5-34.

Bor-Shiuan Cheng, Li-Fang Chou, Tsung-Yu Wu, Min-Ping Huang and Jiing-Lih Farh, "Paternalistic leadership and subordinate responses: Establishing a leadership model in Chinese organizations", *Asian Journal of Social Psychology*, 7(1), 2004, pp.89-117.

Chun-Pai, Niu, An-Chih, Wang and Bor-Shuian. Cheng, "Effectiveness of a moral and benevolent leader: Probing the interactions of the dimensions of paternalistic leadership", *Asian Journal of Social Psychology*, Vol. 12, 2009, pp.32-39.

Danam, S. Kellis and Bing, R., "Modern leadership principles for public administration: time to move forward", *Journal of Public Affairs*, 13(1), 2013, pp.130-141.

Edgar, H. Schein, Organizational Culture and Leadership, San Fransisco: Jossey Bass, 1985, pp.9-10.

Horowitz, S. M., Edington, D. W., "University-faculty and Administrator responses to Job Restraints", *Research in Higher Education*, 25, 1986, pp.31-41.

James, M. Burns, Leadership, New York: Harper & Row, 1978.

Kaplan, R. S. and Norton, D. P., "The Balance Scorecard-Measures That Drive Performance", Harvard Business Review, 70(1), 1992, pp.71-79.

Kim, S. Cameron, Robert E. Quinn, Jeff D. and Anjan V. T., Competing Values Leadership: Creating Value in Organizations, Cheltenham, UK: Edward Elgar Publishing, 2006, pp.14-40.

Min, Wu, Xu, H. and Simon, C. H. Chan., "The influencing mechanisms of paternalistic leadership in Mainland China", *Asia Pacific Business Review*, 18(4), 2012, pp.631-648.

Paul, T., David M., Work Organizations: A critical approach, Fourth Edition, UK, Macmillian Publishers Limited, 2009.

Robert B. Kaiser, Darren V. O., "The Leadership Value Chain", *The Psychologist-Manager Journal*, 13, 2010, pp.164-183.

Robert, C. Liden, Berrin, E., Sandy J. W. and Raymond T. S., "Leader-member Exchange, Differentiation, and Task Interdependence: Implications for Individual and Group Performance", *Journal of Organizational Behavior*, 27, 2006, pp.723-746.

Roger, Harrison, "Understanding Your Organization's Character", *Harvard Business Review (May-June)*, 1972, pp.119-128.

부록 1: 설문조사지 양식

Ⅰ. 최고경영자의 리더십

		리더십 문항
1	인자형 리더십	경영자는 구성원 개인의 생활과 업무에 대한 관심을 보여준다.
2		경영자는 자주 구성원에게 곤란하고 어려운 점이 없는지 질문한다.
3		경영자는 오랜 기간 같이 근무한 부하에게 세심한 배려를 하여준다.
4		경영자는 구성원이 어려움에 봉착할 때 적절한 격려를 해준다.
5	도덕적 리더십	경영자는 약속을 지키고 말한 바를 실현한다.
6		경영자는 스스로 솔선수범하는 모습을 보여준다.
7		경영자는 해야 할 일을 책임지며 이유를 들어 책임회피를 하지 않는다.
8		경영자는 인간적으로나 업무적으로나 좋은 본보기를 보여준다.
9	권위적 리더십	경영자는 구성원이 완전히 그의 지시를 따를 것을 요구한다.
10		경영자는 회사의 대소사 모두 그의 단독적으로 결정한다.
11		경영자는 회의 시간에 그가 최종적으로 결정한다.
12		경영자는 구성원이 목표 달성을 할 수 없는 경우 엄격하게 책임을 추궁한다.
13	변혁적 리더십	경영자는 이상화된 특질과 행위로서 영향을 주고 리드한다.
14		경영자는 지적인 계발과 비전을 제시하는 방식을 통해 영향을 주고 리드한다.
15		경영자는 환경의 변화와 적응성을 민감하게 생각한다.
16		경영자는 구성원 개인에 대해 관심을 가지고 자발적인 충성을 이끌어낸다.

II. 조직문화

		조직문화 문항
1	집단문화	참여를 중시하고 열린 마음으로 토론을 한다.
2		직원에게 업무에 대한 권한을 위임한다.
3		직원의 관심사와 직원의 생각을 헤아려본다.
4		우리 조직은 인간관계, 팀워크, 끈끈한 결속력을 가지고 있다.
5	발전문화	조직은 유연성, 분권화의 특성을 보여준다.
6		조직의 확장, 성장 및 발전을 추구한다.
7		혁신과 변화의 가치를 중요하게 생각한다.
8		창의적인 문제 해결 프로세스를 추구한다.
9	합리문화	과업, 완수, 목표달성에 집중한다.
10		지시, 목표설정, 목표의 명확성을 중요하게 생각한다.
11		효율, 생산성, 수익성을 중요한 가치로 생각한다.
12		탁월한 결과, 결과의 질적 수준을 추구한다.
13	위계문화	우리 조직은 통제와 집권화 경향을 보여준다.
14		관례화, 공식화, 구조화를 중요한 가치로 생각한다.
15		우리 조직은 안정성, 연속성, 순서(질서)를 중시한다.
16		성과의 결과가 예측 가능해야 한다.

Ⅲ. 조직유효성

	조직유효성 문항	
1	과업만족도	지금 수행하는 일(work)을 만족스럽게 생각한다.
2		내가 하는 일은 나에게 즐거움을 가져다준다.
3		내가 책임지는 일은 가치가 있는 것이다.
4		나의 과업은 도전할 만한 일이라고 생각한다.
5		나는 나의 일을 통해 성취감을 느낀다.
6	승진 및 보상만족도	나는 승진 및 보상과 관련하여 좋은 기회를 누리고 있다.
7		승진, 보상에 대한 공정한 정책이 시행되고 있다.
8		승진의 기회가 비교적 자주 주어진다.
9		보상 및 평가가 공정하게 이루어진다.
10		승진, 보상에 대한 공평한 기회가 주어진다.
11	생활만족도	현재 나의 삶은 만족스럽다.
12		나의 현재 상황은 희망에 가득 차 있다.
13		현재 나는 나의 일을 통해 충분히 보상을 받고 있다.
14		나는 현재의 삶 속에서 최대한으로 해내고 있다.
15		나의 삶은 가치가 있다고 생각한다.

중국소비자들의 글로벌 소비자 문화 수용성이 글로벌 브랜드 태도에 미치는 영향에 관한 연구

문철주

Ⅰ. 서론

최근 국제마케팅 문헌에서 글로벌 소비자 문화 수용성(SGCC: Susceptibility to global consumer culture)에 관한 연구가 활발히 이루어지고 있다. 글로벌 소비문화 수용성이란 일반적으로 글로벌 소비자가 글로벌 브랜드의 상징적 의미를 수용하는 정도를 의미 한다.[1] 글로벌 소비자 문화 수용성 문헌에 따르면, 시장의 글로벌화가 가속화되면서 국가별로 글로벌 브랜드와 글로벌 라이프스타일을 선호하는 글로벌 소비자들이 늘어나고 있다.[2] 이와 같은 글로벌 소비자들

---

1) Dholakia. U. M., and D. Talukdar, －How social influence affects consumption trends in emerging markets: An empirical investigation of the consumption convergence hypothesis－, Psychology & Marketing, 21(3), 2004, pp.775-797.

2) Dawar. N, and P. Parker, －Marketing universals: Consumers' use of brand name, price, physical appearance, and retailer reputation as signals of product quality－ Journal of Marketing, 58(4), 1994, 81-95.

은 비슷한 생활방식, 구매패턴, 그리고 공통된 기호를 보이는 새로운 소비자계층을 말한다.[3] 이들 소비자로 인해 형성된 소비문화가 글로벌 소비자문화이다. 이러한 소비자문화가 급부상하게 된 이유는 전 세계의 소비자들이 이전보다 더 많은 제품과 서비스를 접할 기회가 늘어났고, 글로벌 시장이 양적으로 팽창하면서 글로벌 브랜드를 선호하는 소비문화가 확산되었기 때문이다.[4] 이는 전 세계적으로 공통된 소비와 관련된 상징적인 면, 즉 제품과 서비스의 브랜드에 대한 소비자의 행동을 총체적으로 설명할 수 있는 문화라고 할 수 있으며, 이러한 문화를 소비자들이 얼마나 긍정적으로 수용하는가는 글로벌 기업 브랜드 전략 성공의 중요한 요인이라 할 수 있다.[5]

글로벌 소비자문화 수용성은 최근에 제시된 개념 때문에 상대적으로 다른 개념에 비해 타 변수와의 관련성에 대한 연구가 부족한 것이 사실이다. 그러나 선행연구에서는 소비자의 글로벌 브랜드에 대한 성향을 측정하여 소비자의 글로벌 소비자문화의 수용성 (Terpstra and David, 1991; Dawar and Parker, 1994; Alden, Steenkamp and Batra, 1999; Zhou, Teng and Poon, 2008) 정도가 글로벌 브랜드의 구매의도에 영향을 미치는 것을 밝혔지만(전경숙·박혜정, 2009; 채명수·정갑연·김미정, 2011; 천용석·전종우, 2012)

3) Alden, D. L., J. B. Steenkamp, and R, Batra, ―Brand positioning through advertising in Asia, North America, and Europe: The role of global consumer culture― Journal of Marketing, 62(2), 1999, pp.75-87.

4) 채명수, 정갑연, 김미정, ―글로벌 브랜드 태도의 선행요인과 글로벌 브랜드 구매의도와의 관계―중국소비자를 대상으로―, 『국제통상연구』, 제16권 제2호, 2011, pp.115-148.

5) Zhou, L., L. Teng, and P. S. Poon, "Susceptibility to global consumer culture: A three-dim ensional Scale" Psychology & Marketing, 25(4), 2008, pp.336-351.

글로벌 소비자문화 수용성의 하부요인들이 글로벌 브랜드 태도에 어떻게 영향을 미치는 것은 밝히지 못하였다. 따라서 본 연구에서는 글로벌 소비자문화 수용성의 하부요인들이 글로벌 브랜드 태도에 어떻게 영향을 미치는가를 밝히고자 한다.

특히 현재 미국 다음으로 세계 두 번째 경제대국으로 급부상한 중국소비자들의 지난 10년간 글로벌 브랜드에 대한 인식의 변화는 물론, 품격에 맞게 자신을 연출하기 위해 글로벌 브랜드를 선호하는 성향이 확산되었다.6) 이러한 현상은 중국소비자들이 브랜드의 기능적인 욕구보다는 상징적인 가치를 추구하면서 타인과의 비교에서 자신의 개성과 사회적인 지위를 나타내고자 하는 글로벌 소비자문화 성향이 확산되기 때문이라 볼 수 있다.7) 특히 중국의 '소황제' 세대 그리고 글로벌 세대라고 불리며 어려서부터 풍족하게 자랐고 글로벌 브랜드를 일찍 경험한 중국의 '80허우'와 '90허우'들은 글로벌 브랜드의 상징적인 가치를 추구하는 성향이 더욱 뚜렷하고, 글로벌 브랜드 주요 소비자계층이다. 또한 중국소비자는 다른 국가의 소비자에 비해 집단주의적인 성격이 강하고 본인의 의사보다는 다른 사람을 의식하여 행동하는 집단문화가 글로벌 소비에 영향을 미친다. 특히 상징적 가치와 소비를 의미하는 글로벌 브랜드의 경우 집단을 의식하면 할수록 글로벌 브랜드에 대한 관심과 인지가 높아질 것이라고 예상할 수 있다.

따라서 본 연구는 중국시장의 글로벌 브랜드 주 소비층인 '80허

---

6) 김주원, 문철주, 김용준, 「중국소비자의 문화적 특성 차이와 브랜드태도에 관한 연구」, 『국제지역연구』 제16권 제3호, 2012, pp.181-207.

7) Zhou, L., and M. K. Hui, "Symbolic value of foreign products in the people's Republic of China", Journal of International Marketing, 11(2), 2003, pp.36-58.

우'와 '90허우' 일반 소비자들을 대상으로 그들의 글로벌 브랜드 태도와 글로벌 브랜드 구매의도에 영향을 미치는 요인들을 밝히려고 한다. 특히 본 연구에서는 최근 글로벌 소비자문화 수용성인 연구들에서 글로벌 브랜드 태도에 영향을 미치는 요인으로 중요하게 제시되고 있는 글로벌 소비자문화 수용성의 하부요인들과 타인인식 집단문화가 중국소비자들의 글로벌 브랜드 태도에 어떻게 영향을 미치는지를 밝힐 것이다. 이는 최근 한국 제품의 중국 진출이 크게 증가하고 있는 상황에서 중국소비자들의 글로벌 브랜드 수용성과 타인의식 집단 문화가 글로벌 브랜드 태도에 어떻게 영향을 미치는가에 관한 실증연구를 통해 차후 중국 내수시장 진출 및 제품 진입 시에 중국글로벌소비자문화와 타인인식 집단문화를 따른 소비자 반응을 효과적으로 이용하여 기업의 경영성과를 극대화하는 전략적 시사점을 제공하는 데 의의가 있다고 보기 때문이다.

Ⅱ. 이론적 배경

1. 글로벌 브랜드 태도에 관한 연구

글로벌 브랜드는 특정 브랜드가 일부 지역에 국한되지 아니하고 다른 지역이나 혹은 다른 국가로 확산되어 널리 사용되는 것을 말한다. 일반적으로 글로벌 브랜드는 전 세계적으로 일관된 브랜드 이미지를 가지고 있고 소비자들로부터 높은 브랜드 충성도를 보이며 균형 있는 지역적 확산을 보인다.8) 글로벌 브랜드 로컬 브랜드와의 차별화를 통해 특별한 가치를 가지고 있는데, 로컬 브랜드보다 객관적으로 품질이나 가치가 높지 않음에도 불구하고 글로벌 이미지를 가지고 있는 브랜드 제품을 선호한다는 것이다.9) 글로벌 브랜드만의 이러한 특별한 가치 때문에 많은 기업들이 자사 브랜드를 소비자가 글로벌 브랜드로 인식하도록 하기 위해 광고 및 판촉전략을 통해 글로벌 브랜드 포지셔닝 전략을 사용하고 있다. 이는 자사의 브랜드를 소비자로 하여금 글로벌 브랜드로 인식시키는 것이 매출을 늘리는 것에도 강력한 수단이 되며, 또한 브랜드의 자산과 가치를 높이는 데 도움을 주는 것으로 알려졌기 때문이다.10)

최근 글로벌 브랜드 연구에서는 전 세계적인 글로벌화가 가속화됨에 따라 글로벌 브랜드 문화자산, 지각된 글로벌 브랜드성 그리고 브랜드 원산지 이미지가 글로벌 브랜드 태도와 구매의도에 영향을 미치는 선행요인으로 중요하게 인식되고 있다. 먼저, 게러(Ger 1999)는 글로벌 브랜드 문화자산을 글로벌 브랜드에 대해 각 사회의 소비자가 가지고 있는 지식, 경험 그리고 취향이 다르게 형성되어 있어, 이러한 차이가 그 사회의 문화적 자산의 한 부분으로 정립된 것이라고 하였다.11) 또한 그는 독특한 지역문화와 시장을 더 잘 이해한 지

---

8) 정인식, 김귀곤, 「브랜드 글로벌성과 소비자 구매행동에 대한 연구」, 『국제경영리뷰』, 8(1), 2004, pp.165-178.

9) Shocker, A. D., Srivastava, R., & Rueckert, "Challenge and Opportunities Facing Brand Mana gement: An introduction to the Special Issue", Journal of international Business Studies, 34(1), 1994, pp.53-65.

10) Aaker, D. A., "Measuring brand equity across products and markets", California Management Review, 38(2), 1996, pp.102-120.

11) Ger. G., "Localizing in the global village: Local firms competing in global markets", California Management Reviw, 41(4), 1999, pp.64-83.

역브랜드는 해당 지역의 소비자들에게 하나의 문화적 자산으로 자리 잡음으로써 글로벌 브랜드로 발돋움할 수 있으며, 이러한 브랜드는 글로벌 시장에서도 큰 영향력을 행사할 수 있다고 하였다. 또한 글로벌 브랜드 문화자산과 소비자의 브랜드에 대한 지각된 명성이 글로벌 브랜드 태도에 영향을 미치며, 이렇게 형성된 태도는 소비자의 구매의도에 영향을 준다고 하였다.[12] 또한 긍정적으로 글로벌 브랜드 문화자산을 받아들인 소비자는 글로벌 브랜드에 긍정적인 태도를 가진다고 하였다.[13]

글로벌 브랜드에 대한 선행연구를 종합해보면, 글로벌 브랜드는 소비자에게 특정 브랜드가 세계적인 브랜드라는 인식에서부터 시작되며, 이는 브랜드에 대한 소비자의 인식된 품질과 명성에 긍정적인 영향을 미친다. 또한 이렇게 형성된 태도로 인해 브랜드의 구매의도에도 긍정적인 영향을 주는 것으로 밝혀졌다. 그러나 지금까지 대부분의 글로벌 브랜드에 대한 선행연구에서는 그 연구의 대상이 새롭게 진입한 브랜드에 대한 특정 국가의 소비자들에 국한되어 진행되었다. 이러한 연구들은 해외에서 빌려 들여오는 글로벌 브랜드에 대해서 소비자들이 어떻게 반응하는가에 초점이 맞추어져 있다.

---

12) Batra, R., V. Ramaswamy, D. L, Alden, J. B. Steenkamp, and S. Ramachander, "Effect of brand local and nonlocal orgin on consumer attitudes in developing countries", Journal of consumer Psychology, 9(3), 2000, pp.83-95.

13) Alden, D. L., J. B. Steenkamp, and R. Batra, "Consumer attitudes toward market place glottalization: Structure, antecedents and consequences", International Journal of Research in Marketing, 23(3), 2006, pp.227-239.

2. 글로벌 소비자 문화 수용성에 관한 연구

최근 글로벌 브랜드와 함께 논의되고 있는 개념으로는 글로벌 소비자 문화(Global Consumer Culture)가 있다. 시장의 글로벌화(globalization)에 따라 시장 환경에 있어서 중요하게 여겨지는 것 중의 하나가 글로벌화된 시장이 특정장소, 특정사람 또는 특정사물들을 통해 유사한 의미들을 연상하는 글로벌 세분시장들(global segments)로 분화하여 발전한다는 것이다. 그렇게 분화된 글로벌 세분시장은 각각의 바탕을 두고 있는 글로벌 소비자 문화를 형성하고 있는데, 이는 글로벌 소비자들이 소비와 관련된 상징들(Consumption-related symbols), 즉 제품 디자인, 제품 및 브랜드, 소비활동 등을 서로 공유하는 것을 말한다.[14] 이는 언론 매체에 의해 전 세계로 빠르게 퍼져 나가고 있는데, 아파드라이(Appadurai, 1990)는 메스미디어(TV, 영화, 카세트 등)를 통해서 글로벌 소비자 문화가 확산되고 있다고 주장한 바 있다. 특히 사회의 10대나 엘리트 계층에서 나타나는 현상으로 소비하는 제품, 브랜드, 소비행동에 있어서 글로벌 소비형태의 상징인 글로벌 브랜드를 선호하는 패턴으로 나타난다.[15] 여기에서 말한 글로벌 소비자란 국가 간의 무역 장벽이 철폐되고 시장개방이 가속화되면서 전 세계적으로 유사한 생활양식과 구매패턴 그리고 소비자 기호를 보이는 새로운 소비자 계층을 말

---

14) 양종렬, 「글로벌 디자인을 위한 글로벌 시장세분화: 글로벌 소비문화의 의미 이동을 기반으로」, 『한국감성과학회지』, 7(1), 2004, pp.83-95.

15) Appadurai, A,, "Disjuncture and difference in the global cultural economy, Theory", Cultural and Society, 7, 1990, pp.296-310.

한다.16) 이들은 자국 브랜드보다 글로벌 브랜드를 선호하며, 제품과 서비스에 대한 기호와 구매양식이 비슷하고, 글로벌 브랜드에 대한 로열티가 높으며, 이를 정기적으로 재구매하는 특성을 보인다. 특히 20대 중, 후반 세대의 소비자들이 이에 속하는데, 이들은 인터넷을 통한 실시간 정보교류와 의사소통이 가능하여 유사한 가치와 태도를 가진 "진정한 글로벌 소비자"로 인식되고 있다.17) 한편 이들은 문화적인 차이는 존재하지만, 온라인 활동과 해외여행 등을 통해 정보를 얻고, 다양한 문화를 경험하면서 동질적인 소비패턴을 보이기 때문에 글로벌 시장에 매우 중요한 소비계층으로 급부상하고 있다.

최근 연구에 따르면 기업은 글로벌 소비자들을 대상으로 자사 브랜드 포트폴리오의 중요부분을 글로벌 브랜드로 자리매김하고 있다. 또한 다양한 마케팅 커뮤니케이션을 통해 자사의 브랜드를 전 세계의 소비자들이 구매할 수 있도록 함으로써 글로벌 소비문화의 출현을 야기하고 있다.18) 또한 이러한 기업의 전략을 "글로벌 소비문화 포지셔닝(GCCP: Global consumer culture positioning)"이라고 하면서, 점차 글로벌화되어 가는 시장 환경에서 글로벌 소비자문화 포지셔닝이 기업의 브랜드 가치에 영향을 미칠 것이라고 하였다.

이러한 기업들의 전략은 글로벌 브랜드가 소비자들에게 단지 제

---

16) Dawar. N., and P. Parker, "Marketing universals: Consumers' use of brand name, price, physical appearance, and retailer reputation as signals of product quality" Journal of Marketing, 58(4), 1994, pp.81-95.

17) Wilson, R. T., "Acculturation and discrimination in the global market place: The case of hispanics in the U. S." Journal of International Consumer Marketing, 20(1), 2007, pp.67-78.

18) Alden, D. L., J. B. Steenkamp, and R., Batra, "Brand positioning through advertising in Asia, North America, and Europe: The role of global consumer culture" Journal of Marketing, 62(2), 1999, pp.75-87.

품과 서비스의 의미를 넘어선 하나의 사회적·문화적 의미를 상징한다는 사실을 감안한 것이라 할 수 있다. 글로벌 소비문화를 전략적 관점에서 보면, 글로벌 브랜드의 마케팅 전략의 성공 여부는 우선적으로 소비자가 얼마나 긍정적으로 글로벌 소비문화를 수용하고자 하는가에 달려 있다.[19] 이에 대한 측정도구로 글로벌 소비문화 수용성(SGCC: suscep tibility to global consumer culture) 척도를 개발하였는데, 이는 소비자가 글로벌 소비문화를 취득 또는 사용하고자 하는 욕구나 경향을 의미한다.[20] 이 척도는 크게 소비트렌드 동조(conformity to consumption trend), 품질지각(quality perception), 사회적 명성(social prestige)의 세 가지 차원으로 구성되어 있는데, 소비트렌드에 대한 동조는 글로벌 수준으로 소비의 수렴을 따르는 소비자의 태도를 반영한다. 품질 지각은 글로벌 브랜드나 제품으로부터의 기능적 또는 물리적 이익을 성취하고자 하는 소비자의 욕구와 연관이 있다. 마지막으로 사회적 명성은 글로벌과 관련된 제품의 소유나 소비를 통해서 강화된 자부심과 사회적 지위의 소비자 귀속을 반영한다. 이 척도는 중국인과 캐나다 소비자를 대상으로 개발되었으며 총 16문항으로 구성되어 있다. 또한 이러한 소비자 성향을 통한 시장 세분화는 목표시장의 선택과 전략에 있어 중요한 틀을 제공한다.

전경숙, 박혜정(2009)은 한국인 대상으로 글로벌소비자문화 수용성 척도와 소비자 동조성과의 관련성을 분석한 연구에서 글로벌 소

---

19) 전경숙, 박혜정, 「글로벌 소비자문화 수용성에 관한 연구: 타당성과 소비자동조정 및 글로벌 패션브랜드 구매태도와의 인지의 조절효과」, 『관광·레저연구』, 21(2), 2009, pp.223-242.

20) Zhou, L., L. Teng, and P. S. Poon, "Susceptibility to global consumer culture: A three-dim ensional Scale" Psychology & Marketing, 25(4), 2008, pp.336-351.

비자문화 수용성의 3개 하위요인 중에서 품질지각과 사회적 명성이 글로벌 브랜드의 구매의도와 유의한 관계를 보이는 것으로 나타났으며, 정보적 동조가 구매의도에 정적인 영향을 미치는 것으로 나타났다. 또한 채명수, 정갑연, 김미정(2011)은 중국대학생을 대상으로 글로벌 소비자문화 수용성이 중국소비자들의 글로벌 브랜드에 대한 태도에 미치는 영향에 대해 확인하려 했으나, 글로벌 수용성의 하위요인들이 글로벌 브랜드 태도에 어떻게 영향을 미치는지는 밝히지 못하였다.[21] 그리고 천용석, 전종우(2012)는 소비자 성향의 조절효과를 검증하기 위한 분석에서 글로벌 소비자문화 수용성의 3가지 차원과 소비자 자민족 중심주의를 성향의 정도에 따라 저집단과 고집단으로 나누어 분석한 결과, 글로벌 소비자문화 수용성의 소비트렌드 동조와 품질지각 차원에서 상호작용 효과를 확인하였으나 사회적 위신의 조절효과는 존재하지 않음을 밝혔다.[22] 이처럼 글로벌 소비자문화 수용성 척도(SGCC)는 최근에 제시된 개념, 척도이기 때문에 상대적으로 다른 척도에 비해 타 변수와의 관련성에 대한 연구가 부족한 것이 사실이다. 이에 본 연구에서는 이러한 선행연구에 의해 중국소비자의 글로벌 수용성 정도가 글로벌 브랜드의 구매의도에 영향을 미치는 것을 타 변수, 즉 타인 의식형 중국의 집단문화와 비교함으로써 글로벌 소비자문화 수용성과 타 변수와의 관련성을 밝힐 수 있을 것이다.

---

21) 채명수, 정갑연, 김미정, 「글로벌 브랜드 태도의 선행요인과 글로벌 브랜드 구매의도와의 관계-중국소비자를 대상으로-」, 『국제통상연구』, 제16권 제2호, 2011, pp.115-148.

22) 천용석, 전종우, 「글로벌 브랜드 포지셔닝 전략이 브랜드 인식과 구매의도에 미치는 영향: 브랜드 본국 소비자를 중심으로」, 『광고연구』, 봄 92호, 2012, pp.135-173.

3. 타인의식형 중국의 집단문화에 관한 연구

소비자의 행동에는 개인적인 경험과 지식뿐만 아니라 소비자 개개인이 영향을 받는 문화와 밀접한 관계가 있다. 문화는 "사회의 구성원으로 인간이 획득하는 지식, 신념, 법률, 관습 등을 포함하는 복합체"로 문화 속에는 이상적인 행동 기준이 포함되어 있어 사회구성원에게 자신이 속한 사회에서 어떤 행동이 적절한지에 대해 기준을 제시한다.[23] 그러나 문화적 가치는 한 문화권에서의 구성원들이 공유하고 있는 가치 시스템으로 동일 문화권 내의 구성원들과 타 문화권 구성원과의 차이를 설명할 수 있는 유용한 수단이다.

그렇기 때문에 중국의 소비자, 특히 글로벌 브랜드를 수용하는 중국소비문화를 이해하기 위해 개인적인 특성뿐만 아니라 글로벌 브랜드 구매와 사용에 영향을 줄 수 있는 중국문화에 대한 이해가 선행되어야 한다. 중국을 지배하는 문화는 우리나라에도 큰 영향을 주고 있는 유교 문화이며 집단 문화이다. 그리고 이러한 집단 문화는 인간관계에 대한 구성원의 이해에서 시작해야 한다.

중국식 인간관계를 설명하는 말이 꽌시(關係)라는 것에 대해서는 대부분의 학자가 동의하고 있다. 꽌시(關係)란 동료 협력자 간의 개인적 친분을 바탕으로 지속적인 호의 교환과 비규범적이고 능동적인 협력관계로 경제적 이익을 추구하는 관계[24]이며 신뢰, 의존성,

---

23) 이철, 「소비자행동 모델의 문화적 한계와 소비자행동의 발전 방향」, 『소비자학연구』, 9(1), 1998, pp.1-15.

24) 송유아, 고은주, 「한국 의류업체와 중국거래업체 간의 꽌시가 관계성과에 미치는 영향」, 『한국의류학회지』, 30(3), 2006, pp.519-530.

호의 등을 포함한 특별한 형태의 관계이다.[25]

서구인들은 의식대상의 성격을 객관적 규칙에서 이해할 수 있지만, 동양인들은 상호의존적 존재 양상을 중시하며 개체의 성격을 상호관계에서 이해할 수 있다. 특히 중국의 경우 사회주의 체제의 공동체적 삶과 제도를 경험함으로써 더 공고히 되었을 가능성이 있다.[26]

중국 꽌시(關係)의 배경인 유교문화는 개별적인 자아보다는 사회관계가 중시되는데 이러한 인간관계 틀에서는 개인적인 의지를 드러내기보다는 상황에 맞추어 행동하도록 요구받는다.[27] 집단주의 문화에서는 사람과의 직접적인 대립을 회피하며 자신이 속한 사회와의 조화유지를 중요하게 생각한다. 집단주의 문화에서는 개인적 책임과 기능보다 집단 내 조화와 협력을 중시하여 집단주의적 가치는 상호의존성을 초래하고, 개인의 목표보다 집단의 목표달성에 우선순위를 두고, 사회구성원들의 평가에 영향을 받는다.[28] 꽌시(關係)와 조금 다른 의미의 말로 체면이 있다. 체면은 중국어로 미엔쯔(面子)라고 한다. 체면은 사전적으로 '남을 대하기에 떳떳한 도리나 얼굴'을 의미한다. 체면에는 형태적인 측면이 지키는 체면과 세우는 체면이 있는데, 지키는 체면은 자신의 지위, 신분에 맞는 행위를 하여 타인의 기대에 부응하려는 것이고, 세우는 체면은 신분에 걸맞은 인격

25) Wong. Y. H., "Key to Account Management: Relationship(quanxi) Model", Marketing Review, 13(3), 1989, pp.215-231.

26) 박상철, 「한중 경영방식의 본질적 차이와 유사성에 관한 연구」, 한국국제경영관리학회, 2006년 춘계학술대회논문집, 2006, pp.149-174.

27) 임박석, 「중국 꽌시문화의 특성과 비즈니스에 대한 함의」, 『산업경영연구』, 29(2), 2006, pp.23-39.

28) 동립진, 「중국소비자의 심리특징」, 『광고학연구』, 13(5), 2002, pp.363-389.

과 능력을 갖춘 사람임을 상대에게 보여주고 싶은 것이라고 할 수 있다.[29] 체면에는 남으로부터 인정받으려는 사회적 성취 욕구가 반영되었으며 타인의 시선에 불안을 느낄 때 체면 의식이 높아진다.

중국소비자가 다른 국가의 소비자에 비해 집단주의적 성격이 강하고 본인의 의사보다는 남을 의식하여 행동하는 경향이 있다는 사실로 볼 때, 특히 사회가 급변하고 있는 새로운 사회계층이 등장하는 과도기적인 중국의 현재 상황에서, 집단 영향을 받는 개인성향 정도는 개인 소비자의 제품 구매와 선호에 영향을 줄 것이며, 특히 상징적 가치와 소비를 의미하는 글로벌 브랜드의 경우 집단을 의식하면 할수록 글로벌 브랜드에 대한 관심과 인지도가 높아질 것이라고 예상할 수 있다. 따라서 소비자의 집단에 의해 영향을 받는 정도가 글로벌 브랜드 인지도 수준을 제고시켜 줄 것으로 예상하고, 중국소비자들의 글로벌 브랜드 태도에 영향을 미칠 것이다.

Ⅲ. 연구모형과 연구가설

본 연구는 중국시장의 글로벌 브랜드 주 소비층인 '80허우'와 '90허우' 소비자들을 대상으로 그들의 글로벌 브랜드 소비자문화 수용성과 타인 의식형 집단문화가 글로벌 브랜드 태도에 어떻게 영향을 미치는지를 밝히고자 한다. 특히 본 연구에서는 글로벌 소비자문화 수용성 하부요인들이 소비자가 글로벌 브랜드에 내포되어 있는 상

---

29) 최상진, 김기범, 「체면의 심리적 구조」, 『한국심리학회지』, 14(1), 2000, pp.185-202.

징적인 의미를 받아들이려는 호의적 반응으로 파악하고, 글로벌 소비자문화의 하부요인들과 타인의식 집단문화 그리고 글로벌 브랜드 태도 간의 관계를 설명하고자 한다. 따라서 다음 <그림 1>과 같은 연구모형을 도출하였다.

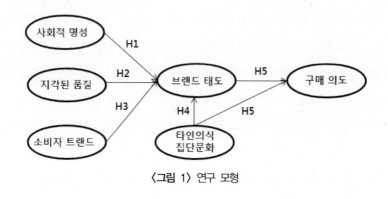

〈그림 1〉 연구 모형

1. 소비자문화 수용성과 브랜드 태도 관계

글로벌 소비자가 글로벌 브랜드의 상징적 의미에 호의적으로 반응하는 것을 글로벌 소비자문화 수용성이라 한다. 이는 소비트렌드에 대한 동조, 지각된 품질 그리고 사회적 명성 세 가지 하위개념으로 구성되었다.[30] 먼저 소비트렌드에 대한 동조는 소비자가 국제적 수준의 소비 성향에 따르고자 하는 것이다. 또한 브랜드 선택에 있어서 소비트렌드 동조는 준거집단의 종합적인 영향력에 따르며, 브랜드에 대한 태도나 선택은 타인으로부터 받는 영향이라고 할 수 있

---

30) Zhou, L., L. Teng, and P. S. Poon, "Susceptibility to global consumer culture: A three-dim ensional Scale", Psychology & Marketing, 25(4), 2008, pp.336-351.

다(Batra et al., 2000). 품질지각은 글로벌 브랜드나 제품으로부터 소비자가 기능적·실용적 혜택을 얻고자 하는 것이다(Alden et al., 2000). 이러한 소비자의 지각된 제품품질은 글로벌 브랜드에 대한 소비자의 구매태도에 영향을 미친다.[31] 또한 사회적 명성은 글로벌 브랜드를 소유하거나 소비함으로써 소비자의 자부심이나 사회적 지위가 강화되는 것이다. 소비자들은 글로벌 브랜드가 보다 높은 사회적 명성을 상징하기 때문에 글로벌 브랜드를 선호한다(Batra et al., 2000). 따라서 본 연구에서는 기존연구를 바탕으로 글로벌 소비자문화 수용성의 하부요인 사회적 명성을 느낄수록, 글로벌 브랜드 높은 품질을 지각할수록, 그리고 글로벌 브랜드 소비트렌드에 동조할수록 글로벌 브랜드 태도에 긍정적인 영향을 미칠 것이라는 다음과 같은 가설을 설정하였다.

가설 1: 글로벌 브랜드 소비자들은 높은 사회적 명성을 느낄수록 글로벌 브랜드 태도에 긍정적인 영향을 미칠 것이다.
가설 2: 글로벌 브랜드 소비자들은 글로벌 브랜드에 대해 높은 품질지각을 할수록 글로벌 브랜드 태도에 긍정적인 영향을 미칠 것이다.
가설 3: 글로벌 브랜드 소비자들은 글로벌 브랜드에 대한 소비트렌드를 동조할수록 글로벌 브랜드 태도에 긍정적인 영향을 미칠 것이다.

---

31) Wang, C. L., Z. X. Chen, A. K. K. Chan, and Z. C. Zheng, "The influence of hedonic values on consumer behaviors: An empirical investigation in China", Journal of Global Marketing, 14(1/2), 2000, pp.169-186.

2. 타인의식 집단문화와 브랜드 태도 및 글로벌 브랜드
    구매의도와의 관계

소비는 일반적으로 '개인의 욕구를 충족시키기 위해 정당한 대가
를 제공해 특정 상품이나 서비스를 구매하고 사용하는 것'이라 정의
할 수 있다. 경제학에서는 방법론적 개인주의(methodological indivi-
dualism)를 상징하고 이 모든 과정을 개인의 합리적 선택이라 설명
한다. 그런데 많은 학자들이 지적하고 있는 것처럼 소비는 개인의
욕망을 표현 혹은 그것의 실현만은 아니다. 오히려 소비는 타인과의
관계 속에서 의사소통의 매체로 사용되며 다양한 사회적 의미들을
전달한다.32)

중국 사회에서 소비의 사회적 성격을 설명하는 데 유용하게 사용
되었던 전통적 용어는 체면(面子)이다. 타인과의 관계를 유지하고 타
인과의 관계 속에서 자신의 체면을 지키기 위해 적극적인 소비에 나
선다는 것이 체면, 즉 멘즈(面子)를 강조하는 학자들의 입장이다(이
철, 1998). 특히 전통사회에서는 검소함을 미덕으로 삼았음에도 불
구하고 멘즈(面子) 때문에 글로벌 브랜드 소비와 같은 과시소비가 나
타나기도 했다.

중국의 '소황제 세대 그리고 글로벌 세대'라고 불리며 어려서부터
풍족하게 자랐고 글로벌 브랜드를 일찍 경험한 중국의 '80허우'와
'90허우'들은 글로벌 브랜드의 상징적인 가치를 추구하는 성향이 더
욱 뚜렷하고, 특히 이들의 소비행위에 있어 중요한 요소 중 하나는

---

32) 이용철, 「상하이(上海) 화이트칼라 '바링허우(80後)'의 소비행위와 태도: 소비의 사
    회적 속성과 새로운 관계의 형성」, 『한국문화인류학』, 44-2, 2011, pp.139-177.

친한 친구들 사이의 관계이다. 친한 사이이거나 직종이 비슷한 경우 업무 외 활동시간이 비슷해진다. 이는 소비가 친구라는 사회적 관계와 밀접한 관련을 갖는다는 것은 비슷한 취향의 소비를 한다는 것이다. 어떤 상품을 구매할 때 친구의 의견을 묻기도 하고, 자신의 주장을 합리화하여 친구의 의견을 설득하려 하기도 하고, 어떤 물건이나 서비스를 구매할 때 친구의 반응까지 고려하게 된다. 즉, 소비의 결과가 아니라 그것을 기획하고 준비하는 단계부터 결정하기까지의 과정에서 친구와의 관계가 어떤 식으로든 영향을 주게 되는데 이를 소비와 관련하여 친구들 사이에 형성되는"문화적 환경(cultural milieu)"이라 할 수 있을 것이다.[33]

또한 멘즈를 지키기 위한 소비, 소득 수준에 맞춰 그에 걸맞은 소비를 해야 한다는 생각은 소비를 통해서 다른 사람들과 구별 짓기에 연결시키는 것이고, 소비를 통해 나를 남과 구분해내는 작업이다. 이는 자신들이 글로벌 브랜드를 소비하면서 자신들의 개성을 나타내려고 하는 것이다. 이상의 논의에 따라 중국소비자들은 집단 영향을 받는 성향이 큰 소비자일수록 제품의 소비를 통해 자신의 가치를 알리는 글로벌 브랜드에 대한 인지도가 높다. 그리고 글로벌 브랜드에 대한 인지도가 높을수록 글로벌 브랜드를 구매하는 경향이 높다.[34] 따라서 본 연구에서는 기존 연구를 바탕으로 타인의식 집단문화와 글로벌 브랜드 태도 및 글로벌 브랜드 구매의도와의 관계 가

---

33) Zhang, Li, "Private Homes, Distinct Lifestyles: Performing a New Middle Class", in Zhang, Li and AIhwa Ong(eds), Privatizing China: Socialism form afar, Ithaca: Comell University Press, 2008, pp.23-40.

34) 김주호, 「중국인의 타인의식형 집단문화와 위조명품 브랜드 구매행동」, 『한국마케팅저널』 제13권, 제2호, 2011, pp.27-48.

설을 다음과 같이 설정한다.

가설 4: 글로벌 브랜드 소비자들은 집단에 대한 영향을 받은 정도
　　　　가 높을수록 글로벌 브랜드 태도에 긍정적인 영향을 미칠
　　　　것이다.
가설 5: 글로벌 브랜드 소비자들은 집단에 대한 영향을 받은 정도
　　　　가 높을수록 글로벌 브랜드 구매에 긍정적인 영향을 미칠
　　　　것이다.

3. 글로벌 브랜드 태도와 글로벌 브랜드 구매의도와의 관계

브랜드 태도는 브랜드에 대해 일관되게 평가하는 소비자의 학습
된 성향이며, 소비자가 평가하는 행위이다.[35] 즉, 브랜드 태도는 브
랜드에 대한 전반적인 평가라 볼 수 있으며, 이를 측정하는 이유는
태도가 소비자의 행동과 관련이 있기 때문이다. 또한 일반적으로 소
비자가 특정 브랜드에 대해 호의적일수록 해당 브랜드를 구매할 가
능성이 크다.[36] 즉, 소비자가 어느 브랜드를 구매할 것인가는 브랜
드 평가의 결과로서 소비자는 브랜드를 평가한 후 최고수준의 만족
성취를 할 수 있는 브랜드를 구매하길 원한다.[37] 다시 말하면 호의

---

[35] 김용준, 김주원, 문철주, 「중국 주요지역 소비자의 구매패턴 특성에 따른 브랜드 평
　　가에 관한 실증연구」, 『국제경영연구』, 제20권, 1호, 2009, pp.27-54.

[36] 김병재, 강명수, 신종칠, 「소비자-브랜드 관계 형성에의 영향 요인과 관계성과에
　　관한 연구」, 『광고학연구』, 20(1), 2005, pp.25-46.

[37] Holbrook. MB and Batra. R., "Assessing the role of emotions as mediators of
　　consumer responses to advertising", Journal of Consumer Research, 14(3), 1987,
　　pp.446-420.

적인 브랜드 태도는 제품의 품질 및 가치에 긍정적인 영향을 미치고 결국 해당 브랜드를 지속적으로 선택하고자 하는 의지에 긍정적인 영향을 미친다고 할 수 있다.[38] 따라서 본 연구에서는 기존연구를 바탕으로 글로벌 브랜드 태도 및 구매의도와의 관계에 대해 다음과 같은 가설을 설정하였다.

가설 6: 글로벌 브랜드 태도는 글로벌 브랜드 구매의도에 긍정적
       인 영향을 미칠 것이다.

Ⅳ. 실증 분석

본 연구는 글로벌 브랜드의 종류를 선정하기 위해 2012년 3월 20일부터 국내 대학교에 재학 중인 중국유학생 20명을 대상으로 개인면접을 통해 예비조사를 실시하였다. 또한 중국소비자의 특정 글로벌 브랜드에 대한 선호도와 인지도의 선행연구 결과를 바탕으로 예비조사에서 미국, 한국, 프랑스 그리고 이탈리아 등 국가의 가전제품, 패션제품의 브랜드를 사용하였다. 예비조사 결과 중국소비자들은 미국 애플 브랜드에 대한 인지도와 선호도가 가장 높은 것으로 나타났다. 또한 본 조사를 실시하기에 앞서 설문지에 사용된 측정항목들이 한국어와 중국어로 동등한 의미를 확보하고 있는지 확인하

---

38) Dodds, W. B., K. B. Monroe, and D. Grewal, "Effects of price, brand, and store information on buyers' product evaluation", Journal of Marketing Research, 28(3), 1991, pp.307-319.

기 위해 두 언어를 모두 능통하게 구사할 수 있는 전문 번역가가 번역 및 역번역을 하였다. 이렇게 두 번의 번역을 통해 한국어와 중국어로 구성된 내용이 서로 동등한 의미를 가졌는지를 검토하여 최종 문항을 선정하고 설문지를 구성하였다. 본 조사는 2012년 4월 16일부터 2012년 5월 16일 사이 중국의 유료온라인 사이트(http://www.sojump.com)를 사용하여 일반소비자들을 대상으로 설문조사를 실시하였다. 회수된 설문지 중 불성실한 설문지 12부를 제외한 202부의 자료를 최종분석에 사용하였다. 이렇게 형성된 자료를 SPSS 19.0과 AMOS 19.0의 통계프로그램을 이용하여 분석하였다.

1. 조작적 정의

본 연구에서 제시한 변수들의 측정은 중국소비자를 대상으로 하기 때문에 기존 연구에서 사용한 측정 항목을 그대로 도입하는 것은 무리가 있다고 판단하여 본 연구의 목적에 따라 일부 항목을 수정하여 측정치를 기초로 구성하였다. 구체적인 측정 변수의 조작은 <표 1>에 정리되어 있다. <표 1>에서 사용된 다양한 변수들은 5점 리커트 형식의 다 항목 척도로 측정하였다.

2. 표본의 특성

본 연구의 전체 유효 표본은 202명이며, 응답자들의 인구통계학적 특성을 살펴보면 다음 <표 2>와 같이 나타났다. 응답자들의 연령은 20~25세 67명(32.18%), 26~30세 87명(43.07%), 31~35세 50명(24.75%)으로 연령별 분포는 비슷하게 나타났다. 성별 분포는 남성(53.96%), 여성(49.04%)으로 남성과 여성의 비율이 비슷하게 나타났다. 응답자들의 학력은 대졸 이상(75.24%)이 가장 높은 비율을 보였으며, 직업분포는 회사원(44.05%), 전문직(21.78%) 그리고 공무원(12.37%) 순위로 나타났다. 월수입분포에서는 5,000위안(49.01) 이상의 고수입자들로 나타났다.

〈표 1〉 측정변수의 조작적 정의

구성 개념	측정 항목	참고 문헌
사회적 명성	글로벌 브랜드는 사람의 사회적 지위를 잘 설명해준다.(S1)	Zhou et al., (2008); 천용석·전종우 (2012)
	글로벌 브랜드는 물질적 부와 관계가 있다.(S2)	
	글로벌 브랜드는 사람의 지위에 대한 상징적 관계가 있다.(S3)	
	글로벌 브랜드는 사람의 사회적 이미를 상징한다.(S4)	
품질 지각	글로벌 브랜드는 신뢰성이 매우 높다.(Q1)	Zhou et al., (2008); Wang, et al., (2000)
	글로벌 브랜드는 고품질의 이미지를 갖고 있다.(Q2)	
	글로벌 브랜드는 안전성이 매우 높다.(Q3)	
	글로벌 브랜드는 내구성이 매우 높다.(Q4)	
	글로벌 브랜드는 최신기술과 관계가 있다.(Q5)	
글로벌 브랜드 동조	글로벌 브랜드는 소속된 사회집단 내에서 일체감을 느끼게 해준다.(T1)	Zhou et al., (2008); Batra et al., (2000); 채명수 외 (2011)
	글로벌 브랜드는 세계인의 일원이라는 느낌을 갖게 해준다. (T2)	
	글로벌브랜드는 세계적인 유행에 참여하고 있다는 느낌을 갖게 해준다.(T3)	
	글로벌브랜드는 최신 라이프스타일에 좀 더 접근한 느낌을 갖게 해준다.(T4)	

타인의식 집단문화	나의 소비생활은 나보다 소득수준이 높은 주위사람들을 따라가는 편이다.(C1)	김주호 (2011)
	친구들이 사용하는 제품을 구매하면 그들과 더 깊은 소속감을 느낀다.(C2)	
	내 주위사람들은 글로벌 브랜드를 선호한다.(C3)	
	요즘 유행하는 글로벌 브랜드의 제품은 위조품을 통해서라도 사용한다.(C4)	
브랜드 태도	친밀함을 느낀다.(A1)	Holbrook and Brtra(1987)
	호감이 간다.(A2)	
	가치를 느낀다.(A3)	
	마음에 든다.(A4)	
구매 의도	구매할 가능성이 높다.(I1)	Aaker(1996)
	구매할 생각이 있다.(I2)	
	가까운 미래에 구매할 것이다.(I3)	

〈표 2〉 응답자의 인구통계학적 특성

구분	내용	응답자 수	%	구분	내용	응답자 수	%
성별	남성	109	53.96	학력	고졸	9	4.46
	여성	93	46.04		전문대	41	20.30
연령	20~25세	65	32.18		대학	109	53.96
	26~30세	87	43.07		석사	35	17.33
	31~35세	50	24.75		박사	8	3.96
직업	학생	24	11.88		응답자 합계	202	100
	회사원	89	44.05	월수입	5,000위안 이하	103	50.99
	공무원	25	12.37		5,000~10,000위안	57	28.22
	전문직	44	21.78		10,000~15,000위안	22	10.89
	자영업	8	3.96		15,000~20,000위안	10	4.95
	기타	12	5.94		20,000 이상	10	4.96
응답자 합계		202	100		응답자 합계	202	100

3. 신뢰성 및 타당성 검증

(1) 탐색적 요인분석

각 개념을 구성하는 조작된 척도들의 단일차원성을 검정하기 위해 <표 3>과 같이 탐색적 요인분석을 실시하여 요인별 Cronbach's α 값을 계산하였다. 요인분석 결과 본 연구에서 디자인한 각 문항이 요인들로 묶이게 되어 고웃값 기준 1 이상을 적용할 시에 모두 6가지 차원의 요인이 도출되었다. 또한 내적 일관성을 검증하기 위해 Cronbach's α 값을 도출한 결과 모두 0.6 이상의 값으로 나타남으로써 요인별 신뢰성이 있다고 판단하므로 본 연구항목들의 신뢰성이 있다고 볼 수 있다.

(2) 확인적 요인분석

표본자료에 대하여 탐색적 요인분석과 신뢰성 검증을 실시한 후, 요인분석을 통해서 밝혀진 판별타당성과 집중타당성을 재차 통계적으로 검정하고, 선행연구를 통해서 설정한 가설이 데이터와 모순되지 않는지를 조사하기 위해 확인적 요인분석을 실시하였다.[39] 측정변수의 요인값에 대한 유의수준은 0.001 이하로 나타나 제거된 문항은 없었다. 확인요인분석결과 다음의 <표 4>와 같다.

<표 4> 제시된 바와 같이 단계별로 항목 구성의 최적 상태를 도출하기 위한 적합성을 평가하기 위해서 x 2/d.f. RMR, GFI, AGFI, NFI,

---

[39] Anderson, J. C. and D. W. Gerbing, "Structural equation modeling in practice; A review and recommend two-step approach", Psychological Bulletin, 103(2), 1988, pp.411-423.
김계수, 『AMOS, 구조장정식 모형분석』, 서울, SPSS 아카데미, 2003.

CFI, RMSEA 등 살펴보면 이들 지수는 권장수치인 $x\,2/d.f.=1\sim3$, RMR<0.08, GFI>0.9, AGFI>0.8, NIF>0.9, CFI>0.9, RMSEA<0.08 에 크게 벗어나지 않는다.

<표 3> 탐색적 요인 분석

변수	측정 항목	성분						Cronbach's α 값
		요인1	요인2	요인3	요인4	요인5	요인6	
사회적 명성	S1	0.925	0.137	0.127	0.089	0.056	0.072	0.949
	S2	0.923	0.218	0.109	0.076	0.053	0.051	
	S3	0.909	0.197	0.083	0.124	0.016	0.069	
	S4	0.823	0.211	0.119	0.094	0.033	0.031	
지각된 품질	Q1	0.166	0.814	0.120	0.092	0.125	0.117	0.867
	Q2	0.194	0.810	0.081	0.037	0.085	0.109	
	Q3	0.042	0.790	0.189	0.012	0.173	0.002	
	Q4	0.244	0.763	0.133	0.160	0.023	0.116	
	Q5	0.153	0.647	0.130	0.032	0.032	0.105	
글로벌 브랜드 동조	T2	0.113	0.145	0.844	0.213	0.010	0.071	0.839
	T3	0.068	0.136	0.800	0.167	0.020	0.050	
	T4	0.155	0.171	0.734	0.276	0.050	0.044	
	T5	0.120	0.229	0.647	0.215	0.234	0.066	
타인 의식 집단 문화	C1	0.039	0.028	0.326	0.808	0.120	0.050	0.823
	C2	0.089	0.032	0.264	0.790	0.127	0.033	
	C3	0.118	0.083	0.120	0.757	0.166	0.055	
	C4	0.115	0.218	0.147	0.661	0.171	0.045	
글로벌 브랜드 태도	A1	0.019	0.142	0.088	0.097	0.852	0.075	0.815
	A2	0.064	0.061	0.110	0.246	0.771	0.027	
	A3	0.088	0.240	0.067	0.149	0.739	0.143	
	A4	0.164	0.083	0.015	0.075	0.713	0.112	

구매 의도	I1	0.100	0.124	0.057	0.085	0.166	0.878	0.869
	I2	0.004	0.118	0.036	0.032	0.065	0.873	
	I3	0.095	0.115	0.075	0.041	0.100	0.858	
eigenvalue		7.117	2.904	2.526	1.953	1.727	1.067	
고웃값 % (총 72.06%)		29.65	12.09	10.52	8.13	7.19	1.07	

여러 변수의 측정 모형이 동시에 추정되었던 점을 고려할 때, 본 측정 모형이 어느 정도 적합하다고는 것을 말할 수 있다. 또한 평균 추출분산(AVE: average variance extracted)의 값들을 활용하여 집중 타당성과 판별타당성을 검증한 결과 <표 5>와 같이 나타났다.

<표 5>에서 본 것과 같이 AVE 값이 모두 구성개념들이 기준치 인 0.5를 상회하여 모든 측정항목이 집중타당성이 있는 것을 확인하 였다.[40] 그리고 각 요인에 대한 평균분산추출 값이 두 요인의 상관 계수의 제곱 값보다 크면 판별타당성이 있다고 할 수 있는데, 위의 <표 5>에 나타난 바와 같이 각 요인의 평균분산추출 값(AVE)이 두 요인의 상관계수의 제곱 값보다 커 판별타당성이 있는 것으로 확인되었다.

〈표 4〉 확인적 요인분석

요인	변수	Standardized Estimate	t-value	p-value	Cronbach's α 값	CR	AVE
사회적 명성	S1	0.932			0.949	0.961	0.825
	S2	0.944	25.57	0.000			
	S3	0.953	26.67	0.000			
	S4	0.796	16.17	0.000			

40) Hair. J. F., R. E. Anderson, R. L. Tahtam, and W. C. Black, *Multivariate Data Analysis*, 5th, Prentic-Hall, 1998, pp.654-667; 이학식·임지훈, 『구조방정식 모형분석과 AMOS16.0』 법문사, 2011, pp.186-191.

지각된 품질	Q1	0.582			0.867	0.974	0.568
	Q2	0.802	11.34	0.000			
	Q3	0.783	11.08	0.000			
	Q4	0.828	11.02	0.000			
	Q5	0.752	7.96	0.000			
글로벌 브랜드 동조	T1	0.754			0.839	0.891	0.562
	T2	0.737	11.02	0.000			
	T3	0.861	10.17	0.000			
	T4	0.628	9.10	0.000			
타인 의식 집단 문화	C1	0.747			0.823	0.863	0.520
	C2	0.776	13.47	0.000			
	C3	0.701	8.25	0.000			
	C4	0.656	9.67	0.000			
글로벌 브랜드 태도	A1	0.790			0.815	0.881	0.505
	A2	0.651	7.54	0.000			
	A3	0.691	8.08	0.000			
	A4	0.705	7.51	0.000			
구매 의도	I1	0.792			0.869	0.90	0.703
	I2	0.914	12.51	0.000			
	I3	0.805	11.73	0.000			

$\chi 2/d.f(237)=363.659(p=0.000)$; RMR=0.039; GFI=0.873; AGFI=0.840; NFI=0.883; CFI=0.955; RMSEA=0.052

〈표 5〉 판별타당성 검증결과

	사회명성	지각된 품질	글로벌 브랜드동조	타인의식 집단 문화	글로벌 브랜드태도	구매 의도
사회명성	(0.825)					
지각된 품질	0.203	(0.568)				
글로벌 브랜드 동조	0.137	0.200	(0.562)			
타인의식 집단 문화	0.069	0.059	0.389	(0.520)		
글로벌 브랜드 태도	0.016	0.099	0.070	0.148	(0.505)	
구매의도	0.030	0.101	0.029	0.033	0.093	(0.703)

()안의 수치는 AVE 값이며, 대각선 아래 숫자는 요인 간 상관계수를 제곱한 값임.

4. 모형적합성 및 가설 검증

본 연구의 가설검증을 위한 구조방정식 모형을 AMOS 19.0을 통하여 검증한 결과는 <표 6>과 같으며, 구조모형의 적합도는 $x2/d.f(248)=700.993/284(p=0.000)$, RMR=0.039, GFI=0.882, AGFI=0.895, NFI=0.889, CFI=0.944, RMSEA=0.072 나타났으며, 전반적으로 기준치에 크게 벗어나지 않았다. 여러 변수의 측정 모형이 동시에 추정되었던 점을 고려할 때, 본 측정 모형이 어느 정도 적합하다는 것을 말할 수 있다.

〈표 6〉 가설검증 결과

	Estimate	S.E.	t	P	채택 여부
브랜드태도←사회명성	-0.053	0.032	-1.652	0.099	기각
브랜드태도←품질지각	0.53	0.099	5.37	0.000***	채택
브랜드태도←글로벌 브랜드동조	-0.351	0.07	-4.995	0.000***	기각
브랜드태도←타인의식 집단문화	0.692	0.101	6.824	0.000***	채택
구매의도←브랜드태도	0.713	0.187	3.809	0.000***	채택
구매의도←타인의식 집단문화	-0.16	0.147	-1.091	0.275	기각

* $p<0.1$, ** $p<0.05$, ***$p<0.01$

구체적인 본 연구에 가설검증 결과를 살펴보면 <표 6> 결과에서 본 것과 같이 첫째, 사회적인 명성이 글로벌 브랜드 태도에 긍정적인 영향을 미칠 것이라는 가설 1은 p값 0.099로 통계적으로 유의하지 않는 것으로 확인되었다. 둘째, 품질지각은 글로벌 브랜드 태도에 긍정적인 영향을 미치는 가설 2의 p값은 0.000으로 통계적으로 유의하게 나타남으로써 품질지각은 글로벌 브랜드 태도에 긍정적인 영향을 미치는 것으로 확인되었다. 셋째, 글로벌 브랜드 동조가 글로벌 브랜드 태도에 긍정적인 영향을 미치는 가설 3 역시 p값 0.000으로 통계적으로 유의하게 나타났지만 방향성에 있어 부정적인 영향을 미치는 것으로 나타남으로써 글로벌 브랜드 태도가 글로벌 브랜드에 동조에 긍정적인 영향을 미치는 것을 나타났다. 넷째, 타인의식 집단문화가 글로벌 브랜드 태도에 긍정적인 영향을 미치는 가설 4 또한 p값 0.000으로 통계적으로 유의하게 나타남으로써 타인의식 집단문화가 글로벌 브랜드 태도에 긍정적인 영향을 미치는 것을 확인하였다. 다섯째, 타인의식 집단문화가 글로벌 브랜드 구매의도에 긍정적인 영향을 미치는 가설 5는 p값 0.275로 통계적으로 유의하지 않는 것으로 확인되었다. 끝으로 글로벌 브랜드 태도가 글로벌 브랜드 구매의도에 긍정적인 영향을 미칠 것이라는 가설 6은 p값 0.000으로 통계적으로 유의하게 나타남으로써 글로벌 브랜드 태도가 글로벌 브랜드 구매의도에 긍정적인 영향을 미치는 것으로 확인되었다.

V. 결론 및 시사점

현재 중국은 과거의 세계생산기지로서의 이미지를 탈피하고 세계시장으로 등장하면서 미국과 함께 세계를 주도하는 경제 대국으로 급부상하고 있다. 이러한 중국시장의 급격한 성장으로 인해 글로벌 브랜드의 도입이 증가하면서 중국소비자들은 점차적으로 글로벌 이미지를 가진 브랜드를 선호하게 되었다. 특히 '소황제 세대 그리고 글로벌 세대' 라고 불리면서 풍족하게 자란 '80허우'와 '90허우'들은 글로벌 브랜드의 상징적인 가치를 추구하며 이를 선호하는 성향이 더욱 뚜렷하게 나타나고 있다. 이에 본 연구에서는 거대 중국시장의 글로벌화를 이끌고 있는 '80허우'와 '90허우'들의 글로벌 브랜드 태도와 구매의도에 영향을 미치는 요인들을 살피려고 하였다. 이를 위해 '80허우'와 '90허우'를 대상으로 온라인 사이트를 이용하여 글로벌 소비자문화 수용성, 타인 의식 집단문화와 글로벌 브랜드 태도 및 구매의도와의 관계를 종합적으로 분석하였다.

실증분석결과 글로벌 소비자문화 수용성의 하부요인 품질지각과 글로벌 브랜드 동조들은 글로벌 브랜드 태도에 긍정적인 영향을 미치는 것으로 나타났으며, 사회적 명성은 글로벌 브랜드 태도에 직접적인 영향을 미치지 않는 것으로 확인되었다. 또한 타인의식집단문화는 글로벌 태도에 긍정적으로 영향을 미치는 것을 확인하였다. 끝으로 글로벌 브랜드 태도는 글로벌 브랜드 구매의도에 긍정적인 영향을 미치는 것으로 나타났다. 이상의 연구 결과를 통해 다음과 같은 시사점을 제시한다.

첫째, 본 연구에서는 최근에 제시된 글로벌 소비자문화 수용성 개념(Zhou et, 2008, SGCC)을 사용하여 글로벌 소비자문화 수용성의 하부요인들이 다른 변수들과의 관련성을 확인함으로써 그 의미를 확보할 수 있다. 본 연구에서는 기존 연구와 달리 중국소비자의 글로벌 품질에 대한 지각들은 글로벌 브랜드에 대해 호의적인 태도를 가지게 할 수 있지만 사회적 명성은 글로벌 브랜드 태도에 직접적인 영향을 미치지 않는 것으로 밝혀졌다. 또한 글로벌 브랜드 태도가 글로벌 브랜드 동조에 긍정적인 영향을 미치는 것을 확인하였다. 이에 대해 본 연구자는 '소황제 세대 그리고 글로벌 세대'라고 불리면서 풍족하게 자란 '80허우'와 '90허우'들은 글로벌 브랜드의 상징적인 가치 추구보다는 실용적인 가치를 더 추구한다고 볼 수 있다. 또한 '80허우'와 '90허우' 소비자들은 글로벌 브랜드에 대한 친숙성이 높다는 것을 확인할 수 있다. 이러한 결과를 바탕으로 기업들은 자사의 브랜드를 글로벌 브랜드로 향상시키기 위한 꾸준한 노력은 물론 자사 브랜드의 품질에 대한 이미지와 자사의 브랜드가 최신 트렌드를 전달하는 역할을 수행하고 있다는 것을 소비자들에게 긍정적으로 인식할 수 있도록 해당 브랜드가 가지고 있는 품질의 우수성을 다양한 매체를 통해 소비자들에게 전달하는 마케팅 커뮤니케이션을 실행하여야 한다.

둘째, 중국소비자들이 글로벌 브랜드 제품을 구매하는 데 있어서 타인의식 집단문화가 글로벌 브랜드 태도에 긍정적인 영향을 미치는 것을 확인할 수 있다. 이는 기존 연구들(김주호, 2011)의 연구결과와도 일치하는 것으로써, 중국소비자들은 오랜 역사를 가진 집단주의 문화의 나라로 '꽌시', 체면 등의 개념에서도 알 수 있었듯이 자신들 행동에 다른 사람들의 영향을 많이 받는다. 따라서 기업들은 인터넷과 스마트폰 등과 같은 새로운 매체를 통한 적극적인 커뮤니케이션 전략을 수행함으로써 관계 마케팅을 통해서 글로벌 브랜드 소비의 소속감을 인식시켜야 할 것이다.

셋째, 호의적인 글로벌 브랜드 태도는 글로벌 브랜드 구매의도에 긍정적인 영향을 미치는 것으로 확인되었다. 이는 기존 연구들(Batra et al., 2000; Low and Lamb, 2000)의 연구결과와도 일치한 것으로서 중국의 '80허우'와 '90허우' 소비자들을 대상으로 글로벌 브랜드에 대한 정보를 끊임없이 제공함은 물론 이들이 기업의 브랜드를 좋은 글로벌 브랜드로 인식할 수 있도록 모든 노력을 경주해야 함을 시사하고 있다.

이와 같은 연구의 의의가 있음에도 불구하고 본 연구는 여전히 몇 가지 한계점을 지니고 있다. 본 연구의 한계점과 이에 대한 향후 연구방향을 다음과 같이 제시한다. 첫째, 본 연구의 목적에 따라 연구 대상자 선정에 있어 '80허우'와 '90허우'를 대상으로 국한하였지만, 향후 다양한 연령층의 중국소비자들을 대상으로 이들 간의 글로벌 브랜드에 대한 태도의 차이를 분석, 제시함으로써 '80허우'와 '90허우' 그리고 기성세대 간의 소비가치관 차이를 확보할 수 있다. 둘째, 본 연구에서는 온라인 조사를 실시함으로써 지역적인 통제를 못 한 부분이 있다. 향후 중국의 지역적인 차이에 따른 글로벌 소비자문화 수용성 연구가 필요하다. 셋째, 특정 제품의 관련 글로벌 브랜드를 선정하여 좀 더 설득력이 있는 연구결과를 도출할 수 있다. 따라서 본 연구의 결과 태도로 향후 연구에서는 다양한 소비자 다양한 지역의 소비자들의 글로벌 브랜드 태도와 구매의도를 연구할 필요성이 있다고 판단된다. 마지막으로 글로벌 소비자문화 수용성은 최근에 제시된 개념으로 본 연구에서는 다른 변수들과의 관련성을 시도했지만, 앞으로 좀 더 다양한 변수들 간의 관계를 심층적으로 파악하여 글로벌 마케팅 전략 수립에 유용한 정보를 제공해야 할 것이다.

참고문헌

김계수, 『AMOS, 구조장정식 모형분석』, 서울, SPSS 아카데미, 2003.

이학식·임지훈, 『구조방정식 모형분석과 AMOS16.0』 법문사, 2011, pp.186-191.

김병재, 강명수, 신종칠, 「소비자-브랜드 관계 형성에의 영향 요인과 관계성과에 관한 연구」, 광고학연구, 20(1), 2005, pp.25-46.

김주원, 문철주, 김용준, 「중국소비자의 문화적 특성 차이와 브랜드태도에 관한 연구」, 국제지역연구 제16권 제3호, 2012, pp.181-207.

김주호, 「중국인의 타인의식형 집단문화와 위조명품 브랜드 구매행동」, 한국마케팅저널 제13권, 제2호, 2011, pp.27-48.

김용준, 김주원, 문철주, 「중국 주요지역 소비자의 구매패턴 특성에 따른 브랜드 평가에 관한 실증연구」, 『국제경영연구』, 20(1), 2009, pp.27-54.

동립진, 「중국소비자의 심리특징」, 『광고학연구』, 13(5), 2002, pp.363-389.

박상철, 「한중 경영방식의 본질적 차이와 유사성에 관한 연구」, 한국국제경영관리학회, 2006년 춘계학술대회논문집, 2006, pp.149-174.

이용철, 「상하이(上海)화이트칼라 '바링허우(80後)'의 소비행위와 태도: 소비의 사회적 속성과 새로운 관계의 형성」, 『한국문화인류학』, 44-2, 2011, pp.139-177.

이철, 「소비자행동 모델의 문화적 한계와 소비자행동의 발전 방향」, 『소비자학연구』, 9(1), 1998, pp.1-15.

임박석, 「중국 꽌시문화의 특성과 비즈니스에 대한 함의」, 『산업경영연구』, 29(2), 2006, pp.23-39.

양종렬, 「글로벌 디자인을 위한 글로벌 시장세분화: 글로벌 소비문화의 의미 이동을 기반으로」, 『한국감성과학회지』, 7(1), 2004, 83-95.

송유아, 고은주, 「한국 의류업체와 중국거래업체 간의 꽌시가 관계성과에 미치는 영향」『한국의류학회지』, 30(3), 2006, pp.519-530.

전경숙, 박혜정 「글로벌 소비자문화 수용성에 관한 연구: 타당성과 소비자 동조 정도 및 글로벌 패션브랜드 구매태도와의 인지의 조절효과」, 『관광・레저연구』, 21(2), 2009, pp.223-242.

정인식, 김귀곤, 「브랜드 글로벌성과 소비자 구매행동에 대한 연구」, 『국제경영리뷰』, 8(1), 2004, pp.165-178.

천용석, 전종우, 「글로벌 브랜드 포지셔닝 전략이 브랜드 인식과 구매의도에 미치는 영향: 브랜드 본국 소비자를 중심으로」, 『광고연구』, 봄 92호, 2012, pp.135-173.

최상진, 김기범, 「체면의 심리적 구조」, 『한국심리학회지』, 14(1), 2000, pp.185-202.

채명수, 정갑연, 김미정, 「글로벌 브랜드 태도의 선행요인과 글로벌 브랜드구매의도와의 관계－중국소비자를 대상으로－」, 『국제통상연구』, 제16권 제2호, 2011, pp.115-148.

Aaker, D. A., 「Measuring brand equity across products and markets」, *California Management Review*, 38(2), 1996, pp.102-120.

Alden, D. L., J. B. Steenkamp, and R, Batra, 「Brand positioning through advertising in Asia, North America, and Europe: The role of global consumer culture」, *Journal of Marketing*, 62(2), 1999, pp.75-87.

Alden, D. L., J. B. Steenkamp, and R. Batra, 「Consumer attitudes toward market place globalization: Structure, antecedents and consequences」, Intern ational *Journal of Research in Marketing*, 23(3), 2006, pp.227-239.

Anderson, J. C. and D. W. Gerbing, 「Structural equation modeling in practice; A review and recommend two-step approach」, *Psychological Bulletin*, 103(2), 1988, pp.411-423.

Appadurai, A, 「Disjuncture and difference in the global cultural economy, Theory,」, *Cultural and Society*, 7, 1990, pp.296-310.

Batra, R., V. Ramaswamy, D. L, Alden, J. B. Steenkamp, and S. Ramachande"Effect of brand local and nonlocal origin on consumer attitudes in deve loping countries", *Journal of consumer Psychology*, 9(3), 2000, pp.83-95.

Dawar. N, and P. Parker, 「Marketing universals: Consumers' use of brand name, price, physical appearance, and retailer reputation as signals of product quality」 *Journal of Marketing*, 58(4), 1994, pp.81-95.

Dholakia. U. M., and D. Talukdar, 「How social influence affects consumption trends in emerging markets: An empirical investigation of the consumption convergence hypothesis」, Psychology & Marketing, 21(3), 2004, pp.775-797.

Dodds, W. B., K. B. Monroe, and D. Grewal, 「Effects of price, brand, and store information on buyers' product evaluation」, *Journal of Marketing Research*, 28(3), 1991, pp.307-319.

Ger. G., 「Localizing in the global village: Local firms competing in global markets」, *California Management Review*, 41(4), 1999, pp.64-83.

Hair. J. F., R. E. Anderson, R. L. Tahtam, and W. C. Black, 『Multivariate Data Analysis』, 5th, Prentic-Hall, 1998, pp.654-667.

Holbrook. MB and Batra. R., 「Assessing the role of emotions as mediators of consumer responses to advertising」, *Journal of Consumer Research*, 14(3), 1987, pp.446-420.

Shocker, A. D., Srivastava, R., & Rueckert, 「Challenge and Opportunities Facing Brand Mana gement: An introduction to the Special Issue」, *Journal of International Business Studies*, 34(1), 1994, pp.53-65.

Wang, C. L., Z. X. Chen, A. K. K. Chan, and Z. C. Zheng, 「The influence of hedonic values on consumer behaviors: An empirical investigation in China」, *Journal of Global Marketing*, 14(1/2), 2000, pp.169-186.

Wong. Y. H., 「Key to Account Management: Relationship(quanxi) Model」, *Marketing Review*, 13(3), 1989, pp.215-231.

Wilson, R. T., "Acculturation and discrimination in the global market place: The case of hispanics in the U. S.", *Journal of International Consumer Marketing*, 20(1), 2007, pp.67-78.

Zhang, Li, 「Private Homes, Distinct Lifestyles: Performing a New Middle Class」, in Zhang, Li and AIhwa Ong(eds), Privatizing China: Socialism form afar, Ithaca: Cormel University Press, 2008, pp.23-40.

Zhou, L., and M. K. Hui, 「Symbolic value of foreign products in the people's Republic of China」, *Journal of International Marketing*, 11(2), 2003, pp.36-58.

Zhou, L., L. Teng, and P. S. Poon, 「Susceptibility to global consume culture: A three-dim ensional Scale」 *Psychology & Marketing*, 25(4), 2008, pp.336-351.

제2부

중국 제도적 환경의 변화

중재합의의 실질적 유효성의 법률적용문제

-중국법원의 판례를 중심으로 -[*]

Law Applicable to the Substantial Validity of Arbitration Agreements-Focusing on China's Court Cases

오원석(Won-Suk Oh)[**]

이홍숙(Hong-Ghuk Li)[***]

Ⅰ. 서론

무역거래에서 계약당사자들은 그들의 분쟁을 화해로 해결하지 못하는 경우에는 대표적으로 소송이나 중재의 방법을 이용한다. 이 중 중재는 당사자 간의 분쟁을 당사자 간의 합의로 중재인의 판정에 의하여 해결하는 방법으로서(석광현, 2007, p.103) 국제적으로 중재판정의 뉴욕협약[1])에 따른 승인과 집행의 용이성 때문에 소송보다 더

---

* 이 논문은 한국무역학회 무역학회지 제39권 제3호에 게재되었음.

** 성균관대학교 경영전문대학원 교수, 주저자.

*** 신라대학교 무역학과 조교수, 공동저자.

1) 1958년에 체결된 "외국중재판정의 승인 및 집행에 관한 유엔협약(Convention on the Recognition and Enforcement of Foreign Arbitral Awards)"을 말한다. 현재 동 협약의 가입국은 총 149개국이다. 중국과 한국은 각각 1987년, 1973년에 가입하였으며, 양국은 모두 가입과 동시에 협약에서 허용한 "상호주의유보"와 '상사유보'를 선언하였

많이 선호되고 있다. 현재 중국은 한국의 최대 무역파트너이고[2] 무역분쟁도 가장 많이 발생한다.[3] 또한 양국은 현재 한중 FTA 체결을 위한 협상 중에 있어 향후 FTA가 체결되어 발효된다면 양국 간의 무역규모는 더욱 확대될 것이며 무역 관련 분쟁도 크게 늘어날 것이다(하현수, 2013, p.170). 이에 따라 중재를 통한 분쟁의 해결도 많이 증가할 것으로 보인다.

중재를 이용하기 위해서는 전제조건으로 계약당사자 간에 유효한 중재합의가 있어야 한다(Redfern, Hunter, Balckaby, Partasides, 2004, para. 1-08). 중재합의는 일반적으로 "현재 발생하고 있거나 장래 발생할지도 모르는 분쟁을 중재에 의하여 해결하기로 하는 당사자 간의 약정"을 말하는바, 전자는 주된 계약과 별도로 독립된 합의의 형태를 가진 "중재부탁계약(submission to arbitration agreement)"이고 후자는 통상 주된 계약에 포함된 "중재조항(arbitration clause)"의 형태를 가진다(목영준, 2011, pp.43-44). 실무에서는 일반적으로 중재조항[4]이 많이 이용되고 있으며 본 논문에서도 중재조항을 중심으로 논의한다.

유효한 중재합의는 당사자 간의 중재합의하의 분쟁에 대한 중재

다. 따라서 "상호주의유보"에 따라 다른 체약국의 영토 내에서 내려진 중재판정에 한해 이 협약의 적용을 받으며, "상사유보"에 따라 국내법에 따른 계약적 또는 비계약적 상사적인 법률관계에서 발생하는 분쟁에 대해서만 이 협약의 적용을 받는다.

2) http://countryreport.mofcom.gov.cn/record/view110209.asp?news_id=38041, 2014년 6월 26일 방문.

3) 대한상사중재원 무역클레임실태조사(2006년) 보고서, p.9, Available at http://www.kcab.or.kr/servlet/kcab_ kor/claim/1028, 2014년 6월 26일 방문. 동 보고서에 따르면 한국의 무역클레임은 국가별로는 중국(25.9%), 미국(22.6%), 일본(20.3%) 순으로 많이 발생한다.

4) "중재조항"은 이하 문맥에 따라 "중재합의"이란 용어와 같이 사용한다.

판정부의 관할과 중재판정의 유효성 및 그 집행가능성에 관계될뿐
더러 법원의 소송관할권의 배제에도 관계되기 때문에(中国国际经济
贸易仲裁委员会编, 2010, 第21页; 손경한·심현주, 2013, p.57) 중요
한 의미를 가진다.

중재합의가 유효하려면 중재합의의 실질적 유효성[5]과 형식적 유
효성[6] 및 중재가능성[7] 등의 요건을 모두 갖추어야 한다. 본 논문은
지면상 중재합의의 실질적 유효성에 대해서만 다루고자 한다.

중재합의의 실질적 유효성은 그에 적용되는 준거법에 따라 판단
하며, 그 준거법은 보통 어느 한 나라의 국내법이다. 그런데 국내법
마다 중재합의의 실질적 유효성의 요건을 다르게 규정하고 있기 때
문에[8] 중재합의의 실질적 유효성은 준거법으로 어느 나라의 법이
적용되느냐에 따라 결과가 달라질 수 있다. 소송절차[9]에서의 중재합

---

[5] 중재합의의 실질적 유효성은 중재합의의 무효, 효력상실 또는 이행불능의 문제를 말
한다(김갑유, 2012, pp.51-52).

[6] 중재합의의 형식적 유효성은 중재합의의 방식을 말하는 것으로, 이는 주로 중재합의
가 서면요건을 구비하여야 하는가의 문제이다(석광현, 2007, pp.114-123).

[7] 중재가능성(Arbitrability)은 중재합의의 대상인 분쟁이 중재에 의하여 해결될 성질의
분쟁인지 여부를 말한다(김갑유, 2012, p.76).

[8] 예컨대, 영국법에 따르면 당사자 간에 중재에 의한 분쟁해결의 의사표시만 있으면 중
재합의는 유효하다(赵秀文, 2010,第81-82页). 한국도 서면의 합의에 의한 분쟁을 중
재로 해결하기로 하는 명백한 의사표시가 있으면 중재합의가 성립하며 유효한 중재
합의에 해당한다(김갑유, 2012, pp.54-55). 이에 반해 중국 중재법(1995)은 중재합의
의 유효요건을 다른 나라보다 엄격하게 규정하고 있다. 그 규정을 보면 (1) 중국 중
재법(1995) 제16조: "중재합의는 [주된] 계약에 삽입된 중재조항 또는 분쟁 발생 전
또는 후에 체결한 서면중재합의를 포함한다. 중재합의에는 다음 사항을 기재하여야
한다. 1. 중재신청의 의사표시. 2. 중재의 대상. 3. 중재위원회의 선택." (2) 중국 중재
법(1995) 제18조: "중재합의에서 중재의 대상인 분쟁 또는 중재위원회를 약정하지 않
거나 그 약정이 불명확한 경우, 당사자는 이를 보완하는 합의를 할 수 있다. 보완하
여 합의를 할 수 없는 경우 당해 중재합의는 무효가 된다"고 규정하고 있다. 이러한
규정은 중국 현행법상 임시중재기구의 존재를 허용하지 않는 것과 관련이 있다(赵秀
文, 2002, 第324页).

의의 실질적 유효성은 법원이 그에 적용되는 법률을 적용하여 판단하기 때문에 법원에 의해 중재합의가 무효로 판단되면 중재로 분쟁을 해결하고자 하는 당사자들의 당초의 바람은 무산된다.

이에 본 논문은 중국[10]법원[11]의 판례[12]를 중심으로 중국국제상사

9) 중재합의의 실질적 유효성과 관련하여 실무에서 당사자 간에 다투어지는 경우는 중재절차와 소송절차로 나누어진다. 전자인 중재절차에서는 중재인의 자기권한심사권(competence-competence)에 의해 중재합의의 유효성에 대한 판단이 이루어지고, 후자인 소송절차에서는 중재합의의 승인단계, 중재판정의 취소단계 및 중재판정의 승인 및 집행단계에서 법원의 심사대상이 되어 법원이 그에 적용되는 준거법을 적용하여 중재합의의 유효성을 판단한다. 그러나 전자의 경우에는 사후 법원의 심사대상이 되어 소송절차에서의 중재합의의 유효성에 관한 판단에 있어서의 기준이 적용되는 결과를 가지게 된다(김갑유, 2004, p.178). 본 논문은 소송절차에서의 법원에 의한 중재합의의 실질적 유효성의 법률적용에 대해서만 논의한다.

10) 본 논문에서 "중국"이라 함은 중국의 홍콩, 마카오 및 대만을 제외한다. 홍콩, 마카오 및 대만은 중국 대륙지역과 법역(法域)이 다르다.

11) 본 논문에서 "중국법원"은 중국의 "최고인민법원"을 말한다.

12) 본 논문 중의 중국법원의 '판례'는 주로 "인민법원의 섭외중재 및 외국중재 관련 사항처리에 관한 최고인민법원의 통지"[≪最高人民法院关于人民法院处理与涉外仲裁及外国仲裁事项有关问题的通知≫(法发[1995]18号)] 및 "인민법원의 섭외중재판정취소 관련사항에 관한 최고인민법원의 통지"[≪最高人民法院关于人民法院撤销涉外仲裁裁决有关事项的通知≫(法[1998]40号)](이하 이들을 "보고제도"라 한다)에 따른 중국 최고인민법원의 '회답'을 기준으로 하고 있다. "보고제도"에 의하면 인민법원에 소가 제기된 섭외사안에 있어서 인민법원은 중재합의 또는 중재조항이 있는 경우 일방 당사자의 소를 수리하기 전, 중국의 섭외중재기관의 판정을 취소 또는 불집행하기로 재정하기 전, 중재판정부에 재중재를 통지하기 전, 외국중재판정의 승인과 집행을 거절하기 전에는 소속관할구역의 고급인민법원에 보고하여 심사를 받아야 하고, 고급인민법원이 소를 수리하거나 판정을 취소 또는 불집행하거나 다시 중재할 것을 중재판정부에 통지하거나 외국중재판정의 승인 및 집행을 거절하는 데 동의할 경우에는 그 심사의견을 최고인민법원에 보고하여야 하므로 하급법원은 최고인민법원이 회답하기 전에는 관련 소를 수리하거나 중재판정의 취소 또는 불집행을 재정하거나 중재판정부에 재중재를 통지하거나 외국중재판정의 승인 및 집행을 거절하지 못하고 최고인민법원이 이에 대한 최종적인 권한을 갖는다. 또한 CIETAC에서 2012년 5월 1일부터 개정된 중재규칙을 시행하고 CIETAC의 상해분회, 화남분회가 명칭이 변경되고 새로운 중재규칙을 시행함으로써 당사자 간에 중재규칙의 적용 및 앞의 각 중재기관의 중재사안의 수리권한 등의 문제로 분쟁이 일어남에 따라 재판의 척도를 통일시키고 사안에 대한 인민법원의 정확한 심리를 보증하기 위해 상기 분쟁이 발생한 당사자 간에 중재합의의 효력의 확인을 신청하는 사안과 CIETAC 또는 CIETAC상해분회 또는 CIETAC화남분회에 의해 내려진

중재합의의 실질적 유효성에 관한 중국법원의 법률적용에 대해 살펴봄으로써 중국에서 중재에 의한 분쟁해결을 원하는 한·중무역당사자들로 하여금 중재합의의 약정내용이 가지는 법률적 의미와 효과 및 소송절차에서의 중국법원의 중재합의의 유효성에 관한 법률적용의 원칙과 태도에 대한 정확한 이해와 인식을 갖도록 한다. 더불어 중국법원의 법률적용상 존재하는 문제점을 지적함으로써 이에 대비하여 무역계약 체결 시 유효한 중재조항을 약정하도록 하는 데 도움이 되고자 한다.

본 논문의 연구주제와 관련한 선행연구를 살펴보면 윤충원·하현수(2007)는 중국의 중재법상 중재합의 유효요건인 중재기관의 약정과 관련한 사례에 대해 분석하고 있고, 이시환(2011)은 중국의 중재법과 관련 법률규정 및 중국의 판례[13]를 통해 중국에서의 국제상사 중재합의의 실질적 유효성의 판단에 대해 다루는 한편 이와 관련된 문제점을 제시하고 있고, 하현수(2012)는 중국의 중재합의 효력 인정과 관련한 법률적용상의 문제점과 중국의 중재법 하에서 하자 있는 중재합의의 효력에 대해 논의하고 있으며, 하현수(2013)는 중국의 중재법을 기준으로 중국의 법원[14]이 어떠한 하자가 있는 경우에 중재합의를 무효로 인정하고 있는지에 대해 다루고 있다.

중재판정의 취소 또는 불집행을 신청한 사안에 대해서는 인민법원이 재정하기 전에 심판위원회의 토론을 거쳐 의견을 제출한 후 단계별로 최고인민법원에 보고하고 최고인민법원의 답변을 받은 후에 비로소 사안에 대한 재정을 내릴 수 있다["최고인민법원의 중재사법심사안건을 정확히 심리하는 것에 관한 통지"≪最高人民法院关于正确审理仲裁司法审查案件有关问题的通知≫(法[2013]194号)(2013년 9월 4일 시행)].

13) 최고인민법원의 사법해석 외에 중급인민법원과 고급인민법원의 판례를 포함한다.
14) 최고인민법원 외에 중급인민법원 및 고급인민법원을 포함한다.

본 논문은 중재합의의 실질적 유효성의 법률적용과 관련된 중국 법원의 판례를 시기별로 나누어 선별하여 분석·검토하고 이로부터 중국법원이 중재합의의 실질적 유효성을 판단하는 준거법을 결정함에 있어 그 법적 기초가 되는 근거에 대해 시기별 변천에 대해 살펴봄과 동시에 중국법원의 법률적용상의 문제점을 다룸으로써 중재합의의 실질적 유효성에 대한 무역당사자들의 전반적인 이해를 도모하고 이를 바탕으로 중재를 이용하기 위한 유효한 중재조항을 약정할 수 있도록 실무적인 유의사항을 제시하고 있다는 점에서 기존의 선행연구와 차별성이 있다고 본다.

Ⅱ. 중재합의의 실질적 유효성의 준거법

1. 중재합의에 대한 뉴욕협약의 적용 여부

현재 많은 나라가 뉴욕협약의 체약국이기 때문에 뉴욕협약이 적용되는 중재합의의 실질적 유효성과 관련된 문제는 뉴욕협약의 규정을 우선하여 적용하여야 하므로(中国国际经济贸易仲裁委员会编, 2010, 第32-33页) 중재합의의 실질적 유효성의 법률적용은 중재합의를 뉴욕협약이 적용되는 경우와 적용되지 않는 경우로 구분하여 살펴볼 필요가 있다. 하지만 이에 앞서 선결해야 할 문제는 법원에서 중재합의에 대한 뉴욕협약의 적용 여부를 어떻게 판단하여야 하는가이다.

뉴욕협약은 그것이 적용되는 중재판정의 범위에 대해서는 규정을 하고 있으나(제1조), 중재합의의 범위에 대해서는 규정이 없다. 학계권위자 및 대다수의 체약국의 사법실천에서는 서로 다른 체약국의 당사자 간에 체결한 중재합의와 중재지를 기타 체약국으로 약정한 중재합의를 "뉴욕협약이 적용되는 중재합의"의 범주에 포함시켜야 한다고 본다(中国国际经济贸易仲裁委员会编, 2010, 第23页). 그러나 전자의 경우 뉴욕협약상 "체약국의 당사자"에 대한 명확한 규정이 없기 때문에 그 구분기준에 있어 논란이 될 여지가 많다.15) 그 밖에 중재합의와 중재판정에 대해서는 통일적인 적용범위를 정하는 것이 바람직하기 때문에(석광현, 2007, p.119) 후자의 경우, 즉 "중재지를 기타 체약국으로 약정한 중재합의"를 "뉴욕협약이 적용되는 중재합의"로 보아야 할 것이라고 본다. 다만 실무에서 무역당사자들이 계약체결 시 중재조항에 중재지를 약정하지 않았더라도 중재합의의 약정내용(예컨대, 중재규칙이나 중재기관)으로부터 중재지[기타 체약국]의 묵시적인 지정이 있다고 볼 수 있는 경우에는 그러한 중재합의도 "중재지를 기타 체약국으로 약정한 중재합의"에 포함된다.16)17)

---

15) 서로 다른 "체약국의 당사자"가 체결한 중재합의에 중재지가 뉴욕협약의 어느 한 체약국으로 약정되어 있는 경우에는 후자에 해당되어 "뉴욕협약이 적용되는 중재합의"의 범주에 포함되는 것이 당연하나, 만약 중재합의에 중재지에 대한 명시적이나 묵시적인 약정이 없는 경우에는 "체약국의 당사자"를 "당사자의 국적"을 기준으로 할 것인지 아니면 "당사자의 영업소의 소재지"를 기준으로 할 것인지에 대한 논란이 있을 수 있다.

16) 중재조항에 중재지가 약정되어 있지 않더라도 중재규칙이나 중재기관이 약정되어 있는 경우에는 중재지의 지정이 있다고 볼 수 있는 경우가 있다. 1. 중재조항에 중재규칙이 약정되어 있는 경우. 중재조항에서 중재규칙을 약정한 경우에는 동 중재규칙은 당사자의 약정에 따른 계약의 일부를 구성하기 때문에(김갑유, 2012, p.113; 이홍숙, 2013, pp.27-30) 예컨대, 중재조항에 중국국제경제무역중재위원회(China International Economic and Trade Arbitration Commission: CIETAC)중재규칙(2012) [이하 CIETAC중재규칙(2012)라 한다]이 약정되어 있을 때 CIETAC중재규칙(2012)

2. 뉴욕협약이 적용되는 경우

소송절차에서 중재합의의 유효성 여부는 중재판정의 승인과 집행단계,[18] 중재판정의 취소단계,[19] 중재합의의 승인단계[20]에서 이의가 제기될 수 있으므로(김갑유, 2004, pp.176-178) 아래에서는 이러한 단계별로 중재합의의 실질적 유효성의 준거법의 적용에 대해 살펴보기로 한다.

의 제4조 제4항(당사자들이 이 규칙에 따라 중재를 진행한다고 약정하였으나 중재기관을 약정하지 아니한 경우에는 분쟁에 대한 중재를 중재위원회에 신청한 것으로 간주한다) 및 제7조 제2항(당사자들이 중재지에 대해 약정을 하지 않았거나 또는 약정이 불명확한 경우에는 사안을 관리하는 중재위원회 또는 그 분회/센터의 소재지를 중재지로 한다)의 규정에 따라 CIETAC의 소재지, 즉 중국이 중재지가 된다. 또 예컨대, 중재조항에 대한상사중재원의 국제중재규칙이 약정되어 있을 때에는 동 중재규칙의 제18조(당사자들의 합의가 없는 경우에는 중재지는 대한민국 서울로 한다)에 따라, 한국(서울)이 중재지가 된다. 2. 중재조항에 중재기관이 약정되어 있는 경우. 예컨대, 중재조항에 CIETAC이 약정되어 있는 경우에는 CIETAC중재규칙 (2012) 제4조 제1항(당사자들이 분쟁에 대한 중재를 중재위원회에 신청한 경우에는 CIETAC중재규칙에 따른 중재를 동의한 것으로 간주한다) 및 제7조 제2항에 따라 CIETAC의 소재지인 중국이 중재지가 된다.

17) 《중재법해석2006》 제4조는 "중재합의에서 적용할 중재규칙만 약정한 경우에는 중재기관이 약정되어 있지 않은 것으로 간주한다. 그러나 당사자가 이를 보완하는 합의를 달성했거나 약정한 중재규칙에 따라 중재기관을 확인할 수 있는 경우에는 그러하지 아니하다"고 규정하고 있다.

18) 외국중재판정이 내려진 후 불리한 판정이 내려진 일방당사자가 중재합의의 무효를 이유로 판정의 승인 및 집행을 거부할 때 판정에서 이긴 상대방 당사자가 승인과 집행을 얻기 위하여 승인과 집행을 청구하면 승인 또는 집행의 요구를 받은 법원이 그 요건으로서 중재합의를 심사하는 경우.

19) 중재인에 의해 내려진 중재판정의 취소와 관련하여 당사자 간에 다툼이 일어날 때 중재판정취소의 청구를 받은 법원이 그 요건으로서 중재합의를 심사하는 경우.

20) 중재합의의 대상인 분쟁에 관하여 일방 당사자가 중재 대신 법원에 소를 제기하여 상대방 당사자인 피고가 중재합의의 존재를 이유로 방소항변을 하였을 때 법원이 재판관할권의 존재 여부를 정하기 위해 중재합의를 심사하는 경우.

2.1. 중재판정의 승인과 집행의 단계

뉴욕협약(제5조 제1항 a호)[21]은 당사자들이 준거법으로서 지정한 법령이 있는 경우에는 그 지정한 법령에 따르고 지정한 법령이 없는 경우에는 판정을 내린 국가의 법령에 따른다고 명확히 규정하고 있어 중재합의의 실질적 유효성의 준거법은 당사자들이 지정한 법이 있는 경우에는 그에 따르고 지정이 없는 경우에는 중재판정지국법(중재지법)[22]을 따른다.

2.2. 중재판정의 취소단계

뉴욕협약(제5조 제1항 e호)은 판정의 승인과 집행은 "판정이 당사자에 대한 구속력을 아직 발생하지 아니하였거나 또는 판정이 내려진 국가의 권한 있는 기관이나 또는 중재판정의 기초가 된 법령이 속하는 국가의 권한 있는 기관에 의하여 취소 또는 정지되는 경우"에 거부할 수 있다고 규정하고 있어, 중재판정의 취소의 소에 대하여는 중재지국 또는 중재절차의 준거법소속국이 전속적 국제재판관할을 가진다(석광현, 2007, p.120).

2.3. 중재합의의 승인단계

뉴욕협약(제2조 제3항)은 "당사자들이 본 조에서 의미하는 합의를 한 사항에 관한 소송이 제기되었을 때에는 체약국의 법원은 전기 합

---

21) (외국중재)판정의 승인과 집행은 중재합의가 "……당사자들이 준거법으로서 지정한 법령에 의하여 또는 지정이 없는 경우에는 판정을 내린 국가의 법령에 의하여 무효인 경우"에 거부될 수 있다.

22) 중재판정지국과 중재지국은 언제나 일치한 것은 아니지만, 중재인이 중재판정을 내릴 때 보통 중재지를 중재판정지로 하기 때문에 일반적으로 일치하다고 볼 수 있다.

의를 무효, 실효 또는 이행불능이라고 인정하는 경우를 제외하고 일
방당사자의 청구에 따라서 중재에 부탁할 것을 당사자에게 명하여
야 한다"고 규정하여 뉴욕협약이 중재합의의 승인단계에 적용됨을
명확히 규정하고 있다(석광현, 2007, p.117; Van den Berg, 1981,
p.186; Redfern, Hunter, Balckaby, Partasides, 2004, para. 3-04). 하지
만 중재합의의 실질적 유효성을 판단하는 준거법에 대해서는 언급
이 없기 때문에 각국 법원이 중재합의의 실질적 유효성을 판단하는
준거법을 결정하여야 한다.

이에 관하여는 중재판정의 승인 및 집행단계에 적용되는 연결원
칙(뉴욕협약 제5조 제1항 a호)을 적용한다는 "유추적용설"과 법정지
국의 국제사법(저촉규범)에 의한다는 설이 있으나(목영준, 2011, p.72)
전자인 "유추적용설"이 바람직하며,[23] 이는 각국 법원의 사법실천에
서도 광범위하게 수용되고 있다(中国国际经济贸易仲裁委员会编, 2010,
第31页). 다만 "유추적용설"은 중재합의의 승인단계에서, 즉 중재판
정이 내려지지 않은 상태에서 위 뉴욕협약(제5조 제1항 a호)의 연결
원칙을 유추 적용할 때에는 뉴욕협약의 적용범위를 정한 제1조의
원칙을 따라 중재판정예정지를 기준으로 뉴욕협약의 적용 여부를
판단하여 중재합의의 준거법을 결정하여야 하고 중재판정예정지를
알 수 없는 경우에는 법정지의 국제사법에 따라 결정하여야 할 것이
다(석광현, 2007, p.119; Van den Berg, 1981, p.127).

---

[23] 중재합의가 뉴욕협약의 적용을 받는 경우 법원에서 중재합의의 승인단계 및 중재판
정의 승인과 집행의 단계에서의 중재합의의 유효성을 판단함에 있어서는 같은 기준
을 적용하여야 중재합의와 중재판정의 집행이 함께 가능하기 때문이다(목영준,
2011, p.73; 석광현, 2007, p.118; 中国国际经济贸易仲裁委员会编, 2010, 第29
页; Van den Berg, 1981, p.126-128).

2.4. 소결

위에서 살펴본 바와 같이 뉴욕협약이 적용되는 경우에는 중재합의의 실질적 유효성의 준거법은 중재의 단계와 관계없이 뉴욕협약 (제5조 제1항 호)의 연결원칙을 적용(또는 유추적용)하여 결정하여야 한다(석광현, 2007, p.122). 즉, 당사자들이 지정한 법이 있으면 그 지정한 법을 따르고 당사자들이 지정한 법이 없으면 중재판정지국법(중재지법)을 따른다.

중국은 뉴욕협약의 체약국이기 때문에 이러한 원칙을 따라야 한다(中国国际经济贸易仲裁委员会编, 2010, 第31-32页).[24] 중국은 ≪연설1998≫[25]에서 이와 동일한 원칙을 발표한 바 있다.[26]

---

24) 최고인민법원은 1987년의 "우리나라가 가입한 <외국중재판정의 승인 및 집행에 관한 유엔협약>의 집행에 관한 통지"[≪关于执行我国加入的<承认及执行外国仲裁裁决公约>的通知≫(法(经)发[1987]5号)(1987年4月10日)](이하 ≪통지1987≫라고 한다)에서 외국중재판정의 승인 및 집행에 있어서 뉴욕협약의 적용을 규정하고 있다. 뉴욕협약의 제5조 제1항 a호는 문언상 중재판정이 내려지기 전에 대해서는 직접 적용되지 않지만(김갑유, 2012, p.126), 뉴욕협약의 제2조(제1항과 제3항)는 중재합의에 대한 승인과 집행을 규정하고 있고(Redfern, Hunter, Balckaby, Partasides, 2004, para. 3-04), 앞에서 언급한 바와 같이 학설이나 각국 법원의 사법실천에서는 뉴욕협약의 위 규정을 중재판정이 내려지기 전에도 유추 적용한다는 것이 일반적이다. 중재합의의 승인단계에서 뉴욕협약의 제5조 제1항 a호를 인용한 중국법원의 판례로는 본 논문의 <표 1>의 판례4가 있다.

25) 1998년 11월 23일의 "최고인민법원 이국광 원장의 전국경제심판사업좌담회에서의 연설"(≪最高人民法院副院长李国光在全国经济审判工作座谈会上的讲话≫)을 말한다. 이 연설에서는 "섭외중재합의의 효력인정과 관련하여 법률을 적용함에 있어 그 정확성에 주의를 기울여야 한다. 일반적으로는 약정한 중재지법을 적용하고 국제관례를 참조하여야 한다. 중국법이 명확히 적용된 경우에 비로소 중재법의 제17조와 제18조의 규정에 따라 중재합의의 효력을 인정할 수 있다"고 하였다.

26) ≪연설1998≫에서 언급한 바 있는 법률적용원칙은 당사자가 지정한 법이 있으면 그 지정한 법을 따르고 지정한 법이 없으면 중재지법을 따른다고 해석할 수 있는데, 이는 뉴욕협약의 제5조 제1항의 연결원칙 및 제5조 제1항의 연결원칙에 대한 유추적용설과 일치하나, ≪연설1998≫에서는 법률적용원칙의 출처와 법적 근거를 밝히지는 않았다(中国国际经济贸易仲裁委员会编, 2010, 第36页).

3. 뉴욕협약이 적용되지 않는 경우

뉴욕협약이 적용되지 않는 경우 중재합의의 실질적 유효성의 준거법은 중재판정의 승인과 집행의 단계 및 중재합의의 승인단계에 있어서는 중재합의의 유효성이 문제되고 있는 법정지의 국제사법에 따라 결정한다는 것이 지배적인 견해이다(목영준, 2011, pp.70-71; 석광현, 2007, pp.129-130). 다만 여기서 법정지의 의미에 관하여는 중재판정의 승인과 집행의 단계에서는 집행을 구하는 국가이고 중재합의의 승인단계에서는 소가 제기된 국가이다(석광현, 2007, p.130). 중재판정의 취소단계에 있어서는 중재지국 또는 중재절차의 준거법 소속국이 전속적 국제재판관할을 가진다(석광현, 2007, p.131).

중국은 중재합의의 법률적용과 관련하여 1995년 9월 1일부터 시행한 "중화인민공화국중재법(≪中华人民共和国仲裁法≫)"27)(이하 ≪중재법(1995)≫이라 한다)에는 규정이 없었으나, 2006년 9월 8일부터 시행한 ≪중재법(1995)≫에 대한 최고인민법원의 사법해석인 "최고인민법원의 「중화인민공화국중재법」의 적용에 관한 약간문제의 해석(≪最高人民法院关于适用<中华人民共和国仲裁法>若干问题的解释≫)"28)(이하 ≪중재법해석2006≫이라 한다)(제16조)에는 "섭외중재합의의 효력29)에 대한 심사는 당사자가 약정한 법률을 적용한다. 당사자가 준거법을 약정하지 않았으나 중재지를 약정한 경우에는

---

27) 1994년 8월 31일 중국 제8회 전국인민대표대회 상무위원회 제9차 회의에서 통과되었다(中华人民共和国主席令第31号).

28) 法释[2006]7号.

29) 중재합의가 효력을 가지려면 그것이 유효하여야 한다(목영준, 2011, p.66).

중재지법을 적용한다. 준거법을 약정하지 않았고 또한 중재지도 약정하지 않았거나 중재지의 약정이 불명확한 경우에는 법정지법을 적용한다"고 규정하고 있다.[30] 그리고 2011년 4월 1일부터 시행하고 있는 "중국섭외민사관계법률적용법(≪中华人民共和国涉外民事关系法律适用法≫)"[31](이하 ≪법률적용법2011≫이라 한다)(제18조)은 "당사자는 합의에 따라 중재합의에 적용할 법률을 선택할 수 있다. 당사자의 선택이 없는 경우에는 중재기관소재지법률 또는 중재지법을 적용한다"고 규정하고 있으며, 2013년 1월 7일부터 시행하고 있는 이 법의 사법해석인 "최고인민법원의 「중화인민공화국섭외민사관계법률적용법」에 관한 약간 문제의 해석(1)(≪最高人民法院关于适用<中华人民共和国涉外民事关系法律适用法>若干问题的解释(一)≫)"[32](이하 ≪법률적용법해석(1)≫이라 한다)(제14조)에서는 "당사자가 중재합의에 적용할 법률을 선택하지 않았고 중재기관 또는 중재지도 약정하지 않았거나 또는 그 약정이 불명확한 경우에는 인민법원은 중국법률을 적용하여 당해 중재합의의 효력을 인정할 수 있다"고 규정하고 있다. 여기서 ≪법률적용법해석(1)≫에서는 "중재기관소재지법률"을 규정하고 있는데 "중재기관소재지국"과 "중재지국"이 일치한 경우에는 문제가 없겠으나 문제는 일치하지 않는 경우에 법률적용을 어떻게 할 것이냐이다. 이 경우에는 중재합의가 유효하도록 하는 법률

---

30) ≪중재법해석2006≫이 시행되기 전까지 중국의 사법실천에서는 중재합의의 유효성의 판단과 관련하여 당사자가 중재합의의 준거법 및 중재지를 모두 약정하지 아니한 경우에는 법정지법을 적용하여 왔다. 예컨대, <표 1>에서의 판례6 등의 경우이다.

31) 2010년 10월 28일 중국 제11회 전국인민대표대회 상무위원회 제17차 회의에서 통과되었다(中华人民共和国主席令第36号).

32) 2012년 12월 10일 최고인민법원심판위원회 제1563차 회의에서 통과되었다(法释[2012]24号).

을 적용하여야 할 것이라고 본다(高晓力, 2013, 第43页, 同旨).

실무에서 당사자들은 중재합의의 준거법을 약정하지 않고 중재조항을 포함한 주된 계약의 준거법만 약정하는 경우가 많은데, 이 경우 주된 계약의 준거법을 중재조항의 준거법지정으로 볼 수 있는가가 문제된다. 이에 관하여는 학자에 따라 견해를 달리하고 있는데,33) 중국법원은 부정설의 입장을 취하고 있다.34) 중국 최고인민법원은 2005년 12월에 "제2차 전국섭외상사해사심판작업회의요록(≪第二次全国涉外商事海事审判工作会议纪要≫)"35)(이하 ≪회의요록2005≫라 한다)(제58조)36)에서도 이를 명확히 언급한 바 있다. 따라서 중국의 사법실천에서는 주된 계약의 준거법을 중재조항의 준거법의 지정으로 간주하지 않음에 유의하여야 한다.37)

---

33) 상세한 내용은 김갑유, 2012, p.125; 赵秀文,2002,第35-37页; 刘晓红,2005,第267-268页 참조.

34) 중국의 하급법원에서는 종종 주된 계약의 준거법을 중재조항의 준거법의 지정으로 인정하지만 보고제도에 따른 최고인민법원의 "회답"에서는 이를 분명히 부정하고 있다. 예컨대, ≪最高人民法院关于确认仲裁协议效力请示的复函≫(2006年3月9日)([2006]民四他字第1号),≪最高人民法院关于马来西亚航空公司与厦门太古飞机工程有限公司服务合同纠纷一案中仲裁条款效力问题的请示的复函≫(2012年2月22日)([2012]民四他字第4号),≪最高人民法院关于泰州浩普投资公司与WICOR HOLDING AG中外合资经营企业合同纠纷一案请示报告的复函≫(2012年3月1日)([2012]民四他字第6号) 등이 있다.

35) 最高人民法院关于印发≪第二次全国涉外商事海事审判工作会议纪要≫的通知(法发[2005]26号).

36) ≪회의요록2005≫제58조: "당사자가 계약에서 약정한 계약분쟁해결에 적용되는 준거법으로는 섭외중재조항의 효력을 판단할 수 없다. 당사자가 계약에서 중재조항의 효력[판단]의 준거법을 명확히 약정한 경우에는 그 약정한 법률을 적용하여야 한다. 중재조항의 효력[판단]의 준거법을 약정하지 않았으나 중재지를 약정한 경우에는 중재지국 또는 중재지 지역의 법률을 적용하여야 한다. 당사자가 중재조항의 효력[판단]의 준거법을 약정하지 않은 동시에 중재지도 약정하지 않았거나 또는 중재지를 명확하게 약정하지 않은 경우에 비로소 법정지법, 즉 우리나라[중국]의 법률을 중재조항의 효력을 판단하는 준거법으로 적용할 수 있다."

37) 이는 중재합의가 뉴욕협약이 적용되는 경우에도 마찬가지이다.

Ⅲ. 중국법원의 관련판례

1. 법률적용의 실태와 근거

〈표 1〉1) 법률적용의 실태와 근거

판례 No.	계약에서 약정한 중재조항 중재합의에 대한 중국법원의 법률적용 및 그 근거
1[38]	"본 계약의 분쟁은 중국 국제무역촉진위원회 대외경제무역중재위원회 또는 스웨덴 스톡홀름 상회중재원에 중재를 신청하여야 한다."
	당해 중재조항은 중재기관에 대한 약정이 명확하며 중재진행이 가능하다. 당사자는 당사자 간에 약정한 중재기관 중의 하나를 선택하면 중재를 진행할 수 있다. 민사소송법 제111조 제2항의 규정에 따르면 본 사안은 중재에 회부하여 해결하여야 하며, 인민법원은 본 사안에 대한 관할권이 없다. [직접 법정지법 적용. 판시결과: 중재조항은 유효하다]
2[39]	"본 계약으로부터 또는 본 계약과 관련하여 발생한 모든 분쟁은 중재신청 시의 유효한 ICC중재규칙(조정절차를 포함하지 않음)에 따라 중재에 의해 해결하여야 한다. 중재는 런던에서 영어로 진행한다. 중재판정은 종국적이며 양 당사자에 대해 모두 구속력을 갖는다."
	당사자들은 계약의 중재조항에 명확한 중재기관을 약정하지 않았기 때문에 중재를 진행할 수 없다. 따라서 해구시중급인민법원은 본 사안에 대한 관할권을 갖는다. [직접 법정지법 적용. 판시결과: 중재조항은 무효하다]

---

38) ≪最高人民法院关于齐鲁制药厂诉美国安泰国际贸易公司合资合同纠纷一案中仲裁条款效力问题的答复≫(1996年12月12日)(法函[1996]176号); 最高人民法院关于同时选择两个仲裁机构的仲裁条款效力问题给山东省高级人民法院的函(1996年12月12日)(法函[1996]176号).

39) ≪最高人民法院关于海南省高级人民法院审理诺和诺德股份有限公司与海南际中医药科技开发公司经销协议纠纷案的报告复函≫(1996年12月20日)(法经[1996]449号).

3[40]	"본 계약을 이행함으로써 발생한 분쟁 또는 본 계약과 관련되는 모든 분쟁은 당사자들이 우호적인 협상을 통해 해결되어야 한다. 협상이 이루어지지 않은 경우에는 북경중국대외경제무역중재위원회에 중재를 회부할 수 있다."
	당해 중재조항에서 중재지는 북경으로 명확하게 약정하였고 중재기관은 중국국제경제무역중재위원회의 구명칭을 사용하였다. 비록 약정한 중재기관의 명칭이 불완전하지만 이 명칭이 명칭을 변경한 중국국제경제무역중재위원회를 지칭한 것으로 판별할 수 있기 때문에 중재조항은 무효한 법정사유가 존재하지 않는다. 쌍방 당사자가 선택한 중재기관이 명확하므로 중재조항은 유효하다. [직접 법정지법 적용. 판시결과: 중재조항은 유효하다.]
4[41]	"이 계약으로부터 또는 이 계약과의 관계로 또는 이 계약과 관련하여, 또는 이 계약의 불이행으로 인해 발생하는 당사자 간의 모든 분쟁, 논쟁 또는 의견 차이는 홍콩[42]에서 ICC의 중재규칙에 따라 중재에 의해 해결한다. 중재인에 의하여 내려지는 판정은 최종적인 것으로 양 당사자에 대하여 구속력을 갖는다."
	당사자는 중재조항의 효력에 적용할 법률을 약정하지 않았기 때문에 뉴욕협약의 제5조 제1항 a호의 원칙에 따라 당사자가 약정한 중재지의 법률을 적용하여 중재합의의 효력을 인정하여야 한다. 뉴욕협약이 외국중재판정의 승인 및 집행에 관한 협약이기는 하지만, 당해 협약의 제5조 제1항 a호의 규정은 국제적으로 중재조항의 효력을 확인하는 데 적용할 법률을 결정할 경우의 일반원칙을 반영하였기 때문에 본 사안은 이 원칙이 적용되어야 한다. 따라서 본 사안은 당사자가 약정한 중재지인 홍콩의 법률을 적용하여 해당 중재조항의 효력을 인정하여야 한다. [중재지법 적용. 판시결과: 중재조항은 유효하다.]

---

40) ≪最高人民法院矢于内蒙古至诚矿业有限公司与南非华金国际集团有限公司合资经营纠纷一案中仲裁条款效力问题的函≫(2002年4月13日)([2001]民四他字第26号).

41) 본 사안은 상소인인 香港三菱商事会社有限公司가 三峡投资有限公司, 葛洲坝三联实业公司, 湖北三联机械化工程有限公司와의 매매계약미수금분쟁에 관한 호북성고급인민법원의 민사재정[(1999)鄂法立经初字第8号]에 불복하여 최고인민법원에 상소를 제기한 사안이다[(1999)经终字第426号].

42) "최고인민법원의 홍콩·마카오관련경제분쟁사안의 심리에 관한 약간 문제의 해답"[≪最高人民法院矢于审理涉港澳经济纠纷案件若干问题的解答≫(法(经)发[1987]28号)](1987. 10. 19 시행) 제3조 제2항의 규정에 따라 홍콩·마카오관련사안은 법률적용에 있어서는 섭외사안으로 본다(이홍숙, 2013, p.89). 영국은 1975년에 뉴욕협약에 가입하였고 1977년에 뉴욕협약의 효력을 홍콩에까지 확대하여 적용함으로써 홍콩도 영국을 따라 뉴욕협약체약국의 권리와 의무를 지게 되었다(林一飞编著,2006,第220页). 1997년 7월 1일 홍콩의 주권이 중국에 반환된 후 중국정부는 즉시 뉴욕협약가입시의 선언에 따라 뉴욕협약의 영토적용범위를 홍콩까지 확대하였다 (Available at http://www.uncitral.org/uncitral/en/uncitral_texts/arbitration/NYConvention_status.html, 2014년 4월 11일 방문).

5[43)]	"Arbitration: ICC Rules, Shanghai shall apply."
	당사자가 중재조항의 효력을 판단하는 준거법을 약정하지 않은 경우에는 중재조항의 효력을 판단하는 준거법의 일반원칙에 따라 중재지법을 적용하여 중재조항의 효력을 인정하여야 한다. [중재지법 적용. 판시결과: 중재조항은 무효하다.]
6[44)]	"계약을 이행함으로써 발생하거나 계약과 관련된 모든 분쟁은 쌍방 당사자가 우호적인 협상을 통하여 해결하여야 한다. 협상으로 해결되지 않은 경우에는 중국의 중재기관에 중재를 제기할 수 있으며 기타 중재기관에 중재를 제기할 수도 있다."
	당사자는 중재조항의 효력을 판단하는 준거법을 약정하지 않았고 중재지에 대해서도 명확한 약정을 하지 않았기 때문에 본 사안은 법정지법, 즉 중국법률에 따라 중재조항의 효력을 결정하여야 한다. [법정지법 적용. 판시결과: 중재조항은 무효하다.]
7[45)]	"본 계약과 관련하여 분쟁이 발생한 경우에는 쌍방 당사자는 협상을 통해 해결하여야 한다. 합의를 달성할 수 없는 경우에는 제3국에 중재를 신청한다."
	본 사안에서 당사자는 중재조항의 효력을 판단하는 준거법을 명확히 약정하지 않았고 중재지도 명확히 약정하지 않았기 때문에 법정지법, 즉 중국법률에 따라 중재조항의 효력을 인정하여야 한다. [법정지법 적용. 판시결과: 중재조항은 무효하다.]
8[46)]	"본 계약을 해석하거나 이행함에 있어서 발생한 모든 분쟁은 쌍방 당사자들이 우호적인 협상을 통하여 해결하여야 한다. 만약 협상이 개시된 후 60일 내에 화해가 이루어지지 않은 경우에는 어느 한 일방이라도 당해 분쟁을 ICC의 조정과 중재규칙에 따라 중재를 신청할 수 있다. 중재는 스위스 취리히에서 진행하여야 한다. ……(이하 생략)……"
	다년간의 사법실천과 ≪회의요록2005≫에서 결정한 원칙에 따르면 …… 당사자가 계약에서 중재조항효력의 준거법을 명확히 약정한 경우에는 그 약정한 법률을 적용하여야 한다. 중재조항의 효력의 준거법을 약정하지 않았으나 중재지를 약정한 경우에는 중재지국 또는 중재지 지역의 법률을 적용하여야 한다. …… 본 사안에서는 당사자들이 중재조항의 효력을 결정하는 준거법을 명확히 약정하지 않았기 때문에 당사자들이 약정한 중재지인 스위스의 법률을 적용하여 중재합의의 효력을 판단하여야 한다. [중재지법 적용. 판시결과: 중재조항은 유효하다.]

43) ≪最高人民法院关于德国旭普林国际有限公司与无锡沃可通用工程橡胶有限公司申请确认仲裁协议效力一案的请示的复函≫(2004年7月8日)([2003]民四他字第23号).

44) ≪最高人民法院关于申请人日本双叶被服有限会社申请确认仲裁协议效力案件的请示的复函≫(2004年9月8日)([2004]民四他字第30号).

45) ≪最高人民法院关于日中经济信息投资咨询公司诉宁波奇峰企业有限公司加工合同一案人民法院能否受理的请示的复函≫(2005年9月9日)([2005]民四他字第40号).

46) ≪最高人民法院关于确认仲裁协议效力请示的复函≫(2006年3月9日)([2006]民四

9[47]	"본 계약을 이행함에 따라 발생한 모든 분쟁은 양 당사자가 우호적인 협상을 통하여 해결하여야 한다. 협상에 의해 합의가 이루어지지 않은 경우에는 중재에 의해 해결하여야 한다. 중재지는 중국북경이고 ICC의 관련규칙에 따라 중재하며 중국어와 영어를 모두 사용할 수 있다. 중재는 종국적이며 양 당사자에 대해 모두 구속력을 갖는다. 중재비용은…… (이하 생략)."
	당사자는 중재조항의 효력을 판단하는 준거법을 약정하지 않았기 때문에 당사자가 약정한 중재지의 법률, 즉 중국법을 적용하여 당해 중재조항의 효력을 판단하여야 한다. [중재지법 적용. 판시결과: 중재조항은 무효하다.]
10[48]	"본 계약하에서 또는 본 계약과 관련되는 모든 분쟁 및 우호적인 협상을 통해 해결할 수 없는 모든 분쟁은 중재를 통해 해결하여야 한다. 중재원은 관련 사실과 상황을 고려하여 계약조건에 따라 중재판정을 내려야 하고, 계약조건에 따라 해결이 되지 않은 경우에는 관련 스위스의 법률규정을 적용하여야 한다. 중재는 (스위스의) 제네바에서 진행하며, 중재결과는 종국적이고 양 당사자에 대해 모두 구속력을 갖는다. 중재의 공식 언어는 영어이다."
	다년간의 사법실천과 ≪회의요록2005≫에서 결정한 원칙에 따르면…… 당사자가 계약에서 중재조항의 효력의 준거법을 명확히 약정한 경우에는 그 약정한 법률을 적용하여야 한다. 중재조항의 효력의 준거법을 약정하지 않았으나 중재지를 약정한 경우에는 중재지국 또는 중재지 지역의 법률을 적용하여야 한다. 본 사안에서 당사자는 중재조항의 효력을 판단하는 준거법을 약정하지 않았기 때문에 당사자가 약정한 중재지, 즉 스위스의 법률을 중재조항의 효력을 판단하는 준거법으로 적용하여야 한다. [중재지법 적용. 판시결과: 중재조항은 유효하다.]
11[49]	"본 계약을 이행하는 과정 중에 발생한 모든 분쟁은 우호적인 협상을 통하여 해결하여야 한다. 쌍방에 의한 우호적인 협상을 통한 해결이 되지 않은 경우에는 쌍방이 모두 승인하는 제3국에 중재를 신청하여야 한다."
	쌍방은 중재조항의 효력을 판단하는 준거법을 약정하지 않았고 중재조항에 중재지와 중재기관에 대한 약정도 없다. ≪중재법해석2006≫ 제16조의 규정에 따르면 "섭외중재합의의 효력에 대한 심사는 당사자가 약정한 법률을 적용한다. 당사자가 준거법을 약정하지 않았으나 중재지를 약정한 경우에는 중재지법을 적용한다. 준거법을 약정하지 않았고 또한 중재지도 약정하지 않았거나 중재지의 약정이 불명확한 경우에는 법정지법을 적용한다." 따라서 본 사안은 법정지법, 즉 중국법을 적용하여 중재조항의 효력을 인정하여야 한다. [법정지법 적용. 판시결과: 중재조항은 무효하다.]

他字第1号).

47) ≪最高人民法院关于仲裁条款效力请示的复函≫(2006年4月26日)([2006]民四他字第6号).

48) ≪最高人民法院关于江门市华尔润玻璃有限责任公司诉斯坦因·霍特公司¯ 上海斯坦因·霍特迈克工业炉有限公司产品责任纠纷案有关仲裁条款效力的请示的

12[50]	"본 계약을 이행하는 동안 분쟁이 발생한 경우에는 쌍방이 우호적인 협력에 기초하여 협상으로 해결하여야 한다. 협상이 달성되지 않은 경우에는 북경중재기관에 중재를 신청하여야 한다."
	≪중재법해석2006≫제16조의 규정에 따르면 "섭외중재합의의 효력에 대한 심사는 당사자가 약정한 법률을 적용한다. 당사자가 준거법을 약정하지 않았으나 중재지를 약정한 경우에는 중재지법을 적용한다. 준거법을 약정하지 않았고 또한 중재지도 약정하지 않았거나 중재지의 약정이 불명확한 경우에는 법정지법을 적용한다." 본 사안에서 당사자는 준거법을 약정하지 않았고 중재지에 대해서도 약정하지 않았기 때문에 본 사안은 법정지법, 즉 중국법을 적용하여 중재조항의 효력을 판단하여야 한다. [법정지법 적용. 판시결과: 중재조항은 무효하다.]
13[51]	"본 계약을 이행하는 과정 중에 분쟁이 발생한 경우에는 우선 협상을 통해 해결하여야 한다. 협상에 의한 합의가 이루어지지 않은 경우에는 당사자들(3자)은 영어버전의 계약에 따라 영국국제경제무역중재위원회에 중재를 신청하는 것에 동의한다."
	≪중재법해석2006≫제16조의 규정에 따르면 "섭외중재합의의 효력에 대한 심사는 당사자가 약정한 법률을 적용한다. 당사자가 준거법을 약정하지 않았으나 중재지를 약정한 경우에는 중재지법을 적용한다. 준거법을 약정하지 않았고 또한 중재지도 약정하지 않았거나 중재지의 약정이 불명확한 경우에는 법정지법을 적용한다." 본 사안에서 당사자들은 중재조항에 준거법을 약정하지 않았고 중재지도 약정하지 않았기 때문에 법정지법, 즉 중국법을 적용하여 중재조항의 효력을 심사하여야 한다. [법정지법 적용. 판시결과: 중재조항은 무효하다.]
14[52]	"피고인 소재지국(country of defendant)[53]의 중재기관에 중재를 신청하여야 한다."
	본 사안의 양 당사자는 중재의 의사가 존재한다는 사실에 이의가 없고, 다만 중재조항 중의 "country of defendant"의 약정에 대한 해석이 불일치할 뿐이다. 그러나 어떻게 해석되든 중국에서 중재를 진행하겠다는 당사자들의 의사표시에는 영향이 없다. 따라서 본 사안은 ≪중재법해석2006≫제16조의 규정에 따라 중국법을 적용하여 중재조항의 효력을 심사하여야 한다. [중재지법 적용. 판시결과: 중재조항은 무효하다.]

复函≫(2006年5月16日)([2006]民四他字第9号).

49) ≪最高人民法院关于四川华宏国际经济技术投资有限公司诉韩国韩华株式会社买卖合同纠纷一案仲裁条款效力问题的请示的复函≫(2007年8月24日)([2007]民四他字第13号).

50) ≪最高人民法院关于加拿大摩耐克有限公司申请确认仲裁条款无效一案的请示的答复≫(2008年8月14日)([2008]民四他字第24号).

51) ≪最高人民法院关于马山集团有限公司与韩国成东造船海洋株式会社´荣成成东造船海洋有限公司委托合同纠纷一案仲裁条款效力的请示的答复≫(2008年

	"1. 본 계약을 이행함으로써 또는 부록을 포함하여 본 계약과 관련하여 발생하는 모든 분쟁은 우호적인 협상을 통해 해결한다. 2. 협상을 통한 합의가 이루어지지 않은 경우에는 분쟁을 중재에 회부하여야 한다. 중재는 ICC의 조정 및 중재규칙에 따라 진행한다. 일방이 중재를 신청한 경우에는 중재지는 상대방에 의해 선택한다. 3. 중재판정은 최종적이며 양 당사자에 대해 구속력을 갖는다 ……."
15⁵⁴⁾	중재합의의 독립성 및 사법실천에 의한 보편적 원칙에 따라 당사자가 약정한 주된 계약에 적용할 법률은 중재합의의 유효성을 판단하는 준거법으로 간주할 수 없다. 중재합의에 "일방이 중재를 신청한 경우에는 중재지는 상대방에 의해 선택한다"고 되어 있으나 당사자가 중재를 신청하지 않았기 때문에 상대방에 의한 중재지의 선택문제가 존재하지 않으며, 이에 따라 중재지에 대한 약정이 없다. 따라서 ≪중재법해석2006≫제16조의 규정에 따라 법정지법인 중국법을 적용하여 중재합의의 효력을 심사하여야 한다. 본 사안에서 당사자는 중재합의에서 "중재는 ICC의 조정 및 중재규칙에 따라 진행한다"고 약정하고는 있으나 중재기관을 약정하지는 않았고 또한 ICC중재규칙에 의해서도 중재기관을 결정할 수 없고, 이에 대해 사후 보완하는 합의도 이루어지지 않았기 때문에 ≪중재법1995≫제16조, 제18조 및 ≪중재법해석2006≫제4조에 따라 중재합의는 무효라고 인정하여야 한다. [법정지법 적용. 판시결과: 중재합의는 무효하다.]
	"본 계약의 이행과정 중에 발생하는 논쟁 또는 분쟁은 우호적인 협상에 의해 해결하여야 한다. 협상에 의한 합의가 이루어지지 않은 경우에는 북경에서 중재를 신청하여야 하며 중재판정은 최종적이다."
16⁵⁵⁾	본 계약에서 당사자들은 중재합의에 적용할 법률을 약정하지 않았으나 중재지를 북경으로 약정하였다. ≪중재법해석2006≫제16조의 규정에 따라 본 사안은 중재지법, 즉 중국법을 적용하여 중재합의의 효력을 심사하여야 한다. [중재지법 적용. 판시결과: 중재조항은 무효하다.]

주: <표 1> 안의 [ ] 안은 저자가 추가.

10月30日)([2008]民四他字第26号).

52) ≪最高人民法院关于申请人长沙新治实业有限公司与被申请人美国Metals plus国际有限公司申请撤销仲裁裁决一案请示的复函≫(2008年11月18日)([2007]民四他字第43号).

53) 본 사안에서 양 당사자는 중재조항에 약정한 "country of defendant"에 대한 해석이 다르기 때문에 중재조항에 대한 해석도 다를 수밖에 없다. 신청인(长沙新治实业有限公司)은 "country of defendant"을 "피고인의 소재지국"으로 해석하여 "피고인 소재지국(중국)의 중재기관에 중재를 신청하여야 한다"고 주장하고 피신청인(美国 Metals plus国际有限公司)은 "피고인의 소재지"로 해석하여 "피고인 소재지(长沙)의 중재기관에 신청하여야 한다"고 주장하였다. 최고인민법원은 양 당사자가 서로 다른 나라에 속하기 때문에 "country of defendant"를 "피고인의 소재지국"으로 번역하는 것이 더 합리적이라고 인정하였다.

2. 판례에 대한 분석

<표 1>의 판례 중 판례1~판례13, 판례15 및 판례16은 중재합의의 승인단계에서, 판례14는 중재판정의 취소단계에서 중재합의의 유효성이 법원의 심사대상이 되고 있다. 중재합의의 효력인정에 관한 중국법원의 판례를 보면 실제적으로도 <표 1>에서 본 바와 같이 중재합의의 승인단계, 즉 방소항변으로 중재합의의 유효성이 다투어지는 경우가 압도적으로 많다.

<표 1>의 판례 중 중재조항에 중재조항의 유효성을 판단하는 기준이 되는 준거법을 약정한 것은 한 건도 없다. 이 중 판례2, 판례4, 판례5, 판례8, 판례9, 판례10, 판례16에서는 명확한 중재지를, 판례1, 판례3은 어느 특정 중재기관만을, 판례15는 어느 특정 중재규칙과 불명확한 중재지를 약정하였으며, 판례6, 판례7, 판례11~14는 불명확한 중재지나 불명확한 중재기관이 약정되어 있다.

Ⅱ에서 살펴본 바와 같이 중재지가 중국이 아닌 기타 뉴욕협약의 체약국으로 약정되어 있는 경우에는 중재합의의 실질적 유효성의 준거법은 뉴욕협약 제5조 제1항 a호의 연결원칙을 적용(또는 유추적용)하여 결정한다. 한편 중재지가 중국인 경우에는 ≪중재법해석 2006≫(제16조)을 따른다.

---

54) ≪最高人民法院关于泰州浩普投资公司与WICOR HOLDING AG中外合资经营企业合同纠纷一案请示报告的复函≫(2012年3月1日)([2012]民四他字第6号).
55) ≪ 最高人民法院关于湖北三江航天万山特种车辆有限公司与挪威NRS公司承揽合同纠纷一案仲裁条款效力问题请示的复函≫(2012年10月30日)([2012]民四他字第49号).

2.1. 중재조항에서 중재지를 명확히 약정한 경우

판례2, 판례4, 판례8, 판례10의 경우 중재지가 각각 뉴욕협약의 체약국인 영국, 홍콩,56) 스위스(취리히), 스위스(제네바)로 약정되어 있기 때문에 뉴욕협약의 제5조 제1항 a호의 연결원칙을 유추 적용하여 각각의 중재지법이 준거법으로 적용되어야 한다. 중국법원은 판례4, 판례8 및 판례10의 경우 모두 중재지법을 준거법으로 적용하였으나, 판례2의 경우에는 직접 법정지[중국]법을 적용하여 중재조항은 효력이 없다고 판시하였다(중재지법인 영국법이 적용되었다면 중재조항은 유효하다).

판례5와 판례9 및 판례16에서는 중재조항에 중재지를 중국으로 약정하였기 때문에 판례5와 판례9는 ≪중재법해석2006≫의 시행 전이기 때문에 ≪연설1998≫에서의 법률적용의 원칙에 따라 중재지법인 중국법(≪중재법1995≫)이 적용되고 판례16은 ≪중재법해석2006≫(제16조)에 따라 중재지법인 중국법(≪중재법1995≫)이 준거법으로 적용되어야 한다. 이에 중국법원은 판례5와 판례9에서는 ≪중재법1995≫(제16조 및 제18조)를 적용하여 중재기관의 약정이 없다고 하여 중재조항이 무효하다고 판시하였다. 판시결과는 맞지만 판례5와 판례9의 중재조항에는 각각 "ICC Rules"57)와 "ICC의 관련규칙"58)이 약정되어 있어 준거법으로 중국법이 적용되는 경우에는 ≪중재법1995≫(제16조) 상 중재기관의 약정을 중재합의의 유효요건으로 규정하고 있기 때문에 중재조항에 약정되어 있는 중재규칙에 대한 검

---

56) 앞의 각주 42 참조.
57) "ICC중재규칙"을 약정한 것으로 볼 수 있다.
58) "ICC중재규칙"을 약정한 것으로 볼 수 있다.

토가 필요하나[59] 중국법원은 이에 대한 고려가 전혀 없었다. 판례16의 판시결과는 타당하다고 본다.

2.2. 중재조항에서 중재지의 약정이 불명확한 경우

판례7과 판례11은 모두 중재지가 "제3국"으로 불명확하게 약정되어 있고, 중재지의 묵시적인 지정을 알 수 있는 중재기관이나 중재규칙에 대한 약정도 없기 때문에 중재지의 약정이 없다고 볼 수 있다. 따라서 준거법의 적용은 법정지법을 따른다. 중국법원의 판시결과는 타당하다고 본다.

판례15의 중재조항에서는 "…… 중재는 ICC의 조정 및 중재규칙에 따라 진행한다. 일방이 중재를 신청한 경우에는 중재지는 상대방에 의해 선택한다……"고 약정하고 있으나, 본 사안은 중재에 회부되지 않았기 때문에 중재지에 대한 지정은 존재하지 않는다. 그러나 중재조항에 ICC중재규칙을 약정하였기 때문에 이에 대한 검토가 필요하다. 만약 ICC중재규칙으로부터 중재지를 알 수 있다면 중재지법을 따라야 하고 그렇지 않는다면 법정지법인 중국법이 적용되어

---

59) 중재규칙은 당사자 간의 약정내용, 즉 중재조항의 약정내용으로 보며 이는 중재법의 강행규정에 반하지 않는 한 중재규칙을 규율하는 중재법(강행규정을 제외함)보다 우선 적용된다(김갑유, 2012, p.12 및 p.113; 이홍숙, 2013, pp.29-30). ≪중재법해석2006≫(제4조)에서도 "중재합의에 분쟁에 적용될 중재규칙에 대해서만 약정한 경우에는 중재기관을 약정하기 않은 것으로 간주한다. 그러나 당사자가 중재기관에 대한 보완합의를 하였거나 약정한 중재규칙으로부터 중재기관을 확인할 수 있는 경우에는 제외한다"고 규정하고 있다. 따라서 판례5 또는 판례9와 같이 약정한 경우에는 중재조항이 유효할 수도 있기 때문이다. 예컨대, ICC중재규칙(2012)이 시행 중인 현재에 만약 당사자가 중재조항에서 판례5 또는 판례9에서와 같이 약정한다면 중재조항은 유효하다. ICC중재규칙(2012) 제6조 제2항에 따르면 ICC중재규칙에 따라 중재하기로 합의한 당사자는 중재법원의 중재에 대한 관리를 수락한 것이 되므로 중재기관이 약정되어 있는 것으로 보기 때문이다.

야 한다. 본 사안에서는 ICC중재규칙으로부터 중재지를 알 수 없으
므로 법정지법인 중국법이 적용되어야 한다. 준거법이 중국법인 경
우에는 중재기관에 대한 약정이 있어야 중재합의가 유효하다. 본 사
안에서는 중재기관에 대한 명시적인 약정은 없고 ICC중재규칙으로
부터도 중재기관에 대한 약정을 알 수 없으므로 ≪중재법1995≫ 제
16조 및 제18조에 따라 중재조항은 무효하다. 판례15에 대한 중국
법원의 판시에도 ICC중재규칙에 대한 검토가 이루어졌지만 검토순
서상 타당하지 않다고 본다. 먼저 중재지의 약정이 있는지 여부와
관련하여 ICC중재규칙을 검토하여야 하는데, 이에 반해 중국법원은
먼저 중재지의 약정이 없다고 판단하고 법정지법인 중국법을 적용
한 후에 ICC중재규칙을 고려하여 중재기관의 약정 여부를 검토하고
있기 때문이다.

2.3. 중재조항에서 어느 특정 중재기관만 약정한 경우

중재조항에서 중재지의 약정이 없으나 어느 특정 중재기관이 약
정되어 있는 경우에는 그 특정 중재기관이 중재를 진행하게 된다면
적용하게 될 중재규칙의 내용을 살펴볼 필요가 있다. 앞에서도 언급
했듯이 중재규칙의 규정으로부터 중재지에 대한 묵시적인 선택이
있다고 볼 수 있는 경우가 있기 때문이다.

따라서 판례1[60]의 중재조항에 "중국국제무역촉진위원회대외경제

---

60) 판례1에서는 둘 이상의 중재기관을 약정하고 있는데, 중국법원은 "…… 당해 중재
조항은 중재기관에 대한 약정이 명확하며, …… 당사자는 약정한 중재기관 중의 어
느 하나를 선택하면 중재를 신청할 수 있다"고 판시하였다. 그러나 ≪중재법해석
2006≫ 제5조는 "중재합의에서 둘 이상의 중재기관을 약정한 경우에는 당사자는
합의에 의해 그중 어느 하나를 선택하여 중재를 신청할 수 있다. 당사자가 중재기
관의 선택에 대해 합의를 할 수 없는 경우에는 중재합의는 무효하다"고 규정함으로

무역중재위원회 또는 스웨덴스톡홀름상회중재원", 판례3에 "북경중국대외경제무역중재위원회"[61]가 약정되어 있기 때문에 해당 중재기관의 중재규칙에 대한 고려가 필요하다. 그러나 중국법원은 판례1과 판례3의 판시에서 이에 대한 검토가 전혀 없고 직접 법정지[중국]법을 적용하여 중재조항의 유효성을 판단하고 있다.

다만 중국법이 준거법으로 적용되는 경우 판례1과 같이 중재조항에 복수의 중재기관이 약정되어 있는 경우에는 ≪중재법해석2006≫의 시행 전에는 중재기관의 약정이 있다고 간주되어 중재조항이 유효하였지만 ≪중재법해석2006≫의 시행 후부터는 동법 제5조의 규정에 따라 중재기관의 약정이 없다고 간주될 수도 있기 때문에 주의가 필요하다.

2.4. 중재조항에서 명칭이 불명확한 중재기관만 약정한 경우

중재조항에 명칭이 불명확한 중재기관만 약정되어 있는 경우에는 어느 특정 중재기관을 지정하고 있는지를 알 수 없으므로 중재기관의 약정이 없다고 봐야 할 것이다. 판례6은 중재조항에서 "중국의 중재기관 또는 기타 중재기관"으로, 판례12는 "북경중재기관",[62] 판

써 사실상 판례1의 판시결과를 부정하고 있다(孙巍, 2011, 第48頁; 하현수, 2013, pp.178-179, 同旨). 따라서 둘 이상의 중재기관을 약정한 경우 중재합의의 유효성을 판단함에 있어 ≪중재법해석2006≫의 시행 전에는 중국법원은 긍정적인 태도를 보였으나 시행 후에는 부정적인 입장을 취하고 있다.

61) 중국법원은 판례3에서 중재조항에 약정한 "북경중국대외경제무역중재위원회"에 대해서는 중재지를 북경으로 약정한 것으로 인정하고 있다. 그러나 사견으로는 "북경중국대외경제무역중재위원회"는 "북경에 있는 중국대외경제무역중재위원회"로 해석하는 것이 타당하므로 본 판례3에서는 중재지에 대한 직접적인 약정은 없다고 봐야할 것이다.

62) 판례12의 중재조항에서 약정한 "북경중재기관"은 판례3에서 약정한 "북경중국대외경제무역중재위원회"와 같은 case로 "북경에 있는 중재기관"으로 해석하는 것이 타

례13은 "영국국제경제무역중재위원회",[63][64] 판례14는 "피고인 소재
지국(country of defendant)의 중재기관"이라고 약정하고 있으나 문언
상 어느 특정 중재기관을 지정한 것인지 알 수 없다. 따라서 판례6,
판례12, 판례13 및 판례14의 경우에는 중재조항에 중재지에 대한
명시적인 약정이 없고, 약정한 중재기관도 불명확하여 이로부터 중
재지에 대한 묵시적인 약정을 알 수 없기 때문에 법정지법[중국법]
이 준거법으로 적용되어야 한다. 중국법원의 판시결과는 타당하지
만, 중재지의 약정과 관련하여 중재기관에 대한 언급이 없었다는 점
이 아쉽다. 중재조항에 불명확한 중재기관이 약정되어 있더라도 이
를 언급하는 것이 타당하다고 본다.

3. 법률적용에 있어서의 문제점

전술한 중국법원의 판례들을 살펴보면 법률적용에 있어서 다음과
같은 문제점이 존재한다.

당하다. 중국법원은 판례12에서는 판례3에서와 다르게 중재지의 약정이 없다고 판
시하였다.

63) 영국에는 여러 중재기관이 있다. "영국국제경제무역중재위원회"는 그 명칭이 명확
하지 않아 영국의 어느 중재기관을 지칭하는 것인지 알 수 없으므로 중재기관에 대
한 약정이 없다고 봐야 할 것이다.

64) 만약 중재기관의 명칭을 "영국런던국제중재원(LCIA)"로 약정하였다면 당해 중재조
항은 유효하다. "런던국제중재원중재규칙"(1998)에 따르면 당사자가 런던국제중재
원에 의해 중재하기로 한 경우에는 "런던국제중재원중재규칙"(1998)에 따라 중재하
는 것을 동의한 것으로 간주되며(도입부 문언), 중재지를 지정하지 아니한 경우에는
중재지는 런던이 되며(제16조 제1항), 중재에 적용될 법(있다면)은 중재지의 중재법
이어야 한다(제16조 제3항)고 규정하고 있기 때문이다.

3.1. 법률적용의 근거에 있어 일관성의 결여

중국은 뉴욕협약의 체약국이기 때문에 중재합의의 실질적 유효성의 법률적용은 중재합의를 뉴욕협약이 적용되는 경우와 적용되지 않는 경우로 구분하여 살펴볼 필요가 있다.

중국법원의 판례에서 판례2, 판례8, 판례10은 판례4와 마찬가지로 중재지가 중국이 아닌 뉴욕협약의 체약국으로 약정되어 있지만 뉴욕협약의 적용에 대한 언급이 없으며 법률적용의 근거에 있어서도 일관성이 없다. 예컨대, 판례4의 경우 법률적용의 근거로서 뉴욕협약 제5조 제1항 a호를 따르고 있지만, 판례2는 직접 법정지법을, 판례8과 판례10은 사법실천과 ≪회의요록2005≫에서 정한 원칙을 따르고 있다. 다만 시기별로 중국법원의 법률적용의 근거를 살펴보면 다음의 특징을 갖고 있다.

(1) 중재법(1995)의 제정~90년대 후기(판례1~3)

90년대 후기 전에는 중국의 사법영역에서는 중재합의에 적용될 준거법에 대한 충분한 인식을 갖지 못하였다(中国国际经济贸易仲裁委员会编, 2010, 第34页). 1995년에 ≪중재법1995≫가 제정되었으나 중재합의의 법률적용에 관한 규정을 두지 않았다. 따라서 이 시기에는 사법실천에서는 뉴욕협약상의 중재합의의 법률적용에 관한 규정을 중요시하지 않았기 때문에 뉴욕협약이 적용되는 중재합의를 포함하여 중재합의의 효력을 판단함에 있어서 직접 법정지법, 즉 중국법을 적용한 문제점이 존재한다(中国国际经济贸易仲裁委员会编, 2010, 第34页).

(2) ≪연설1998≫의 발표~≪중재법해석2006≫의 시행 전
    (판례5~10)

국제상사중재에서 중재합의의 실질적 유효성의 법률적용에 대한
중국법원의 인식제고와 실천경험의 증가와 함께 종전 법률적용상 갖
고 있는 오해와 부당처리를 시정하기 위해 1998년에 그 이후의 사
안처리에 광범위한 영향을 미친 ≪연설1998≫을 내놓았다(最高人民法
院经济审判庭编, 1999, 法律出版社, 第17页). 앞 장에서 언급한 바와 같
이 ≪연설1998≫에서 주장한 법률적용원칙의 내용은 뉴욕협약으로부
터의 유추적용설과 일치하다. 뉴욕협약의 유추적용설과 관련된 대표
적인 판례는 앞의 판례4이다. 다만 ≪연설1998≫은 이를 뉴욕협약하
의 중재합의에 한정하여 적용하지 아니하고 모든 섭외중재합의에 확
대하여 적용하였다(中国国际经济贸易仲裁委员会编, 2010, 第36页).

(3) ≪중재법해석2006≫의 시행 이후 ~≪법률적용법2011≫의 시
    행 전(판례11~16)

2006년부터 시행된 ≪중재법해석2006≫(제16조)에서는 중재합의
의 유효성이나 효력을 심사할 때 적용하여야 할 법률에 대해 뉴욕협
약(제5조 제1항 a호)의 유추적용설의 내용과 동일하게 1차적으로 당
사자가 지정한 준거법을 적용하고 2차적으로 중재지의 법률을 적용
하며, 준거법도 약정하지 아니하고 또한 중재지도 약정하지 아니하
거나 또는 중재지의 약정이 명확하지 아니한 경우에는 법정지의 법
률을 적용한다고 규정함으로써 동 사법해석이 시행된 이후에는 중
국법원은 이를 법률적용의 근거로 삼고 있다.

3.2. 소송절차의 각 단계에서 준거법의 분리적용

중재합의의 준거법적용에 관한 중국법원의 판례를 총체적으로 살펴보면 중재합의의 승인단계에서는 앞의 판례4를 제외하고는 중재합의가 뉴욕협약의 적용을 받는지 여부를 구분하지 않고 앞에서 언급한 시기별로 각각 법정지법, ≪연설1998≫에 확립한 중재조항의 효력을 판단하는 준거법의 일반원칙, 사법실천과 ≪회의요록2005≫에서 확립한 원칙을 적용해오다가 그 뒤를 이어 ≪중재법해석2006≫과 ≪법률적용법2011≫상의 저촉규범을 따르고 있으며, 중재합의의 승인 및 집행단계에서는 뉴욕협약의 제5조 제1항 a호의 규정을 따르고 있다.

3.3. 중재조항에서 약정한 중재규칙이나 중재기관에 대한 검토가 부족

중재조항에서 약정한 중재규칙 또는 중재기관은 당사자 간에 약정한 중재합의의 내용에 해당되기 때문에 중재조항에 중재지가 약정되어 있지 않은 경우에는 해당 중재조항에 약정되어 있는 중재규칙 또는 중재기관으로부터 중재지에 대한 묵시적인 약정이 있는지 여부에 대한 검토가 이루어져야 하고 그에 대한 언급이 있어야 한다. 그러나 중국법원은 판시에서 예컨대, 판례1과 판례3에서는 이에 대한 검토나 언급이 없다. 그리고 예컨대, 앞의 판례15와 같이 중재기관 또는 중재규칙에 대한 검토가 있더라도 설득력이 있는 설명이 부족하거나 검토결과에 일관성이 없다.[65]

---

65) ≪最高人民法院关于山东墨龙石油机械股份有限公司与离岸公司(HIGH SEALED AND COUPLED S.A.L)买卖合同纠纷一案中仲裁条款效力问题的请示的复函≫

Ⅳ. 시사점 및 결론

무역거래에서 당사자 간에 발생한 분쟁을 중재로 해결하기 위해서는 유효한 중재합의가 존재하여야 한다. 그렇지 않으면 분쟁에 대한 법원의 소송관할권을 배제할 수 없다.

실무에서 중재합의의 유효요건의 하나로서의 중재합의의 실질적 유효성은 중재합의의 승인단계, 중재판정의 취소단계, 중재판정의 승인 및 집행단계에서 당사자 간에 다투어질 수 있다. 이러한 경우에는 법원의 심사대상이 되어 법원이 그에 적용되는 준거법을 적용하여 중재합의의 유효성을 판단하게 된다.

중재합의의 실질적 유효성의 법률적용과 관련하여 중국은 90년대 후기 전에는 직접 법정지법이 적용되었고 그 후에(≪법률적용법 2011≫의 시행 전까지)는 중재합의가 뉴욕협약의 적용을 받든 받지 아니하든 당사자가 지정한 법이 있으면 그 지정한 법을 따르고 지정이 없으면 중재지법을 따르며, 지정한 법과 중재지가 모두 없는 경우에는 법정지법을 따르고 있다. 그러나 앞에서 중국법원의 판례에 대한 분석을 통해 알 수 있듯이 중국법원은 사법실천에서 법률을 적용함에 있어 여러 문제점이 존재한다. 따라서 중국에서 분쟁해결방법으로 중재를 이용하고자 하는 한·중무역당사자들은 무역계약 체결 시 유효한 중재조항의 약정을 위해서는 중재조항의 실질적인 내용에 대한 신중한 검토가 필요하다.

(2010年7月5日)([2010]民四他字第40号)에서도 판례15와 동일하게 ICC중재규칙이 약정되어 있음에도 불구하고 최고인민법원은 ICC중재규칙에 따라 중재기관이 ICC중재법원이라는 것을 확인할 수 있기 때문에 당사자 간에 중재기관에 대한 약정이 있다고 인정한 바 있다. 이는 판례15와 상반된 결과이다.

첫째, 중재합의의 법률적인 의미와 효과에 대한 이해와 중재합의의 실질적 유효성에 관한 중국법원의 법률적용원칙에 대한 시기별 변천에 따른 전반적인 이해가 필요하다.

둘째, 중국에서 주된 계약의 준거법조항에서 약정한 주된 계약, 즉 분쟁의 실체에 적용될 준거법은 중재조항의 준거법으로 간주되지 않는다는 점에 주의해야 한다.

셋째, 실무에서 당사자들은 중재조항을 약정할 때 보통 중재조항의 준거법을 약정하지 않기 때문에 중국의 경우 중재합의의 실질적 유효성의 법률적용에 있어서는 결과적으로 중재지의 약정이 있느냐의 여부에 따라 중재지법 또는 법정지[중국]법이 적용된다. 여기서 중재지의 약정은 중재조항에서의 중재지에 대한 명시적인 약정 외에 중재조항에서 약정한 중재규칙이나 중재기관으로부터 알 수 있는 중재지에 대한 묵시적인 약정도 포함된다. 그러나 중국법원은 중재지를 판단할 때 중재지의 묵시적인 약정에 따른 검토나 설명이 부족하다. 따라서 중재조항에 중재기관 또는 중재규칙을 약정하였다 하더라도 중재지를 명시하는 것이 바람직하며, 이러한 중재지는 또한 중재판정의 승인 및 집행을 고려하여 뉴욕협약의 체약국을 중재지로 정하는 것이 바람직하다. 한편 중재지는 국가나 도시 등이 불분명하게 사용되는 경우가 있고 미국과 같이 주마다 서로 다른 관할과 법제를 가지고 있는 국가도 있기 때문에 이로써 야기되는 불확실성과 착오를 방지하기 위해서는 특정 도시를 언급하는 것이 보다 적절하다(유병욱, 2007, p.109). 또한 앞의 판례14에서의 "country of defendant"와 같은 모호한 표현이나 "제3국" 또는 "중재지는 상대방에 의해 선택한다"와 같은 표현도 피하는 것이 좋다.

넷째, 중재지를 중국으로 약정한 경우에는 중재지법인 중국법이 적용되므로 중재기관이 약정되어 있는지 나아가 중재기관의 명칭이 정확하게 작성되어 있는지에 대한 충분한 주의가 필요하며, 둘 이상의 중재기관이 약정되어 있는 경우에는 ≪중재법해석2006≫이 시행 후부터는 원칙적으로 중재기관이 약정되어 있지 않은 것으로 간주됨에 유의할 필요가 있다. 이 밖에 중재조항에 "중재 또는 소송을 분쟁해결방법으로" 정한 이른바 선택적 중재합의(optional arbitration agreement)[66]도 피해야 한다.[67]

다섯째, 중재합의의 유효성의 판단과 관련하여 중국의 사법실천을 보면 중재합의의 승인단계에서는 중재합의의 준거법적용에 관한 중국의 저촉규범을 따르고 있으므로 ≪중재법해석2006≫ 및 ≪법률적용법2011≫에 따라 준거법이 적용된다. 그러나 ≪법률적용법2011≫(제18조)에 따르면 중재합의의 준거법에 대한 당사자의 선택이 없는 경우에는 중재기관소재지법률 또는 중재지법을 적용하기 때문에 중재합의에 중재합의의 준거법 및 중재지에 대한 당사자의 약정이 없는 경우에는 중재조항에 약정되어 있는 중재기관의 소재지의 법률이 준거법으로 적용될 수 있음에 주의해야 한다.

끝으로 중재가 기관중재를 이용하고자 하는 경우에는 각 중재기관에서 권고하고 있는 표준중재조항[68]을 참조하여 중재조항을 작성

---

66) 분쟁해결방법으로 중재를 유일한 방법으로 지정하지 않고 소송과 선택적인 방법으로 지정되는 경우를 말한다(김갑유, 2012, p.67).

67) ≪중재법해석2006≫ 제7조에 따르면 당사자가 분쟁을 중재기관에 중재를 신청할 수 있고 인민법원에 소를 제기할 수도 있다고 약정한 경우에는 중재합의는 무효하다. 다만 일방 당사자가 중재기관에 중재를 신청하고 상대방이 중재법 제20조 제2항이 규정한 기간 내에 이의를 제기하지 않은 경우에는 제외된다.

68) 주요 중재기관의 표준중재조항은 다음과 같다.

하고, 임시중재인 경우에는 UNCITRAL⁶⁹⁾에서 권장하고 있는 표준

(1) ICC(International Chamber of Commerce)의 표준중재조항:
"All disputes arising out of or in connection with the present contract shall be
finally settled under the Rules of Arbitration of the International Chamber of
Commerce by one of or more arbitrators appointed in accordance with the said
Rules.
The parties may also wish to stipulate in the arbitration clause:
the law governing the contract;
the number of arbitrators;
the place of arbitration; and/or
the language of the arbitration."
(Available at http://www.iccwbo.org/products-and-services/arbitration-and-adr/
arbitration/standard-icc-arbitration-clauses/, 2014년 4월 4일 방문)

(2) LCIA(London Court of International Arbitration)의 표준중재조항:
"Any dispute arising out of or in connection with this contract, including any
question regarding its existence, validity or termination, shall be referred to and
finally resolved by arbitration under the LCIA Rules, which Rules are deemed to
be incorporated by reference into this clause.
The number of arbitrators shall be [one/three].
The seat, or legal place, of arbitration shall be [City and/or Country].
The language to be used in the arbitral proceedings shall be [   ].
The governing law of the contract shall be the substantive law of [   ]."
(Available at http://www.lcia.org/Dispute_Resolution_Services/LCIA_Recommended_
Clauses.aspx, 2014년 4월 4일 방문)

(3) SCC(Stockholm Chamber of Commerce Arbitration Institute)의 표준중재조항:
"Any dispute, controversy or claim arising out of or in connection with this
contract, or the breach, termination or invalidity thereof, shall be finally settled by
arbitration in accordance with the Arbitration Rules of the Arbitration Institute of
the Stockholm Chamber of Commerce.
Recommended additions:
The arbitral tribunal shall be composed of three arbitrators/a sole arbitrator.
The seat of arbitration shall be [···].
The language to be used in the arbitral proceedings shall be [···].
This contract shall be governed by the substantive law of [···]."
(Available at http://www.sccinstitute.com/english-14.aspx, 2014년 4월 4일 방문)

(4) CIETAC의 표준중재조항(아래의 둘 중에서 하나를 선택):
"Any dispute arising from or in connection with this Contract shall be submitted
to China International Economic and Trade Arbitration Commission(CIETAC)for
arbitration which shall be conducted in accordance with the CIETAC's arbitration
rules in effect at the (time of applying for arbitration. The arbitral award is final
and binding upon both parties."
"Any dispute arising from or in connection with this Contract shall be submitted to

중재조항70)을 참조하는 것이 바람직하다.71) 다만 중재지를 중국으로 약정한 경우거나 중재조항의 약정내용에 따라 중재조항의 준거법으로 중국법이 적용되는 경우에는 중국이 임시중재를 인정하지 않는 관계로 기관중재를 이용해야 함에 유의해야 한다.

<hr />

China International Economic and Trade Arbitration Commission (CIETAC)_____Sub-Commission (Arbitration Center) for arbitration which shall be conducted in accordance with the CIETAC's arbitration rules in effect at the time of applying for arbitration. The arbitral award is final and binding upon both parties."
(Available at http://cn.cietac.org/Help/index.asp?hangye=3, 2014년 4월 4일 방문)

(5) KCAB(Korean Commercial Arbitration Board)의 표준중재조항:
"Any dispute arising out of or in connection with this contract shall be finally settled by arbitration in Seoul in accordance with the International Arbitration Rules of the Korean Commercial Arbitration Board.
The number of arbitrators shall be [one/three].
The seat, or legal place, of arbitration shall be [City/Country].
The language to be used in the arbitral proceedings shall be [language]."
(Available at http://www.kcab.or.kr/jsp/kcab_kor/arbitration/arbi_03_02.jsp?sNum=2&dNum=1&pa, 2014년 6월 26일 방문)

69) United Nations Commission on International Trade Laws(국제연합국제거래법위원회).

70) UNCITRAL의 표준중재조항:
"Any dispute, controversy or claim arising out of or relating to this contract, or the breach, termination or invalidity thereof, shall b settled by arbitration in accordance with the UNCITRAL Arbitration Rules. (a) The number of arbitrators shall be ······ [one or three];(b) The place of arbitration shall be ······ [town and country]; (c) The language to be used in the arbitral proceedings shall be ·······."
(Available at http://www.uncitral.org/pdf/english/texts/arbitration/arb-rules-revised/pre-arb-rules-revised.pdf, p.21, 2014년 4월 4일 방문)

71) 중재기관 선택에 따른 고려사항은 오원석, 정희진, 2012, pp.63-99 참조.

참고문헌

김갑유(2004), 「중재합의의 유효성판단과 그 준거법」, 『인권과 정의』 331호, pp.176-179.

김갑유(2012), 『중재실무강의』, 서울: 박영사, pp.12-126

목영준(2011), 『상사중재법』, 서울: 박영사, pp.43-73.

석광현(2007), 『국제상사중재법연구』 제1권, 서울: 박영사, pp.103-131.

손경한·심현주(2013), 「중재합의에 대한 새로운 고찰」, 『중재연구』 제23권 제1호, p.57.

오원석·정희진(2012), 「국제상사계약에서 중재조항 삽입 시 중재기관 선택에 따른 고려사항」, 『무역상무연구』 제55권, pp.63-99.

유병욱(2007), 「국제상사중재합의의 요건과 내용에 관한 연구」, 『무역학회지』 제32권 제4호, p.109.

윤충원·하현수(2007), 「중국의 중재법상 중재기관 약정과 관련한 중재합의 유효요건에 관한 사례연구」, 『무역학회지』 제32권 제3호

이시환(2011), 「중국에서의 국제상사중재합의 유효성에 관한 연구」, 『무역상무연구』 제50권.

이홍숙(2013), 「중국 내 소송과 중재에서 준거법결정에 관한 연구」, 성균관대학교 대학원 박사학위논문, pp.2-30.

하현수(2012), 「중국의 국제상사중재합의 효력에 관한 연구」, 『중재연구』 제22권 제3호.

하현수(2013), 「중국의 하자중재합의 효력 인정에 관한 연구」, 『관세학회지』 제14권 2호, pp.170-179.

高曉力(2013), "最高人民法院《關于适用<中華人民共和國涉外民事關系法律适用法>若干問題的解釋(一)》解讀", 載《法律

　　　适用≫ 第3期, 第43頁.

林一飛編著(2006), ≪中國國際商事仲裁裁決的執行≫, 對外經濟
　　　貿易大學出版社, 第220頁.

劉曉紅(2005), ≪國際商事仲裁協議的法理与實証≫, 商務印書館,
　　　第267-268頁.

孫巍(2011), ≪中國商事仲裁法律与實務≫, 北京大學出版社, 第48頁.

万鄂湘主編(2013a), ≪涉外商事海事審判指導≫(總第24輯), 人民法
　　　院出版社, 第93-97頁.

万鄂湘主編(2013b), ≪涉外商事海事審判指導≫(總第25輯), 人民
　　　法院出版社, 第136-139頁.

趙秀文(2002), ≪國際商事仲裁及其适用法律研究≫, 北京大學出
　　　版社, 第35-324頁.

趙秀文(2010), ≪國際商事仲裁法原理与案例敎程≫, 法律出版社,
　　　第81-82頁.

中國國際經濟貿易仲裁委員會編(2010), ≪紐約公約与國際商事仲
　　　裁的司法實踐≫, 法律出版社, 第21-36頁.

最高人民法院經濟審判廳編(1999), ≪經濟審判指導与參考≫(第1卷),
　　　法律出版社, 第17頁.

最高人民法院最高人民檢察院司法解釋与指導案例編寫組編(2011),
　　　≪最高人民法院最高人民檢察院司法解釋与指導案例·商
　　　事卷≫(第二版), 中國法制出版社, 第1198-1326頁.

A. J. Van den Berg(1981), *The New York Arbitration Convention of
　　　1958*, Kluwer Law and Taxation, pp.126-186.

Alan Redfern, Martin Hunter, Nigel Balckaby, Constantine Partasides
　　　(2004), *Law and Practice of International Commercial Arbitration(4th
　　　ed.)*, Sweet & Maxwell, pp.5-134.

Cary B. Born(2009), *International Commercial Arbitration*, Vol. 1, Wolters
　　　Kluwer, pp.409-562.

http://cn.cietac.org/Help/index.asp?hangye＝3

http://countryreport.mofcom.gov.cn/record/view110209.asp?news_id＝38041

http://www.iccwbo.org/products-and-services/arbitration-and-adr/arbitratio n/standard-icc-arbitration-clauses/

http://www.lcia.org/Dispute_Resolution_Services/LCIA_Recommended_Cl auses.aspx http://www.pkulaw.cn

http://www.kcab.or.kr/servlet/kcab_kor/claim/1028

http://www.sccinstitute.com/english-14.aspx

http://www.uncitral.org/pdf/english/texts/arbitration/arb-rules-revised/pre- arb-rules-revised.pdf

http://www.uncitral.org/uncitral/en/uncitral_texts/arbitration/NYConventi on_status.html

중국 「식품안전법(食品安全法)」의 주요 내용과 개정 동향*

노은영

Ⅰ. 들어가며

"도대체 뭘 먹으란 건가요?", "중국은 우주선도 하늘로 쏘아 올리면서 쓰레기 기름은 왜 제때 적발 못 하는 거죠?" 이는 2012년 8월 중국의 관영방송인 CCTV가 '식품안전, 어떻게 보장할 것인가(食品安全如何保障)'라는 주제를 다룬 한 프로그램 도입부에 나오는 시민들의 인터뷰 내용이다.[1] 중국의 급속한 경제성장으로 인하여 식품은 더 이상 단순한 생존을 위한 수단이 아닌 하나의 경제적 수단이 되었으며, 이에 따라 식품산업도 급속하게 발전하였다. 하지만 기본적인 사회의 신용체계가 확립되지 않은 상황에서 이러한 급속한 발전

---

* 본 글은 한국법제연구원의 최신외국법제정보 2013년 제6호에 실린 내용임.

[1] CCTV2 재경(财经)에서는 2012년 8월 13일부터 20일까지 중공중앙 선전부(中共中央宣传部)와 공동으로 『辩证看 务实办(변증적 관찰, 실무적 처리)』 프로그램에서 중국의 소득격차 완화 방안, 부동산 정책, 환경오염 문제 등 중국 사회의 최근 이슈 8가지를 집중적으로 다루었으며, 그중 식품안전에 관한 내용은 6번째로 방영된 바 있다.

은 오히려 식품안전 사고가 점차 다양해지고 빈번해지는 부작용을 낳게 되었다. 샨시성(山西省)[2]의 가짜 술 사건, 안후이성(安徽省)의 가짜 분유 사건에 이어 2008년 발생한 중국의 '삼루분유 사건(三鹿奶粉事件)'은 중국 내 식품안전에 대한 심각성이 대내외적으로 표출된 대표적인 사건이라고 할 수 있다. 현행 「식품안전법」은 '삼루분유 사건'이 발생한 이듬해인 2009년 2월 11기 전국인민대표대회(이하 전인대) 상무위원회 제7차 회의를 통과한 것이다(2009년 6월 1일 시행). 하지만 쓰레기 기름 사건, 돼지고기 수육정(瘦肉精) 사건[3] 등이 연이어 발생하게 되었으며, 「식품안전법」이 식품안전 사고에 대하여 효과적으로 대응하지 못하고 있다는 지적이 많았다. 이러한 배경하에, 2013년 6월 국무원은 현행 「식품안전법」에 대한 개정의 필요성을 공표하였다. 본고에서는 중국 「식품안전법」의 발전과정, 입법체계 및 주요내용 등을 토대로 현재 논의가 되고 있는 개정동향에 대하여 살펴보고자 한다.

Ⅱ. 중국 「식품안전법」의 제정 전후(前後)

중국에서 식품안전과 관련한 최초의 규정은 1979년 8월 국무원이 발표한 「중화인민공화국 식품위생 관리조례(中华人民共和国食品卫生

---

2) 본고에서는 이해상의 편의를 위하여 중국의 인명과 지명은 한어병음으로 표기하고, 기타 고유명사는 독음표기를 하고자 한다.

3) 2011년 3월 허난성 스자좡(河南省石家庄)에서는 돼지를 단시간에 몸집을 키우기 위하여 사료에 수육정이라는 화학물질을 첨가한 사건이 발생하여 파장을 일으켰다. 당시 해당 사건의 주범은 「형법」 제141조, 제144조에 따라 사형선고를 받았다.

管理条例)」이다. 이는 당시 덩샤오핑(邓小平)이 주장한 '근거가 되는 법이 있어야 한다(有法可依)'는 원칙에 따라 제정된 여러 행정법규[4] 중 하나이다. 이후 1995년 8기 전인대 상무위원회 제16차 회의를 통과한 「식품위생법(食品卫生法)」은 1982년 제정되었던 「식품위생법 (시행)」에서 발전한 것이다. 「식품위생법」은 총 9장 57조로 구성되었으며 현행 「식품안전법」의 전신이기도 하다. 하지만 「식품위생법」은 식품의 생산과정, 가공, 판매까지의 일련의 과정에서 가공에만 치중하였다는 지적이 많았다. 그리고 「식품위생법」 제3조에서는 "국무원의 위생행정부는 전국의 식품위생의 감독 관리 업무를 주관한다. 또한 국무원의 관련 부서는 각자의 직책 범위 내에서 식품위생 관리 업무에 대하여 책임을 진다"고 규정하고 있는데, 이 조항을 통하여 당시 중국의 식품위생을 감독하는 기관이 모호하고 책임 소재가 명확하지 않았음을 알 수 있다.

사회적으로 「식품위생법」의 여러 문제점이 지적되면서, 2005년 전인대 기간 동안 선진국가의 경험과 중국의 국정을 반영하고, 생산, 가공 및 판매과정을 모두 포함하는 종합적인 법률 제정에 대한 필요성이 제기되었다. 이에 따라 2007년 12월 「식품안전법」 초안이 처음으로 전인대 상무위원회에 회부되었다. 하지만 감독기관 간의 업무분담 등 여러 이해관계자들의 의견이 일치되지 않아 4차례의 전인대 상무위원회 심의와 7차례에 걸친 전인대 법률위원회 심의를 통과하지 못하였다.[5] 이처럼 「식품안전법」의 제정이 차일피일 연기되던 중

---

4) 국무원이 헌법과 법률을 토대로 제정한 규범성 문건을 행정법규라 한다. 「입법법(立法法)」 제56조.

5) 新华网 "http://news.xinhuanet.com/newscenter/2009-03/01/content_10921504.htm", 중국에서는 '3독3심(三读三审)'이라고 하여 3번째 심의에서는 법안이 통과되는 것이

중국 전역을 떠들썩하게 했던 '삼루분유 사건'이 터지게 되었다.

　'삼루분유 사건'은 식품의 생산에서 판매까지 일련의 과정을 효율적으로 규정하지 못한 「식품위생법」의 한계를 드러낸 대표적인 사건이었다. 중국인들에게 '삼루분유 사건'이 더욱 큰 충격이 되었던 이유는 해당 제품이 국가품질감독검사검역총국(国家质量监督检验检疫总局, 이하 품질감독총국)이 공표한 '품질검사면제제품'이었기 때문이었다. 품질검사면제제품이란 품질이 우수한 기업의 경영활동을 장려하기 위하여 일정한 조건에 부합하는 제품에 대하여 국가에서 진행하는 우수제품 인증제도이다. 이는 국가품질기술감독국(国家质量技术监督局)[6]이 기업의 제품품질 제고를 독려하고 식품위생 감독상의 불필요한 절차를 줄이기 위하여 2000년 3월에 제정한 「제품품질감독검사관리 면제 방법(产品免于质量监督检查管理办法), 이하 면제방법」에 근거를 두었다. 삼루기업은 「면제방법」에서 규정한 자격요건[7]을 갖춘 품질검사면제제품이었기 때문에 중국인의 충격은 더했던 것이다.

　'삼루분유 사건'의 영향으로 '품질검사면제제품' 제도는 폐지되었

일반적이다.

6) 2001년 4월 국가품질기술감독국과 국가수출입검사검역국(国家出入境检验检疫局)은 합병하여 품질감독총국으로 변경되었다.

7) 「면제방법」 제6조: 면제 제품과 해당 제품의 생산기업은 다음 각 호의 요건을 모두 갖추어야 한다.
　① 제품품질이 장기간 안정적이고 기업 자체적으로 품질 보증 체계가 마련되어 있는 경우
　② 제품의 시장점유율과 경제적 효율성이 해당 산업에서 높은 위치에 있는 경우
　③ 제품기준이 국가기준과 산업기준에 부합하는 경우
　④ 제품이 성급 이상의 품질기술감독부에서 진행하는 감독검사에 3번 이상 합격된 경우
　⑤ 제품이 국가의 관련 법률과 산업정책에 부합하는 경우

으며, 「식품안전법」은 초안에 식품안전기준, 리콜제도 등 식품안전과 관련한 많은 규정이 추가되었고 사고 발생 이듬해인 2009년 3월 전인대 상무위원회를 통과하였다. 당초 중국에서는 기존의 「식품위생법」에 대한 전면 개정을 추진하였지만, 식품안전에 대한 국민의 불안감이 커지자 보다 종합적이고 강력한 처벌 조항을 규정한 법률 제정의 필요성이 제기되면서 「식품안전법」이 제정된 것이다. 총 10장 104조[8]로 구성된 「식품안전법」은 기존 「식품위생법」의 단점을 어느 정도 보완하였다는 평가를 받았다. 「식품안전법」의 제정과 함께 2009년부터 중국정부는 매년 식품안전포럼을 개최하고 있으며 2013년 6월 제5차 식품안전포럼이 개최된 바 있다.

하지만 많은 기대를 안고 제정된 「식품안전법」은 여전히 감독기관이 분산되어 있어 책임소재가 불분명하다는 점, 행정책임에 대해서는 구체적인 규정을 두고 있지만 민·형사책임에 대해서는 간략하게 규정[9]하여 피해자 구제에 효과적이지 못하다는 지적이 많았다.[10] 특히 「식품안전법」 제정에도 연이어 발생하는 식품안전사고로 인하여 그에 대한 형사책임을 강화하고자 2013년 4월 28일 최고인민법원과 최고인민검찰원은 「위해식품안전 형사안건 처리에 대한 법률 적용 문제에 관한 해석(关于办理危害食品安全刑事案件适用法律若

8) 1장 총칙, 2장 식품안전 리스크 모니터링 및 평가, 3장 식품안전기준, 4장 식품생산경영, 5장 식품검사, 6장 식품수출입, 7장 식품안전사고처리, 8장 감독관리, 9장 법률책임, 10장 부칙.

9) 「식품안전법」 제96조: 이 법의 규정을 위반하여 인신, 재산 혹은 기타 손해를 발생시킨 경우, 배상책임을 진다. 「식품안전법」 제98조: 이 법의 규정을 위반하여 범죄에 해당하는 경우 형사책임을 진다.

10) 刘俊海(2009), "食品安全监管的制度创新", 法学论坛 第24卷; 于晓光,宋惠宇(2010), "论＜食品安全法＞对我国食品安全监管体制的影响", 行政与法 2010年01期; 王菲(2011), "论我国食品安全监管中存在的问题", 法制与社会 2011年 18期.

干问题的解释), 이하 식품안전 사법해석」을 발표하였다. 「식품안전
사법해석」은 총 22개 조항으로 2011년 「형법」 개정안의 내용을 반
영하였고, 식품안전 관련한 범죄의 양형기준을 명확히 하였으며 공
동범죄에 대한 처리기준을 제시하는 등 총 11가지 사항에 대한 규정
을 두고 있다.

올해 3월 12기 전인대 회의를 통하여 국무원 총리에 선임된 리커
창(李克强)은 「국무원 조직 개혁 및 직능 전환 방안(国务院关于提请审
议国务院机构改革和职能转变方案)」에 따라서 대대적인 국무원 조직 개
편을 단행하였다. 이에 따라 식품 및 약품안전에 대한 종합적인 감독
관리를 위하여 국가식품약품감독관리총국(国家食品药品监督管理总局,
이하 식약총국)을 설립하였고, 식약총국은 「식품안전법」의 제정과 함
께 2010년 설립되었던 식품안전위원회(食品安全委员会)의 관련 업무
를 담당하게 되었다. 2013년 5월 국무원 법제판공실(法制办公室)은
「식품안전법」의 개정을 2013년 입법계획에 정식으로 삽입시키며, 시
행된 지 만 4년이 되는 「식품안전법」에 대한 개정작업에 착수하였고,
식약총국은 현재 개정안에 대한 의견수렴을 진행 중에 있다.

Ⅲ. 식품안전법의 법률체계와 주요내용

중국의 식품안전과 관련한 법률체계는 전인대와 전인대 상무위원
회가 제정하는 기본법률과 기타법률, 국무원이 제정하는 행정법규,
국무원 산하기관이 제정하는 부문규정, 지방인민대표대회 상무위원

회와 지방정부가 제정하는 지방성법규 및 지방정부규정, 그리고 최고인민법원의 사법해석 등으로 구성되어 있다. 현재 중국의 식품안전과 관련한 기본법률은 「민법통칙」이 대표적이다.[11] 기타법률에는 「제품품질법(产品质量法)」, 「소비자권익보호법(消费者权益保护法)」, 「불법행위법(侵权责任法)」이 있으며,[12] 행정법규로는 2009년 7월 국무원이 발표한 「식품안전법 실시조례(食品安全法实施条例)」가 대표적이다. 그리고 위생부와 품질감독총국 등의 국무원 산하기관이 발표한 「식품안전에 대한 국가기준관리방법(食品安全国家标准管理办法)」, 「식품생산허가증 관리방법(食品生产许可管理办法)」 등 26개의 부문규정이 있으며, 200여 개가 넘는 지방법규 및 지방정부규정이 있다(<표 1> 참조). 본고에서는 식품안전 관련한 핵심 법률인 「식품안전법」의 주요내용에 대해서 살펴보고자 한다.

기존의 「식품위생법」과 비교하여 현행 「식품안전법」은 다음과 같은 주요내용을 포함하고 있다.

첫째, 2009년 제정된 「식품안전법」에서는 식품안전 감독의 단계별로 감독기관이 존재하는 분산형 감독체계를 명문화하였다. 즉, 위생부와 품질감독총국, 공상행정관리 및 국가식품약품감독관리부가 각각 식품의 생산, 유통, 서비스 활동 등에 대한 감독업무를 수행하도록 규정하고 있다.[13]

---

11) 민법통칙 제122조: "제품품질의 부적격으로 인하여 타인의 재산, 인신에 손해를 가하였을 경우, 제품의 제조업자와 판매자는 민사책임을 부담하여야 한다."
12) 노은영(2013), 「중국 외상투자기업의 제조물책임에 관한 법적 연구」, 『경희법학』 제48권 제1호, 경희법학연구소, pp.137-141 참조.
13) 위생부는 1998년 9기 전인대 1차 회의를 통하여 설립되었으며, 2013년 3월 「국무원 조직 개혁 및 직능 전환 방안」에 따라 국가위생 및 계획출산위원회로 명칭이 변경되었으며, 국가식품약품감독관리부는 폐지되고 식약총국이 설립되었다.

〈표 1〉 중국 식품안전법의 법률체계

구분	제정기관	대표법률
기본법률	전국인민대표대회	민법통칙
기타법률	전국인민대표대회 상무위원회	제품품질법, 불법행위법 등
행정법규	국무원	식품안전법 실시조례 등
지방성법규	지방인민대표대회 상무위원회	베이징시 식품안전조례 등
부문규정	국무원 산하기관	식품생산허가증 관리방법 등
지방정부규정	지방정부	충칭시 식품안전 관리방법 등

자료출처: 국가식품약품감독관리총국 홈페이지 참조하여 필자작성.

그리고 식품안전위원회를 신설하여 각 감독기관과의 소통 및 협력 역할을 수행하도록 하였다. 기존의 「식품위생법」에서 감독기관의 역할이 모호하였던 것을 명확히 하였다는 것이 가장 큰 변화 중 하나였다. 구체적인 조항을 살펴보면, 「식품안전법」 제4조에서는 "국무원은 식품안전위원회를 설립하고 그 업무는 국무원에서 규정한다. 국무원 위생행정부는 식품안전의 종합적인 관리를 하며, 식품안전에 대한 리스크 평가, 식품안전 기준 제정, 식품안전 관련 정보 공개, 식품 검사 기관의 자격조건 및 검사 규범 제정, 식품안전 관련한 사건 사고의 조사 업무를 담당한다. 국무원 품질 감독, 공상행정관리부 및 국가식품약품감독관리부는 이 법과 국무원의 관련 규정에 따라 식품의 생산, 유통, 요식업 서비스 활동에 대한 감독 관리를 담당한다"고 규정하여 식품안전을 감독하는 기관을 5개로 구분하고 있다.

두 번째는 식품광고에 대한 감독을 강화하였다는 것이다. 이는 「식품안전법」에서 신설된 규정으로 제54조 제2항에는 "식품안전 감독관리부서 혹은 식품 검사 업무를 담당하는 기관, 식품산업협회, 소비자협회는 광고 혹은 기타 방식으로 소비자에게 식품을 추천할 수 없다"라고 규정하고 있다. 본 조항은 식품감독당국의 객관성을 확보하기 위한 것으로 이를 위반할 경우 행정처벌 혹은 행정처분을 받도록 하였다.[14] 동법 제55조에는 "사회단체 혹은 기타조직, 개인은 허위 광고를 통하여 소비자에게 식품을 추천하여 소비자의 합법적 권익에 손해를 가하였을 경우, 식품을 생산한 경영자와 함께 연대책임을 부담한다"고 규정하고 있다. 중국의 「광고법(广告法)」 제38조에도 관련 규정이 있지만, 「식품안전법」에서는 사회단체, 기타조직과 함께 '개인'의 책임도 추가로 규정하고 있는 것이 특징이다.

해당 조항이 신설되기 이전 중국에서는 소비자가 광고출연자를 상대로 손해배상을 청구하는 사건이 종종 발생하였다. 먼저 2005년 장시성의 원고 A는 피고 B사가 만든 일본화장품을 구입하였다. 하지만 해당 화장품을 사용한 후에 광고에서 보여주는 효과가 없자, 원고는 B사와 화장품 광고에 출연한 여배우 C를 상대로 소송을 제기하였지만, 2심 모두 원고 패소로 끝났다. 그리고 2006년 중국의 유명 영화배우 A는 B사가 생산한 다이어트차 광고에 출연하였다. 하지만 해당 상품이 다이어트 효과가 없자 다이어트차를 구매하였던 원고 C는 A와 B를 상대로 손해배상을 청구하였고, 이 역시 원고 패소로 마무리되었던 사례가 있다.

광고출연자에게도 식품안전의 책임을 묻는 「식품안전법」 제55조는 현재 몇 가지 보완이 필요한 상황이다. 먼저 「식품안전법」 제94

---

14) 「중화인민공화국 행정허가법(中华人民共和国行政许可法)」 제81조에는 특정한 행정기관 혹은 위임받은 기타 조직이 일반 위법행위단체 혹은 개인에 대하여 행정책임을 묻는 것을 행정처벌이라 하고, 동법 제72조에서는 국가기관 혹은 검찰기관 등이 그 직원의 위법행위에 대하여 행정책임을 묻는 것을 행정처분이라고 규정하고 있다.

조 제1항에서는 "식품품질에 대하여 허위광고를 하여 소비자를 기만할 경우, 「광고법」에 따라 처벌한다"고 규정하고 있지만, 현행 중국의 「광고법」에는 광고출연자에 대한 처벌근거가 없다. 그리고 「식품안전법」 제98조에서는 위법행위로 인한 형사책임을 부담하도록 하고 있지만 현행 「형법」 제222조에서는 광고주, 광고대행사, 매체사만을 허위광고로 인한 처벌대상으로 하고 있을 뿐이다. 기타 보완점으로는, 「식품안전법」 제55조에서 규정하는 '허위 과장광고'의 범위는 과연 어디까지이며, 허위 과장광고로 밝혀질 경우 광고출연자의 법률책임의 한계는 어디까지인지가 법률에 명문으로 규정되어 있지 않음으로 인해 법 적용에 있어서 문제가 예상된다는 점이다.15)

세 번째는 징벌적 손해배상 제도를 도입하였다는 것이다. 징벌적 손해배상이란 가해자의 행위가 특히 악의적이었다고 인정되는 경우에 그에 대한 처벌과 유사행위의 재발방지를 목적으로 명하여지는 일종의 독특한 배상이다.16) 「소비자권익보호법」에서 징벌적 손해배상제도가 도입된 후 학자들 사이에서는 이 제도의 도입에 대하여 긍정론과 부정론이 대립하였는데, 부정론은 이러한 입법은 기업에 부담으로 작용하여 결국 소비자에게 그 부담이 전가된다는 점과 이러한 법률을 악용하여 부당이익을 취할 목적으로 소송을 남발하는 사례가 빈번할 것이라는 점이었다.17)

중국의 징벌적 손해배상제도는 제정 시기 순으로 「소비자권익보

---

15) 김현경(2009), 「중국 식품안전법상 광고출연자의 연대배상책임에 관하여」, 『동아법학』 제44호, 동아대학교 법학연구소, pp.176-177.

16) 최병록(2007), 『제조물책임법론』, 구롱문화사, 72면.

17) 이정표・손성문(2010), 「중국불법행위법상의 징벌적 손해배상제도」, 『재산법연구』 제27권 제2호, p.206.

호법」제49조, 「계약법」제113조 제2항, 최고인민법원의 「분양주택 매매계약 분쟁 안건의 적용법률 문제에 관한 해석」제8조, 「식품안전법」제96조 제2항, 「불법행위법」제47조에 징벌적 손해배상에 관한 내용이 규정되어 있다. 각각의 규정을 구체적으로 살펴보면, 우선 「소비자권익보호법」제49조에는 "경영자가 제품이나 서비스를 제공할 때에 사기행위가 있을 경우 소비자의 청구에 따라 손해를 증액하여 배상하도록 한다. 증액 금액은 소비자가 구매한 제품의 가격이나 제공받은 서비스 비용의 두 배로 한다"고 되어 있으며, 「계약법」제113조 제2항에는 "경영자가 제품이나 서비스를 제공할 때에 사기행위가 있을 경우, 「소비자권익보호법」에 따라 손해배상책임을 부담하도록 한다"고 명시되어 있다. 최고인민법원의 「분양주택 매매계약 분쟁 안건의 적용법률 문제에 관한 해석」제8조에서는 "분양주택 매매 계약 당일 계약이 이루어지지 않아, 매수인이 주택을 양도받지 못한 경우 해당 계약 해지를 요구할 수 있고, 이미 지불한 주택가격, 이자, 배상손실 및 기지불한 주택가격의 두 배 이하의 금액을 청구할 수 있다"고 규정하였고, 2009년 6월 시행된 「식품안전법」제96조 제2항에서는 "식품이 식품안전기준에 부합하지 않는 것을 명백하게 알고 있음에도 식품안전기준에 부합하지 않는 식품을 생산하거나 판매하는 경우, 소비자는 손해배상을 청구하는 것 외에, 생산자 혹은 판매자에게 지불 금액의 10배에 해당하는 배상금을 청구할 수 있다"고 하였다. 2009년 12월 전인대 상무위원회를 통과한 「불법행위법」제47조에는 "제품결함을 명확히 알고 있음에도 불구하고 생산, 판매하여 타인을 사망에 이르게 하거나 건강에 심각한 피해를 초래한 경우 피해자는 그에 상응한 징벌적 손해배상을 청구할 수 있다"고 규정되어 있다.

징벌적 손해배상에 대한 내용이 이처럼 여러 법률에 상이하게 규정되어 있기 때문에 그 우선순위를 명백히 할 필요가 있다. 먼저, 「입법법」 제5장에 규정된 '특별법 우선의 원칙'과 '신법 우선의 원칙'에 따라서 「식품안전법」은 「소비자권익보호법」에 우선하여 적용된다. 동일하게 전인대 상무위원회에서 통과된 기타법률인 「식품안전법」과 「불법행위법」의 적용문제에 있어서는 「입법법」 제85조에 "법률 간 동일한 사항에 대하여 새로운 일반규정과 이전의 특별규정이 불일치할 경우 전인대 상무위원회에서 결정한다"는 규정이 있지만, 「불법행위법」 제5조에서는 "기타법률에서 불법행위에 대한 다른 특별 규정이 있을 경우, 해당 규정에 따른다"고 명시되어 법률 적용에 관한 문제를 다소 해소하고 있다. 「식품안전법」과 비교하여 「불법행위법」에서는 징벌적 손해배상의 대상을 '식품'이 아닌 '제품'[18]으로 확대하였으며, 명확한 배상액 산정 기준을 두고 있지 않은 것이 특징이다. 「식품안전법」 제96조 제2항을 적용한 대표적인 사례를 살펴보면 다음과 같다.

<사례1>[19] 2009년 6월 1일 원고 韓 모 씨는 피고1 선전시(深圳市) A의약회사 하의 피고2 B약국에서 "뉴질랜드에서 직수입하여 생산함", "Naturies 프로폴리스 복합 캡슐"이라고 표시된 제품 두 병을 476元에 구매하였다. 해당 제품에는 프로폴리스와 은행나무 잎 성분이 포함되어 있었다. 중국의 보건식품

18) 「제품품질법」 제2조 제2항에 의하면 "제품이란 가공, 제작 과정을 거쳐 판매되는 제품을 말한다"라고 규정하고 있다.
19) 杨立新 主编(2010), 「产品责任」, 中国法制出版社, pp.208-209. '노은영(2013), 「중국 외상투자기업의 제조물책임에 관한 법적 연구」, 『경희법학』 제48권 제1호, 경희법학연구소'에서 재인용.

에 관한 규정에 의하면 두 성분 모두 국가의 허가 없이는 식품에 첨가할 수 없었으며, 해당 제품에는 국가위생부의 허가번호가 표시되어 있지 않았다. 韓모 씨는 「식품안전법」에 따라 법원에 해당 제품의 10배에 해당하는 배상금을 청구하였고, 법원은 피고의 제품이 위생당국의 관련 규정을 위반하였다는 점이 인정되어 원고에게 제품가격의 10배인 4,760元을 배상하도록 판결하였다.

　상기한 사례는 「식품안전법」 시행 이후 징벌적 손해배상을 적용한 첫 번째 사례이다. 만약 원고가 「불법행위법」 제47조의 규정에 의거하여 징벌적 손해배상을 청구하였다면 패소하였을 가능성이 크다. 왜냐하면 「불법행위법」에서는 '사망에 이르거나 건강에 심각한 피해를 초래하는 경우에 한하여'라는 조건이 있지만 「식품안전법」에서는 '식품안전기준에 부합하지 않는 식품'은 모두 해당되기 때문이다. 위 사례에서 피고는 보건식품 기준에 부합하지 않는 제품을 판매하였기에 법원이 원고의 손을 들어준 것이다.

　마지막으로 '식품위생' 중심에서 '식품안전' 중심으로 발전한 중국 「식품안전법」의 주요내용 중 하나는 식품의 품질검사면제제도를 폐지한 것이다. 앞서 살펴본 바와 같이, 기업 장려정책의 일환으로 2000년부터 국무원의 「면제방법」에 따라 실시한 품질검사면제제도는 당초 예상과 달리 기업 간의 불평등을 초래하였으며 품질검사를 면제받기 위한 기업인과 공무원 사이의 부정부패가 심화되는 결과를 낳았다. 그리고 급기야는 삼루분유 사건과 같이 전 중국을 떠들썩하게 했던 사건의 단초를 제공하기도 하였다. 이에 「식품안전법」 제60조 제1항에서는 "식품안전감독관리부서는 식품에 대하여 검사를 면제할 수 없다"고 명시하고 있다. 또한 동법 동조 제2항에서는 식품에 대하여 정기적 혹은 비정기적으로 표본검사제도를 시행하도록 하는 등 식품검사를 더욱 강화하였다. 표본검사제도란 품질감독부서가 제품의 품질을 감독하기 위하여 중국 경내에서 생산·판매하는 제품에 대하여 계획적으로 표본을 추출하고 검사하여 그 결과를 공표하고 처리하는 등과 관련한 일련의 활동을 뜻한다.[20]

상기한 내용 외에도 2009년 제정된 「식품안전법」에서는 식품리콜제도(食品召回制度)가 도입되었고 식품안전기준을 확정하는 등 식품생산과정을 감독하는 것에 편중되었던 기존의 「식품위생법」과 비교하여 식품의 생산, 유통 및 판매과정을 모두 규범하고 있다. 하지만 「식품안전법」 제정 이후에도 각종 식품안전사고가 발생하면서 「식품안전법」 개정에 대한 필요성이 대두되었다. 다음 장에서는 현재 중국 내에서 거론되고 있는 「식품안전법」 개정의 주요내용을 살펴보고자 한다.

Ⅳ. 중국 「식품안전법」의 개정 동향

중국 「식품안전법」의 제·개정 과정을 정리하면 다음과 같다. 먼저 2008년 4월 20일 11기 전인대 상무위원회 제2차 회의에서 「식품안전법(초안)」이 공개되었고, 각계의 의견수렴을 통하여 2009년 2월 28일 현행 「식품안전법」이 통과되었다. 동년 7월 국무원은 「식품안전법 실시조례」를 발표하였고, 2011년 2월 8차 「형법」 개정과 2013년 5월 최고인민법원과 최고인민검찰원의 「식품안전 사법해석」을

---

20) 「제품품질 감독 표본검사 관리방법(产品质量监督抽查管理办法)」 제2조, 국가품질감독검사검역총국령第133号.

통하여 식품안전범죄에 대한 양형기준을 명확히 하였다. 그리고 최근 중국에서는 올해로 시행된 지 만 4년이 되는 「식품안전법」의 개정작업에 착수하였다.

2009년 「식품안전법」의 제정은 기존의 「식품위생법」과 비교하여 식품안전의 전 과정에 걸쳐 효율적인 규제를 위한 법적 근거를 마련하였다. 특히 식품안전위원회라는 감독기관을 신설하여 분산된 감독기관과의 협력을 시도하기도 하였다. 2010년 2월 6일, 식품안전위원회 설립 당시 주임은 현 국무원 총리인 리커창이었다. 리커창은 당시의 경험을 바탕으로 2013년 총리 임명 직후 열린 국무원 회의에서 식품안전을 위한 정부 역할의 중요성을 여러 차례 언급하였으며 식품안전 감독에 대하여 '가장 엄격한 제도로 다스린다(重典治乱)'는 원칙을 강조하였다. 이 원칙은 중국 「식품안전법」 개정의 기본원칙이 되고 있다.[21] 최근 거론되는 「식품안전법」의 개정에는 크게 다음의 두 가지 내용이 포함될 것으로 예상된다.

먼저, 식품안전감독시스템의 변화 내용을 반영하는 것이다. 「식품안전법」 제정 전에는 식품안전과 관련한 감독기관이 20여 개가 넘었으며, 그로 인하여 업무 중복과 감독의 사각지대가 발생하는 등 부작용이 많았기에, 「식품안전법」의 제정은 감독기관을 명확히 하는 데 큰 역할을 하리라 기대하였다. 하지만 부서 간의 업무를 분담하고 소통을 담당하고자 설립하였던 식품안전위원회는 그 지위상의 한계와 기존에 있던 위생부와의 업무충돌로 인하여 식품안전에 대한 핵심 기관으로 자리매김하지 못하였다.[22] 이러한 이유로, 2013년

---

21) 新华网, http://news.xinhuanet.com/food/2013-06/17/c_124863347.htm
22) 朱继武(2011), "对食品安全法的思考", 总第266期, p.155. 실제로 중국 내 리서치회사의

3월 식품 및 약품 안전에 대한 종합적인 감독 관리를 위하여 국무원 직속기관인 식약총국을 설립하였다. 「국무원 조직 개혁 및 직능 전환 방안」과 「국무원의 조직 설립에 관한 통지(国务院关于机构设置的通知)」에서는 위생부(현 국가위생 및 계획출산위원회), 품질감독총국, 공상행정관리부 등이 담당하고 있던 식약품 관련 업무를 기본적으로 식약총국에 이관하도록 규정하고 있으며, 기존의 식품약품감독국과 식품안전위원회 사무실을 폐지하였다(<그림 1> 참조). 또한 농산품에 대한 관리는 농업부로 이관하여 현재 중국의 식품안전감독기관은 크게 식약총국과 농업부의 이원화 구조로 재편된 상황이다. 국무원 조직개편으로 인하여 중국의 식품안전감독 시스템은 분산형 감독체제에서 통합형 감독체제로 변화하였으며, 이러한 변화는 「식품안전법」의 주요 개정 내용이 될 것으로 예상된다.

<그림 1> 국가식품약품감독관리총국 업무통합 내용

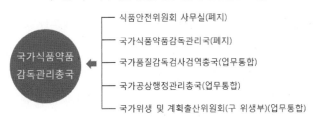

국가식품약품
감독관리총국
― 식품안전위원회 사무실(폐지)
― 국가식품약품감독관리국(폐지)
― 국가품질감독검사검역총국(업무통합)
― 국가공상행정관리총국(업무통합)
― 국가위생 및 계획출산위원회(구 위생부)(업무통합)

자료출처: 新华网 참조하여 필자 작성.

설문조사 결과 감독기관 간의 협력문제가 식품안전감독시스템의 가장 큰 문제로 나타났다. http://survey.askform.cn/FormViewResult.aspx?Type=1&FormID=181874&UserID=111189

두 번째는 최저배상금제도를 도입하는 것이다. 비록 현행 「식품안전법」 제96조 제2항에서 식품안전기준 미달 식품에 한하여, 소비자가 식품 가격의 10배에 해당하는 금액을 청구할 수 있는 조항이 있긴 하지만, 실제 법률 적용에 있어서 소비자 피해를 효과적으로 구제하지 못하였다. 2013년 6월 17일 개최된 제5차 식품안전포럼에서 중국법학회 산하의 식품안전법제연구센터 주임 리스춘(李仕春)은 해당 조항을 '잠자는 조항'으로 표현하며, 「식품안전법」에 징벌적 손해배상을 도입한 이유는 소비자의 피해구제를 위한 것이었지만, 4년 동안 인민법원에서 소비자가 청구한 징벌적 손해배상을 인정한 사례는 매우 적다고 하였다.[23]

「식품안전법」 규정에 의하면 소비자만이 징벌적 손해배상을 청구할 수 있도록 한정하고 있으며, 10배 배상금을 청구하는 전제 조건 역시 '식품안전기준에 부합하지 않는 식품을 생산하거나 식품안전기준에 부합하지 않는 것을 명백히 알고 있음에도 해당 식품을 판매하는 경우'라고 규정하고 있다. 하지만 중국 「민사소송법」 제64조 규정에 의하면 "당사자는 자신이 제기한 주장을 뒷받침하는 증거를 제공할 책임이 있다"고 명시하고 있다. 상기 내용을 종합하면, 소비자는 자신이 구매한 식품이 식품안전기준에 부합하지 않았고, 이에 대한 생산자와 판매자의 고의성을 입증하여야 한다. 하지만 생산자 및 판매자와 소비자 간 정보비대칭성의 문제로 인하여 소비자가 그 고의성을 입증하는 데는 어려움이 있을 수밖에 없다. 이 외에, 징벌적 손해배상 제도가 큰 효과를 발휘하지 못하는 또 하나의 이유는

---

23) 人民网, http://bj.people.com.cn/n/2013/0618/c82839-18882952.html

중국의 식품가격과 직접적인 연관이 있다.

<사례2>[24] 2007년 6월 원고 高 모 씨는 슈퍼에서 피고 베이징 코카콜라사가 제조한 600ml 스프라이트 한 박스를 구입하였고, 20병째 음료를 마시려고 할 때 그 안에서 작은 바퀴벌레 같은 벌레를 발견하였다. 2008년 高 모 씨는 스프라이트 가격 2.05元과 벌금 2.05元 정신적 손해배상 1만元(한화 약 180만 원)을 청구하며 소송을 제기하였다. 법원은 조사결과 벌레가 생산과정 중에 들어간 것임을 확인하였고, 「소비자권익보호법」 제49조에 따라 스프라이트 가격의 2배인 4.1元을 배상하라고 판결하였다.

위의 사례는 「식품안전법」 제정 전에 일어난 사건이지만, 비록 「식품안전법」 규정에 따라 10배에 해당하는 금액을 배상받더라도 20.5元(한화 약 3,800원)에 불과하기 때문에, 원고의 피해를 충분히 보상하기에 부족하다는 지적이 많았다. 이러한 이유로, 현행 「식품안전법」 제96조가 '깨어 있는' 조항이 되도록 최저배상금제도 도입에 대한 논의가 진행 중이다.[25]

현재 식약총국은 「식품안전법」 개정에 대한 의견수렴을 진행 중에 있다. 이에 따라 식품산업을 영위하는 기업으로 하여금 일정 액수의 식품안전보험비를 납부하도록 하여 스스로 식품안전에 대한 중요성을 자각하도록 하고 소비자에게는 식품에 대한 신뢰를 제고

---

24) 北京法院网, http://bjgy.chinacourt.org/public/detail.php?id=63159. '노은영(2013), 「중국 외상투자기업의 제조물책임에 관한 법적 연구」, 『경희법학』 제48권 제1호, 경희법학연구소'에서 재인용.

25) 최저배상액수는 1,000元에서 2,000元 사이에서 결정될 것으로 전망되고 있다. 经济参考报, http://dz.jjckb.cn/www/pages/webpage2009/html/2013-06/18/content_76104.htm?div=-1

시키는 식품안전책임보험제도의 도입과 감독기관의 모든 감독과정을 공개하는 등의 의견이 제시되고 있다.

V. 맺음말

중국의 국가주석 시진핑(习近平)은 올 초 12기 전인대 폐막식에서 '중화민족의 위대한 부흥'을 핵심내용으로 하는 '중국의 꿈(中国梦)'을 여러 차례 언급한 바 있다. 하지만 중국의 속담 중에 "国以民为本, 民以食为天, 食以安为先"이라는 말이 있다. '국가는 국민을 근본으로 하고, 국민은 먹거리를 하늘처럼 여기며, 먹거리는 안전을 최우선으로 한다'는 뜻으로 최근 중국정부에서 식품안전홍보를 위한 슬로건으로 많이 채택하고 있다. 이처럼 시진핑 주석이 주장하는 중화민족의 위대한 부흥이라는 중국의 꿈을 실현하기 위해서는 국민이 하늘처럼 여기는 먹거리에 대한 안전을 보장하는 것이 우선시되어야 할 것이다.

참고문헌

김현경(2009), 「중국 식품안전법상 광고출연자의 연대배상책임에 관하여」, 『동아법학』 제44호, 동아대학교 법학연구소.

노은영(2013), 「중국 외상투자기업의 제조물책임에 관한 법적 연구」, 『경희법학』 제48권 제1호, 경희법학연구소.

이정표·손성문(2010), 「중국불법행위법상의 징벌적 손해배상제도」, 『재산법연구』 제27권 제2호.

최병록(2007), 『제조물책임법론』, 구룡문화사.

劉俊海, 『食品安全監管的制度創新』, 法學論壇 第24卷, 2009.

王菲, "論我國食品安全監管中存在的問題", 『法制與社會』 2011年 18期, 2011.

楊立新 主編, 『産品責任』, 中國法制出版社, 2010.

于曉光·宋惠宇, "論＜食品安全法＞對我國食品安全監管体制的影響", 『行政與法』 2010年01期, 2010.

朱継武, "對食品安全法的思考", 『法制與經濟』 總第266期, 2011.

人民网, http://www.people.com.cn/

新華网, http://www.xinhuanet.com/

經濟參考報, http://www.jjckb.cn/

중국 서비스산업의 발전과 서비스무역의 결정요인에 관한 연구*

이상빈

I. 서론

글로벌 경제의 성장과 더불어 각국 서비스산업의 중요성은 갈수록 확대되고 있다. 경제의 글로벌화와 경제개방의 확대는 특히 서비스산업의 국제간 교역 확대와 서비스무역의 중요성을 크게 높이고 있다. 한국의 경우, 서비스산업의 중요성은 꾸준히 증가하여, 2011년 말 서비스산업은 명목 GDP의 58.0%와 총 취업자 수의 73.0%를 차지하였다. 한편 한국의 서비스무역도 최근 크게 증가하여 2011년의 수출총액은 약 953.6억 달러, 수입총액은 약 1,011.1억 달러에 이르렀다. 그러나 서비스수지는 상품수지와 달리 만성적인 적자상태에 있으며 2011년에 약 58.5억 달러의 적자를 기록하였다.[1]

한편, 중국의 서비스산업은 WTO 가입 이전까지 중점적으로 보호되어 왔으나, 2001년 WTO 가입을 계기로 2007년에 상당한 대외개

---

* 본 논문은 『비교경제연구』 제20권 제2호에 게재된 논문임.
1) 한국은행 경제통계시스템(http://ecos.bok.or.kr/).

방이 이루어졌다. 중국 서비스산업의 개방은 서구 선진국은 물론 한국 서비스산업의 대중국 진출 및 교역 확대뿐만 아니라 나아가 한국 경제의 새로운 단계로의 도약에도 중요한 기회를 제공할 것으로 예상되고 있다. 한·중 서비스무역에 있어서 한국은 2004년에 2.1억 달러의 흑자를 기록한 데 이어, 2012년에는 38.1억 달러의 흑자를 기록하였었다. 이는 한국 서비스무역이 세계시장에서의 만성적인 적자와 매우 대조적인 모습으로 향후 중국의 서비스시장과 서비스무역에 관한 분석은 매우 중요하고 시급한 과제이다.

그러나 중국 서비스산업에 관한 기존 연구는 제조업 부문에 비하여 상대적으로 적은 편이다. 예를 들어, 배홍균(2008)은 중국 서비스산업의 현황과 발전정책을 소개하고, 이은경(2008)은 중국 서비스산업의 무역구조를 분석하였을 뿐이다. 그리고 한·중 FTA 서비스 분야 추진을 대비하여, 이창영(2009)은 금융서비스협상에 있어서의 대중국 쟁점과 이슈를 분석하였으며, 서창배(2010)는 중국의 서비스시장을 분석하고 대중 투자전략을 제시하였다. 그 외에도 최문(2011, 2012)은 한국과 중국 서비스산업의 국제경쟁력을 비교·분석하고, 중국 서비스산업의 성장전망을 분석하였다. 즉, 기존 연구들이 중국의 서비스산업을 이해하는 데 하나의 기초 자료로서 활용할 수 있으나, 가장 근본적인 중국 서비스무역의 결정요인에 관한 실증적 분석이 이루어지지 않았다. 따라서 본 연구는 중국 서비스산업의 발전현황을 살펴본 후, 최근 활발히 활용되는 중력모형을 이용하여 세계경제 두 축의 하나로 부상한 중국 서비스무역의 결정요인을 분석하고자 한다. 이를 통해 중국 서비스무역에 관한 기초연구자료를 제공하고자 하며, 나아가 한국의 대중 서비스무역에 대한 정책적 시사점을 도출하고자 한다.

Ⅱ. 중국 서비스산업의 발전현황

1. 중국정부의 서비스산업 육성정책

산업정책은 정부가 거시경제를 조정하고 산업구조를 합리화하는 효과적인 수단이며, 거시경제정책의 중요한 분야이다. 중국은 1980 년대 중반부터 비교적 낙후한 서비스산업을 육성하고 국제경쟁력을 제고하기 위하여, 서비스산업 육성정책을 제정하고 적극 실시하여 왔다. 이러한 일련의 정책을 통해 서비스산업의 빠른 발전을 도모하고자 하였다. 중국의 1978년 개혁개방 이후, 중국정부의 서비스산업에 대한 인식변화와 단계별 주요정책을 다음과 같이 살펴볼 수 있다.

(1) 서비스산업에 관한 이해단계(1978~1991)

중국은 1978년 12월 중국공산당 제11기 3중전회(中國共産黨第11屆 3中全會)의 결의에 따라 농촌 지역에서의 인민공사의 해체와 경영자 주권을 보장하는 생산도급책임제를 시작으로 개혁과 개방정책을 실시하였다. 1981년에는 중국 국유기업에 대한 세제개혁을 실시하여, 기업의 이윤을 소득세의 형식으로 국가에서 징수하고, 나머지는 기업이 활용할 수 있게 함으로써 기업경영의 적극성을 불러일으켰다.

서비스산업에 관련하여 중국 국무원은 1985년 4월에 처음으로 국가통계국에서 작성한 「제3산업 통계구축에 관한 보고(關于建立第三産業統計的報告)」를 발표하였다. 이를 시작으로 중국은 국민경제에 있어서의 서비스산업의 위치와 서비스산업 발전의 중요성을 인식하게 되었다.

이 시기에는 중국 정부의 서비스산업 발전정책은 제정되지 못하였으나, 중국 국가통계국에서는 1985년부터 제3산업(서비스업)통계자료를 구축하고 발표하기 시작하였다. 산업분류에 있어서, 제1산업에는 임업·목축업·농업·어업이 포함되었으며, 제2산업에는 제조업과 전기·가스·수도업 및 건축업이, 그리고 제3산업에는 제1산업과 제2산업 이외의 기타 산업이 포함되었다. 따라서 중국의 서비스산업에 대한 이해와 연구는 1985년부터 시작되었다고 하겠다.

(2) 서비스산업 육성정책의 제정과 추진단계(1992~2006)

1992년 6월 국무원은 「제3차 산업의 빠른 발전을 위한 결정(關于加快發展第三産業的決定)」을 공표하였으며, 이로써 중국 서비스산업 발전에 관한 최초의 정책문건이 대두되었다. 「제3차 산업의 빠른 발전을 위한 결정」에서는 우선 20세기 말에 제3차 산업의 부가가치와 취업비중을 개발도상국가의 평균수준에 도달하여야 한다는 발전 목표를 제시하였으며, 나아가 전통적인 제3차 산업과 고부가가치의 제3차 산업의 균형발전을 제시하였다.

2001년 12월에는 「10차 5개년 기간 서비스산업의 빠른 발전을 위한 일련의 정책과 조치에 관한 의견(十五期間加快發展服務業的若干政策措施的意見)」을 발표하였다. 이 문건에서는 '제3차 산업'을 '서비스산업'으로 개칭함으로써 통계문건에서만 제3차 산업이라는 명칭을 사용하고, 공식적인 정부문건에서는 모두 '서비스산업'으로 명칭을 교체하였다. 또한 "현대적인 서비스산업을 발전시키고, 전통적인 서비스산업을 개선한다"는 전략을 제시하였으며, 이를 통해 서비스산업의 분야별 구조조정문제를 언급하였다. 나아가 제10차 5개년 기간의 구체적인 서비스산업 발전방향을 제시하였다. 즉, 서비스산업 부가가치의 연성장률이 7.5%에 이르도록 목표치를 산정하였으며, 서비스산업이 GDP에서 차지하는 비중이 2005년에는 36%에 도달할 것을 제시하였다. 그리고 서비스산업의 진입장벽을 완화와 민간기업의 서비스산업에 대한 적극 투자를 권유하였을 뿐만 아니라 철도·항공·통신·도로와 같은 인프라 산업에 대한 경영체제개혁을 실시하였다.

(3) 주도산업으로서의 서비스산업의 육성단계(2007 이후)

2007년 3월, 중국 국무원은 서비스산업을 국민경제의 주도산업으로 육성하기 위하여 「서비스산업의 빠른 발전에 관한 일련의 의견(關于加快發展服務業的若干意見)」을 발표하였으며, 아래와 같은 구체목표를 제시하였다. 첫째, GDP에서 차지하는 서비스산업의 비중을 2010년에는 2005년보다 3% 향상시키며, 서비스산업의 취업비중도 2010년에는 2005년보다 4% 향상시킨다. 또한 2010년에 4,000억 달러의 서비스무역액을 달성한다. 둘째, 서비스산업의 연성장률이 GDP 성장률 및 제2차 산업의 성장률을 상회하여야 하며, 여건이 조성된 대·중형(大中城市) 도시는 서비스경제 위주의 산업구조를 조성하여 2020년에 중국 전체의 산업구조가 서비스산업 위주로 재편되어야 할 것을 언급하고 있다. 그리고 서비스산업의 부가가치 비중이 GDP의 50% 이상에 도달하여야 할 것을 강조하고 있다. 셋째, 상기 목표를 달성하기 위한 구체적인 방법으로서 각 지역의 경제발전 수준을 고려한 지역별 서비스산업 육성정책을 제시하고, 서비스업종별 육성계획으로 제조업체의 아웃소싱을 촉진시켜 경쟁력의 강화를 도모하는 한편, 금융업·운송업·물류업·IT(정보기술) 서비스·소프트웨어 개발·컨설팅산업 등을 적극 육성함으로써 서비스산업의 제조업에 대한 지원체계도 확립할 것을 요구하였다.

또한 2012년 12월 중국 국무원은 「서비스산업 발전 12·5규획(服務業發展十二五規划)」을 발표하여, 2015년까지의 새로운 발전목표를 제시하였다. 이 계획의 경우 서비스산업과 관련하여 첫째, 서비스산업의 고정자산(固定資产)투자 증가율이 제조업을 넘어서서 2015년에 서비스산업의 부가가치가 중국 GDP에서 차지하는 비중이 2010년보다 4% 증가하도록 계획하고 있다. 둘째, 서비스산업의 개혁개방을 추진하고, 공공서비스영역의 개혁을 지속적으로 심화한다는 것이다. 즉, 시장 메커니즘과 대외개방의 영역과 범위를 더욱 확대하여 국제화 수준을 향상시켜야 한다고 되어 있다. 셋째, 서비스산업의 취업능력을 개선하여, 2015년에 서비스산업에 종사하는 인원 비중이 2010년보다 4% 증가하여야 할 것이며, 서비스산업에 종사하는 인력들의 수준을 개선해야 함을 적시하고 있다. 따라서 향후 중국정부의 서비스산업 육성뿐만 아니라 대외개방정책이 적극적으로 추진될 것으로 전망된다.

2. 중국 서비스산업의 발전현황

사실 중국의 서비스산업은 중국정부의 적극적인 서비스산업 육성정책에 힘입어 비약적인 발전을 이루어왔다. 1978년 중국 서비스산업의 부가가치총액은 872억 위안으로 전체 GDP의 23.9%에 불과하였으나, 2000년에는 39.0%로 상승하였으며, 2005년에는 40.5%로, 2011년에는 20조 4,983억 위안으로 전체 GDP의 43.4%를 차지하였다(<표 1> 참조). 세부업종별로는 2011년에 도소매 및 음식숙박업이 GDP에서 차지하는 비중이 9.2%로 가장 높았으며, 그다음으로 부동산 및 임대업이 5.7%, 금융보험업이 5.3%, 운송·창고업이 4.6%를 차지하고 있다.

고용 측면에서 서비스산업의 고용인원은 1978년에 4,890만 명으로 12.2%에 불과하였으나, 1995년에는 15,515만 명으로 제조업의 15,312만 명을 초과하였으며, 2011년에는 27,282만 명으로 총 고용인원의 35.7%에 달하였으며, 농림수산업의 고용인원도 초과하였다. 제조업의 빠른 성장률이 중국을 '세계의 공장'으로 부상시켰다면, 향후 서비스산업의 빠른 성장률이 중국을 '세계의 시장'으로 떠오르게 할 것이다.

중국의 서비스무역은 1980년대에는 50억 달러의 수준에 머물렀으나, 1990년 이후 급속히 성장하고 있다. 무역총액의 경우, 1985년의 52억 달러에서 2011년에는 4,191억 달러로 80배 이상의 규모로 성장하였다. 그중 수출은 29억 달러에서 1,891억 달러로 65배, 수입은 103배의 규모로 성장하여, 수입의 성장률이 수출성장률을 크게 상회하고 있다. 무역수지의 경우, 1980년대와 1990년대 초반에는 흑자를 기록하였으나, 낮은 국제경쟁력으로 1992년부터 적자를 기록하였으며, 적자규모는 1992년의 1억 달러, 1995년의 62억 달러에서 2011년에는 549억 달러의 대규모 적자를 기록하였다(<표 1> 참조).

<표 1> 중국 서비스산업의 발전현황

(단위: %, 억 달러)

구분		1978	1985	1990	1995	2000	2005	2010	2011
GDP 및 취업 비중	서비스업	23.9 (12.2)	28.7 (16.8)	31.6 (18.5)	32.9 (24.8)	39.0 (27.5)	40.5 (31.4)	43.1 (34.6)	43.4 (35.7)
	제조업	47.9 (17.3)	42.9 (20.8)	41.3 (21.4)	47.2 (23.0)	45.1 (22.5)	47.9 (23.8)	46.8 (28.7)	46.6 (29.5)
	농림 수산업	28.2 (70.5)	28.4 (62.4)	27.1 (60.1)	19.9 (52.2)	14.4 (50.0)	11.1 (44.8)	10.1 (36.7)	10.0 (34.8)
무역 현황	수출	NA	29	57	184	301	739	1705	1821
	수입	NA	23	41	246	359	832	1922	2370
	총액	NA	52	98	430	660	1571	3624	4191
	수지	NA	6	16	-62	-58	-93	-219	-549

자료: GDP 비중과 취업비중은 『2012 중국통계연감』에서, 그리고 무역자료는 중국 상무부 『중국서비스 무역통계 2012』에서 정리함.

중국의 서비스무역적자는 특히 OECD국가와의 교역에서 많이 기록하고 있는바, 2004~2010년간 전체 서비스적자에서 OECD국가와의 적자가 차지하는 비중은 평균 90%를 초과하고 있다. 또한 무역적자의 총액도 2004년의 49억 달러에서 2010년에는 270억 달러로서 7년 사이 5.5배의 규모로 급격히 증가하였다. 따라서 향후 중국 서비스무역의 만성적자 상태를 해결하기 위한 시급한 과제는 OECD국가와의 무역수지 개선이 이루어져야 하며, 중국정부의 입장에서 OECD국가와의 서비스무역 구조와 본질에 대한 체계적이고 심층적인 파악이 필요하다고 할 수 있다.

<표 2> 중국과 OECD국가의 서비스무역 현황

(단위: 억 달러)

연도	전 세계무역 총액			OECD국가와의 무역액			비중
	수입	수출	수지	수입	수출	수지	
2004	727	649	-78	330.34	281.03	-49	63.2%
2005	840	744	-96	404.25	341.41	-63	65.5%
2006	1008	920	-88	457.5	393.37	-64	72.9%
2007	1301	1222	-79	597.96	471.31	-127	160.3%
2008	1589	1471	-118	717.88	536.6	-181	153.6%
2009	1589	1295	-294	646.23	466.51	-180	61.1%
2010	1933	1622	-312	814.78	544.78	-270	86.5%

자료: 중국 상무부, 《중국 서비스무역통계 2012》; OECD Statistics on International Trade in Services.

한편, 2004~2012년의 한·중 양국 간 서비스무역을 살펴볼 경우, 한국은 2004년에 처음으로 2.1억 달러의 흑자를 기록하고, 2005년과 2006년에 -4.9억 달러와 -6.5억 달러의 적자를 기록한 후, 2007년부터 지속적으로 흑자를 기록하고 있으며, 그 액수도 점차 증가하여 2012년에는 38.1억 달러의 흑자를 기록하였다(<표 3> 참조). 서비스수출액을 살펴볼 경우, 2004년의 한국의 대중국 수출은 52.0억 달러에 불과하였으나, 2012년에는 158.8억 달러로 3배 이상의 규모로 성장하였다. 서비스수입액도 2004년의 49.9억 달러에서 2012년에 120.7억 달러로 2.4배 이상의 규모로 성장하였다. 또한 상기 수출과 수입의 성장에서 한국의 서비스수출 증가율이 수입 증가율을 훨씬 초과하고 있음을 확인할 수 있다.

〈표 3〉 한·중 서비스무역 현황

(단위: 억 달러)

구분	2004	2005	2006	2007	2008	2009	2010	2011	2012
수출	52.0	59.6	69.3	91.4	132.7	97.8	137.5	141.2	158.8
수입	49.9	64.4	75.8	89.7	106.9	86.7	106.5	120.4	120.7
수지	2.1	-4.9	-6.5	1.7	25.8	11.1	31.0	20.8	38.1

자료: 한국은행 경제통계시스템, http://ecos.bok.or.kr/

Ⅲ. 중국 서비스무역의 결정요인 분석

1. 연구모형과 자료수집

(1) 연구모형

서비스무역의 증가와 더불어 서비스무역의 결정요인에 대한 이론적 연구와 실증분석에서 최근 중력모형을 이용한 연구가 활발히 전개되고 있다. 중력모형은 뉴턴(Newton)의 만유인력의 법칙, 즉 두 물체가 서로 끌어당기는 힘은 두 물체의 질량의 곱에 비례하고 두 물체의 거리의 제곱에 반비례한다는 원리를 국가 간 무역에 도입한 모형이다. 즉, 양국 간 무역규모는 양국의 GDP의 곱에 정비례하고 양국 간 거리에 반비례한다는 것이다. 하지만 최근에는 기본적인 중력모형에서 보다 확장된 형태의 모형이 주로 이용되고 있다. 즉, 무역당사국의 GDP, 국가 간 거리뿐만 아니라 인구, 국가 간의 인접

정도 등 지리적 요인과 공통언어 사용 여부, 지역경제의 통합 여부, 경제개방 정도, 역사적 유대성 등의 문화적 근접성을 설명하는 변수를 포함하여 국가 간 무역에 영향을 미치는 요인을 설명하고 있다.

이 중력모형을 중심으로 Freund & Weinhold(2002)는 미국의 31개 무역대상국에 대해 1995~1999년 자료를 이용하여 교육, 금융, 통신 등 14개 서비스업종의 무역결정요인을 분석하였다. 그 결과 미국의 서비스무역량은 산출량기준으로 20%에 달하며, 무역의 결정원인은 생산자와 소비자의 대면성, 동일 언어, 동일 법률에 있었다.

Grunfeld & Moxnes(2003)는 전체 서비스산업을 대상으로 OECD 22개 회원국과 OECD를 포함한 55개 무역상대국 간 서비스무역 및 해외직접투자(FDI)의 결정요인을 분석하였으며, Mirza & Nicoletti (2004)는 도매, 호텔, 요식, 건설, 운수, 통신 등 6개 서비스업의 OECD 22개 회원국과 27개 무역상대국 간 서비스무역의 특징을 분석하였다. 이들은 서비스무역의 비중이 상품무역에 비해 낮은 이유를 서비스무역상품의 생산과정이 최종 소비자에서 종결되기 때문이라고 주장하였다. 그 외에도 중력모형을 이용하여 미국, EU, 캐나다의 서비스무역의 특징을 분석한 Jansen & Piermartini(2004), Lejour & Verheijden(2004), Kox et al.(2005), Kimura & Lee(2006) 등의 연구가 있다.

본 연구에서는 확장된 중력모형을 이용하여 분석하고자 하며, 그 기본모형의 수식은 아래와 같다.

$$\ln TR_{ijt} = \alpha + \beta_1 * \ln GDP_{jt} + \beta_2 * \ln GDP + \beta_3 * \ln DIST_{ij} + \beta_4 * \ln EF_{jt} \qquad (1)$$
$$+ \beta_5 * \ln EF + \beta_6 LAnd_{ij} + \beta_7 * \ln POP_{jt} + \beta_8 * \ln POP + \mu_{ij}$$

여기서 TR_{ijt}는 t시기의 중국(j)과 교역상대국(i) 간의 서비스무역규모

$GDPit$는 t시기의 교역상대국(i)의 실질 GDP

$GDPjt$는 t시기의 중국(j)의 실질 GDP

$DIST_{ij}$는 양국 간 거리

$EFit$는 t시기의 교역상대국(i)의 경제자유도

$EFjt$는 t시기의 중국(j)의 경제자유도

$Landij$는 교역상대국(i)이 육지로 둘러싸여 있으면 1(아니면 0)을 부여하는 더미변수

$Popit$는 t시기의 교역상대국(i)의 인구수량

Pop_{jt}는 t시기의 중국(j)의 인구수량

$\mu\,ij$는 오차항이다.

상기 회귀식은 로그선형모형을 취했기 때문에 β 는 탄력성을 의미한다. 따라서 설명변수의 1% 변화가 중국의 양국 간 서비스무역 교역규모에 가져오는 % 변화를 반영한다. 회귀식에서 lnGDPi와 lnGDPj는 양국의 경제규모를 나타내는 변수로서 GDP가 증가한다는 것은 규모의 경제를 의미함과 동시에 외국상품을 수입할 수 있는 시장규모도 커진다는 것을 의미하며, 따라서 정(+)의 계수를 보일 것으로 예상된다.

설명변수로 도입된 거리(Distij)는 계량적으로 측정하기 어려운 운송비용, 소요시간, 시장접근 등과 같은 대표적 무역장벽의 비용을 대신하는 개념이다. 따라서 양국 간의 거리가 멀어지면 교역액이 감소할 것이므로 부(-)의 계수를 보일 것으로 예상된다. 경제자유도는 자유로운 경제활동을 보장 내지 증진시키는 교역상대국의 제도나 정책

의 정도를 측정하는 지수2)로서 교역상대국의 경제자유도의 증가는 서비스무역량 증대(+의 효과)를 가져올 것으로 예상할 수 있다.

그리고 내륙국가의 경우는 교역에 불리하므로 부(-)의 효과가, 해양 국가의 경우는 정(+)의 효과가 나타날 것으로 예상된다. 인구의 수량 과 교역의 상관관계의 경우, 인구의 증가는 수요의 증가를 유발하므로 국제무역을 증진시킬 수 있는 반면, 인구의 증가는 또한 1인당 국민소 득을 감소시킴으로 구매력의 저하로 수입의 감소를 유발할 수도 있다. 따라서 그 효과(정의 효과와 부의 효과)를 미리 예상하기 힘들다.

(2) 자료 수집

본 연구에서는 중국 서비스무역의 상대국으로 자료획득이 가능한 OECD 25개 주요 회원국3)으로 한정하였으며 2004~2010년까지의 7년간 서비스무역량을 사용하였다. 종속변수로 사용한 서비스무역 액 자료는 「OECD Statistics on International Trade in Services 2010」 과 「OECD Statistics on International Trade in Services 2012」에서 추출하였다. 무역상대국의 GDP와 인구는 중국 국가통계국의 국 제데이터(中国国家统计局的国际数据)를 사용하였으며, 경제자유

---

2) 경제자유도지수(Index of Economic Freedom)는 미국의 헤리티지재단과 월스트리트 저 널이 매년 각국별 경제지유도를 발표하고 있다. 금융시장, 자본이동과 외국인투자, 정부의 시장개입, 무역정책, 임금 및 물가, 통화정책, 재산권 보호 정도, 각종 규제, 암시장 등 10개의 50개 항목을 평가하여 1~5점으로 점수를 매긴 뒤 이를 평균해 작성하고 있다.

3) 현재 OECD회원국은 34개이나, 최근 가입한 국가와 통계자료가 일관되지 않은 국가 를 제외하여 아래와 같은 25개 국가를 선정하였다. 이들로는 미국, 일본, 독일, 프랑 스, 영국, 캐나다, 이탈리아, 호주, 노르웨이, 핀란드, 스페인, 포르투갈, 네덜란드, 폴 란드, 그리스, 한국, 오스트리아, 벨기에, 아일랜드, 룩셈부르크, 스웨덴, 덴마크, 헝가 리, 체코, 슬로바키아이다.

도는 미국의 헤리티지재단(http://www.heritage.org/index/)에서 제공하는 자유도지수를 이용하였다. 중국과 무역상대국 간의 거리는 양국의 수도 간 거리(미국은 베이징과 뉴욕 간 거리임)이다 (http://www.distance24.org/의 데이터 참조). 모형 내 변수 및 기초 통계량을 정리하여 살펴보면 아래와 같다.

〈표 4〉 분석에 사용된 자료 요약

변수	정의	평균	표준편차
TR_{ijt}	t시기의 중국(j)의 서비스무역총액	4000.6	6041.3
GDP_{it}	t시기 무역상대국(i) 실질 GDP(억 달러)	14783.7	27216.3
GDP_{jt}	t시기 중국(j)의 실질 GDP(억 달러)	36291.3	14848.2
Pop_{it}	t시기의 무역상대국의 인구수(만 명)	3967.1	6159.0
Pop_{jt}	t시기 중국의 인구수(만 명)	131865.4	1406.8
$Dist_{ij}$	양국 간 거리(킬로미터)	7519.8	2087.8
EF_{it}	t시기의 중국경제자유도	52.7	0.97
EF_{jt}	t시기의 무역상대국의 경제자유도	70.8	6.5
Land	무역국이 육지로 둘러싸였는지 여부	0.2	0.4

2. 중력모형 분석결과

기존의 중력모형과 관련된 연구들은 통상최소자승법(ordinary least squares method)이나 횡단면자료를 이용한 정태모형분석에 그치고 있다. 통상최소자승법 경우에는 오차항의 고정된 개체특성을 고려하지 않기에 설명변수들과 오차항이 상관되어 있을 경우 편의(bias)가 발생하게 된다. 또한 횡단면자료만을 가지고 중력모형을 추정할 경우 교역데이터의 이질성(heterogeneity)을 통제하지 못하게 되어 추정 결과의 편의가 발생하고 이로 인하여 모수의 추정치가 일치추정치 (consistent estimator)가 되지 못하게 된다.

따라서 본 연구에서는 중력모형 추정에서 발생할 수 있는 이질성 통제를 위해 패널 자료를 사용하였으며, 고정효과(fixed effect)와 확률효과(random effect) 모형과 같은 패널 분석기법을 이용하였다. 우선 F검정으로 합동OLS와 이원고정효과모형을 비교하여 본 결과 값이 67.19로 나타나 고정효과모형이 더 적합한 모형으로 판정되었다. 또한 인구를 포함한 경우와 미포함한 경우를 나누어 고정효과와 확률효과 모형을 추정하였으며,[4] 하우스만 검정(hausman test)을 통해 적합한 모형을 선정하였다. 추정결과는 아래의 <표 5>와 같다.

추정결과에서 먼저 중력모형의 적합성을 살펴볼 경우, 회귀식의 설명력인 $R2$ 값은 0.667에서 0.811 사이로 나타나, 중국서비스무역의 결정요인을 설명하는 데 있어, 본 연구의 중력모형분석이 매우 적절한 것으로 판단된다. 그리고 분석에 포함된 설명변수들로는 OECD국가와 중국의 경제규모, 인구, 경제자유도, 중국과의 거리, 육지 여부 이외에 2008년과 2009년의 더미변수가 추가되었다. 2008년과 2009년의 더미변수를 추가한 이유는 2007년에 발생한 미국의 서브프라임 모기지(sub-prime mortgage) 사태가 2008년과 2009년에 전 세계 각국으로 파급되는 글로벌 금융위기로 전환하였으며, 결국 1929년의 경제대공황에 버금가는 세계적 수준의 경제적 혼란과 충격을 초래하였기 때문이다.[5]

---

[4] 동 시기 중국의 평균 인구는 13.18억 명인 데 비하여, OECD국가들의 평균 인구는 0.39억 명으로 33배의 큰 차이가 있기에 인구변수를 포함하는 경우와 포함하지 않는 경우를 나누어 분석하는 것이 합당하다고 판단된다.

<표 5> 중국 서비스무역의 결정요인 추정결과

변수	RE	FE	RE	FE
LnGDPit	3.284***	3.435***	1.081***	3.319***
	(0.404)	(0.562)	(0.171)	(0.486)
LnGDPjt	0.184	0.112	1.250***	0.554***
	(1.294)	(1.440)	(0.142)	(0.204)
LnPopit	-2.388***	-3.173***		
	(0.394)	(1.394)		
LnPopjt	12.010	14.515		
	(30.835)	(32.916)		
LnDistij	-1.068***	·	-0.804**	·
	(0.352)	(·)	(0.402)	(·)
LnEFit	-0.362	-1.225	1.19	-0.751
	(0.504)	(0.952)	(0.933)	(0.936)
LnEFjt	1.121	0.974	3.209**	1.278
	(1.612)	(1.659)	(1.685)	(1.583)
Land	0.471	·	0.363	·
	(0.504)	(·)	(0.576)	(·)
2008	0.0421	0.048	0.042	0.033
	(0.067)	(0.067)	(0.068)	(0.062)
2009	-0.059	-0.047	-0.190**	-0.062
	(0.074)	(0.076)	(0.078)	(0.075)
constant	-132.938	-161.74	-21.791**	-20.672***
	(350.436)	(375.3204)	(8.881)	(7.621)
observations	175	175	175	175
R-squared	0.775	0.811	0.667	0.804
Hausman test	6.54 (0.088)		30.84 (0.000)	

주:( ) 안의 숫자는 표준오차를 나타내고 *, **, ***는 각각 1%, 5%와 10%의 유의수준에서 유의함을 나타냄.

---

5) 2010년의 경우, 글로벌 금융위기가 점차 세계 각국의 대규모 부양정책으로 인하여 위기 극복의 국면으로 전환되었고, 따라서 2010년을 더미변수로 포함시켜도 유의하지 않음이 확인되었다.

<표 5>의 중국 서비스무역의 결정요인 추정결과를 해석하면 아래와 같다. 첫째, 서비스업의 대외무역을 결정하는 요인으로 인구변수를 포함시킨 확률효과 모형에서는 OECD국가의 경제규모와 인구, 거리 등 요인이 유의한 것으로 나타났다. 경제규모 변수는 양의 부호를 나타내었고, OECD국가의 인구는 음의 부호를 나타내었으며, 거리변수는 음의 부호를 나타내었다. 고정효과모형의 경우, 대체적으로 확률효과 모형과 같은 결과를 보였으며, Hausman검정에서는 10%의 수준에서 귀무가설을 기각하였다.

결과적으로 보면 인구를 고려한 중력모형에서는 OECD국가의 GDP가 1% 증가할 경우 쌍무적 서비스무역은 3.4% 정도로 크게 증가할 수 있는 것으로 추정되며, 반면에 중국의 GDP가 1% 증가할 경우 쌍무적 서비스무역은 0.11% 정도 증가할 것으로 추정된다. 즉, OECD국가의 GDP성장률이 중국의 서비스무역에 매우 큰 영향을 주고 있으며, 이는 OECD국가는 대부분 선진국으로서 서비스산업이 자국 국내총생산에서 차지하는 비중이 60% 이상이 되고, 대외무역에서도 서비스무역이 차지하는 비중이 중국보다 훨씬 높기 때문이라고 할 수 있다.

인구변수의 서비스무역에 대한 영향은 서로 다른 선행연구에서 동일하지 않은 결과를 보여주었었다. 본 연구에서는 OECD국가의 인구성장률이 1% 증가할 경우 쌍무적 서비스무역은 -3.2% 정도 감소할 것으로 추정되었다. 이는 OECD국가들이 인구성장으로 국내에서의 서비스산업의 분업세분화와 국내 서비스공급능력의 확대를 이룰 수 있으며, 나아가 이것이 서비스무역액의 감소를 유발할 수 있기 때문으로 해석할 수 있다. 그러나 동 시기 중국의 평균 인구가

13.18억 명인 데 비하여, OECD국가들의 평균 인구가 0.39억 명으로 중국 인구의 1/33에도 미달하여 서비스무역 상대국의 중국과의 심한 인구수의 차이가 모형의 적절한 추정에 영향을 미칠 수 있음을 감안하여야 한다.

거리변수는 예상과 같이 음의 부호를 나타내었으며, -1.01로 거리는 서비스무역에 부의 영향을 미치며, 양국 간 거리가 1% 증가할 경우 쌍무적 교역이 약 -1.01% 감소하게 된다. 그리고 중력모형의 기본 더미변수인 육지 여부를 나타내는 변수는 통계적으로 유의하지 않은 것으로 나타났으며, 이는 상대국을 OECD국가에만 제한시킨 점과 관련이 있을 것으로 생각된다. 경제자유도도 통계적으로 유의하지 않은 것으로 나타났으나, 통상적으로 선행연구에서는 상대국의 경제자유도는 당 국가의 수출에 정(+)의 영향을 미치는 것으로 보고되고 있다.

둘째, 인구를 제외한 확률효과모형에서는 무역 상대국들의 경제규모, 거리 등 변수 외에도 중국의 경제자유도와 2009년의 더미변수가 유의하게 나타났다. 또한 설명변수들의 서비스무역에 대한 영향력도 예상과 비슷한 성향을 보였다. 특히 중국의 경제자유도는 서비스무역에 양의 영향을 미치는 것으로 나타났으며, 글로벌 금융위기가 만연되던 2009년도의 더미변수의 경우 음의 영향을 미치는 것으로 나타났다.

즉, 중국의 경제자유도가 1% 증가할 경우, 쌍무적 교역액은 3.2%의 증가를 가져올 것으로 예측되는바, 이는 현재 중국의 경제자유도가 세계 170여 개 국가와 지역 중 랭킹 130위 이하로 서비스무역에 대한 장벽이 OECD의 그 어느 국가보다도 현저히 높은 상황에서 중국의 경제자유도가 상향되고 서비스무역장벽이 완화될 경우, 쌍무적 교역액이 큰 폭으로 증가할 수 있음을 설명하고 있다.

그리고 글로벌 금융위기가 만연되었던 2008년과 2009년의 더미 변수에 있어, 2008년은 유의하지 않고 2009년에는 예상대로 부(-)의 영향을 보였으나, -0.19%의 미약한 영향으로 나타났다. 이는 글로 벌 금융위기가 중국경제와 서비스산업 교역에 통계적으로 유의할 만큼 큰 영향을 미치지 않음을 의미하며, 중국의 서비스무역은 비 교적 안정적이며 국제 통상환경 변화에 민감하지 않음을 나타낸다고 하겠다.[6]

GDP변수의 경우, OECD국가의 GDP가 1% 증가할 경우 쌍무적 서비스무역은 1.1∼3.3% 정도로 증가하며, 중국의 GDP가 1% 증가할 경우 쌍무적 서비스무역은 0.55∼1.25% 정도로 증가할 것으로 나타났다. 또한 거리변수도 -0.8로 거리는 서비스무역에 부(-)의 영향을 미치었으며, 양국 간 거리가 1% 증가할 때마다 쌍무적 무역이 약 -0.8% 감소하는 것으로 나타났다. Hausman검정을 수행한 결과 1% 수준에서 귀무가설이 기각되어 고정효과 모형이 더 적합한 것으로 나타났다.

---

6) 1997∼1998년 아시아 외환위기와 2008∼2009년 글로벌 금융위기 당시 중국은 아시 아 시장과 세계시장 안정에 중요한 역할을 하였으며, 최근 미국의 양적완화 규모 축 소의 조짐으로 신흥국 증시와 환율이 요동을 치는 와중에도 중국경제는 지표가 호조 되는 모습을 보이고 있다.

Ⅳ. 한국의 대중 서비스무역에 대한 정책적 시사점

　최근에 경제의 서비스화의 진전과 더불어 일국경제에서 서비스산업의 중요성은 지속적으로 확대되고 있다. OECD국가에서 서비스산업이 고용 및 생산구조에서 차지하는 비중은 제조업을 훨씬 능가하여 GDP의 2/3 이상과 고용의 절반 이상을 차지하고 있다. 그러나 한국과 중국의 서비스산업은 생산과 고용에서 선진국에 훨씬 미치지 못하고 있으며, 따라서 매우 큰 발전전망을 가지고 있다고 할 수 있다. 위의 중국 서비스산업의 발전과 서비스무역의 결정요인 분석에서 본 연구는 한국의 대중 서비스무역에 대한 아래와 같은 정책적 시사점을 도출하였다.

　첫째, 중국 서비스산업의 대외무역을 결정하는 요인분석에서 경제규모와 거리 등 중요한 요인은 모두 유의한 것으로 나타났다. 특히 본 연구의 중력모형에서의 고정효과의 탄력계수에서 볼 수 있듯이 중국의 GDP가 1% 증가할 경우 양국 간 서비스무역은 0.5% 정도 증가할 것으로 추정되었다. 2011년 중국 서비스산업의 GDP 비중은 43.4%, 고용은 35.7%에 불과하며, 2015년의 서비스산업의 부가가치는 2010년보다 4% 증가한 47.1%를 목표로 하고 있다. 따라서 한국은 중국과의 서비스무역을 확대할 수 있는 획기적인 기회를 맞이하고 있는 것이다.

　현재 서비스산업은 한국경제에 있어서도 미래성장 동력산업이자 새로운 부가가치 창출의 원천으로 그 역할이 갈수록 주목받고 있다. 2012년 한국의 대중 서비스무역액은 279.5억 달러로 한국 서비스무역에서 차지하는 비중이 12.8%에 달하였으며, 38.1억 달러의 무역 흑자를 기록하였다. 그러나 이러한 무역비중과 무역흑자는 상품무역에 비하면 너무도 보잘것없는 수준에 그치고 있다. 따라서 향후 한국은 중국의 서비스시장과 대중국 서비스무역 확대 방안에 관한 정책을 적극 제정하는 것이 필요하다. 한국기업들도 과거 제조업 위주로 중국시장에 진출하여 성공신화를 이룩한 경험을 살려 중국 서비스시장에의 성공적인 진출을 확대하여야 할 것이다.

둘째, 중국 서비스무역의 결정요인 분석에 있어서, 인구를 제외한 확률효과모형에서 중국의 경제자유도가 1% 증가할 경우, 쌍무적 교역액은 3.2%의 증가를 가져올 것으로 예측되었다. 이는 현재 중국의 경제자유도가 세계 170여 개 국가와 지역 중 랭킹 130위 이하로써 세계적으로 서비스무역 장벽이 높은 국가이기 때문에 비롯된 것이라 할 수 있다. 따라서 중국의 경제자유도가 상향되고 서비스무역 장벽이 완화될 경우, 쌍무적 교역액은 큰 폭으로 증가하게 된다.

현재 한·중 양국은 2004년 9월에 양국 통상장관이 FTA 민간공동연구 개시 추진 합의 이후, 7년 8개월 만인 2012년 5월에 한·중 FTA 정부 간 협상개시 선언을 하였고, 이미 7차례의 공식협상을 진행하고, 첫 단계의 협상을 마무리하였다. 따라서 가까운 장래에 한·중 FTA의 타결과 발효가 예상되며, 또한 한국정부의 산업통상자원부에 따르면 한·중 FTA는 높은 수준의 포괄적인 FTA로 예상되고 있다.[7] 따라서 한·중 FTA 타결과 발효와 더불어 중국 서비스시장은 기타 국가에 비하여 한국에 더욱 개방적일 것이며, 한국은 FTA

---

7) 한국경제, "높은 수준의 한·중 FTA 빨리할 준비 돼 있나", http://www.hankyung.com/news/app/newsview.php?aid=2013070233841, (검색일 2013년 8월 20일).

를 대비한 대중 서비스시장 진출 전략을 적극 준비하고 제정하여야 할 것이다.

셋째, 중국의 서비스무역은 2008년 글로벌 금융위기와 같은 큰 충격에서도 안정적인 모습을 보였으며, 국제통상 환경에 민감하게 반응하지 않고 있다. 그리고 최근 미국의 양적완화 규모 축소의 조짐으로 신흥국 증시와 환율이 요동을 치는 와중에도 중국시장은 비교적 안정적인 모습을 보이고 있다. 한국경제는 1997년 아시아위기, 2008년 글로벌 금융위기, 2013년 유로존위기 등 대외충격에 있어서 취약한 모습을 보여왔다. 이는 한국경제에 내재하고 있는 문제점과 대미 경제의존 및 과도한 대미 금융시장 개방에 있다고 할 수 있다. 그러나 한국의 대중 교역액은 기타 국가에 비하여 항상 지속적이고 안정적인 증가세를 유지하고 있으며, 현재 한국의 대중 교역액은 한국의 대미 교역액의 두 배를 상회하고 있다.

따라서 향후 한국은 안정적인 중국 상품시장과 서비스시장에 대한 진출과 교역을 더욱 중시하여야 할 것이다. 이를 위하여 현재 추진하고 있는 한국의 원화와 중국의 위안화로의 무역결제비중을 높이고 양국 화폐가 '교역국 통화(Local Currency)'로 발전할 수 있도록 노력할 필요가 있으며, 나아가 거시경제 안정을 위한 중국과의 협력 시스템을 적극 도모할 필요가 있다.

V. 결론

서비스산업은 세계화와 정보화의 급속한 진행과 더불어 근본적인 구조변화를 경험하고 있으며, 기술적 혁신의 세계적인 파급은 서비스 활동의 중요성을 갈수록 증가시키고 있다. 그 결과 서비스무역의 위상은 더욱 높아지고 있다. 서비스산업과 무역의 중요성에 비추어 본 연구는 세계경제 두 축의 하나로 부상한 중국의 서비스산업 발전을 살펴보고, 서비스무역의 결정요인을 분석할 뿐만 아니라 나아가 한국의 대중 서비스무역에 대한 정책적 시사점을 도출하였다.

중국 서비스산업은 20세기 80년대 중반부터 중국정부가 실시한 서비스산업 육성정책에 힘입어 지난 20여 년간 연 9% 이상의 성장률을 기록하였으며, 2011년에는 GDP의 43.4%, 고용의 35.7%를 차지하였다. 세계 최대의 개발도상국인 중국은 향후 20년간 지속적인 경제성장을 유지할 것으로 전망되는 가운데 중국 서비스산업은 중국경제의 미래 성장 동력으로서 중국의 지속발전을 이끌어갈 것이다. 이와 더불어 중국 서비스무역도 지속적인 빠른 성장을 이룰 것으로 추정된다.

본 연구에서의 중국 서비스무역의 결정요인에 대한 분석연구결과 서비스무역의 결정요인에 있어서 GDP는 서비스무역에 정(+)의 영향을 미치었으며, GDP가 1% 증가할 경우 쌍무적 서비스무역은 약 0.5% 정도 증가하고, 양국 간 거리는 서비스무역에 부(-)의 영향을 미치며, 양국 간 거리가 1% 증가할 경우 쌍무적 서비스교역은 약 -0.8% 감소하는 것으로 추정되었다. 또한 중국의 경제자유도가 1% 증가할 경우, 쌍무적 서비스교역액은 3.2%의 증가를 가져올 것으로 추정되었다. 이러한 결과는 중국은 현재 세계적으로 서비스무역 장벽이 높은 국가이기 때문에 중국의 경제자유도가 상향되고 서비스무역장벽이 완화조치가 취해질 경우, 한국과 중국의 쌍무적 교역액은 큰 폭으로 증가할 것으로 예상할 수 있다. 그리고 중국의 서비스무역은 글로벌 경제위기나 미국의 양적완화 규모 축소 조치 등과 같은 국제통상 환경에 민감하게 반응하지 않고 있고, 중국시장 역시 비교적 안정적인 모습을 보이고 있다는 점이다. 그러나 현재 한국의 대중 서비스무역에서 무역흑자에도 불구하고 무역비중과 무역흑자는 아직 상품무역에 비해 미미한 수준에 그치고 있기 때문에 향후 한국은 중국의 서비스산업 발전과 더불어 대중국 서비스교역 확대 방안에 관한 정책을 적극 제정하여 중국 서비스시장에의 진출을 적극 확대해야 한다는 점이다.

현재 한·중 양국은 정부간 FTA 협상개시 선언을 하고, 7차례의 공식협상을 진행하였으며, 머지않아 한·중 FTA의 타결과 발효가 예상되고 있다. 이렇게 볼 때 중국은 기타 국가에 비하여 한국에 더욱 큰 서비스시장 개방을 할 것으로 보이며, 따라서 무역장벽의 폭넓은 해소도 예상된다. 본 연구의 추정결과에서 볼 수 있듯이 중국의 지속적인 경제성장 전망, 한국과의 인접성, 한국에 대한 경제자유도의 상향으로 한국은 향후 대중 서비스무역 확대의 획기적인 기회를 맞이하고 있다. 이는 한국경제의 서비스무역 증가가 서비스적자 확대로 이어지고, 서비스적자가 경상수지 악화로 이어지는 고질적인 문제를 해결하는 중요한 계기가 될 것이다. 따라서 향후 한국은 안정적인 중국 상품시장과 서비스시장에 대한 진출과 교역을 더욱 중시하여야 하며, 나아가 중국과의 적극적인 경제협력을 통하여 거시경제 안정을 위한 협력시스템도 적극 확립할 필요가 있다.

참고문헌

배홍균(2008), 「중국 서비스산업 진출전략에 관한 연구」, 『중국연구』
　　　제44권: 87-102.

이은경(2008), 「중국 서비스산업의 무역구조 분석」, 『비교경제연구』
　　　제15권 제1호: 41-75,

이장규 외(2008), 『한・중 FTA 대비 중국의 FTA 서비스협정 분석과
　　　정책 제언』, 대외경제정책연구원.

이창영(2009), 「한・중 FTA 금융서비스협상 대중국 쟁점 이슈 분석」,
　　　『현대 중국연구』, 제10권 제2호: 155-199.

서환주・이영수(2006), 「서비스업의 수요함수 추정을 통한 서비스화
　　　진전에 대한 연구」, 『경제학연구』 제54집 제3호: 35-64.

서창배(2010), 「중국의 서비스산업 발전과 한국기업의 대중 투자전략」,
　　　『한국동북아논총』 57호: 61-82.

최문・김상호・이천국(2011), 「한국과 중국의 서비스산업 국제경쟁력
　　　분석」, 『한국지역경제연구』 19집: 215-234.

최문・손종원(2012), 「수요함수 추정을 통한 중국 서비스산업의 성장
　　　전망 분석 및 한국의 대중교역에 대한 시사점」, 『한국국제경
　　　상교육연구』 9권 제2호: 153-173.

한국은행 경제통계시스템, http://ecos.bok.or.kr/

中國商務部, "中國服務貿易統計2012", http://www.mofcom.gov.cn/

中國國家統計局, "中國統計年鑒2012", http://www.stats.gov.cn/

Freund, C. and D. Weinhold, 2002, "The Internet and Internatonal
　　　Trade in Services", *American Economic Review*, Vol. 92, No. 2:
　　　236～240.

Grunfeld, L. A. and Moxnes, 2003, "The Intangible Globalization: xplaining the Patterns of International Trade in Services", Working Paper, No. 657, Norwegian Institute of International Affairs, Oslo.

Jansen, M. and R. Piermartini, 2004, "The Impact of Mode 4 on Trade in goods and Services", Staff Working Paper, ERSD-2004-07, WTO.

Kox, H., A. Lejour and R. Montizaan, 2005, "The free movement of services within the EU", *Economic Policy Analysis*, CPB Netherlands Bureau.

Kimura, F. and H. Lee, 2006, "The Gravity Equation in International Trade in Services", *Review of World Economics*, Vol. 142, No. 1: 92-121.

Lejour, A. and J. P. Verheijden, 2004, "Services trade within Canada and the European Union", Discussion Paper, CPB Netherlands Bureau.

Mirza, D. and G. Nicoletti, 2004, "What is so Special about Trade in Services?", Leverhulme Centre for Research on Globalization and Economic Policy.

OECD, 2010, "Statistics on International Trade in Services 2010", Detailed Tables by Partner Country, Volume Ⅱ, 2010 Edition.

OECD, 2012, "Statistics on International Trade in Services", Detailed Tables by Partner Country, Volume Ⅱ, Issue 2, 2012 Edition.

http://www.heritage.org/index/

http://www.distance24.org/

Nongshim: Distributing Korean Spicy Flavor in China*

김용준(Kim Young June)**

왕정(Zheung Wang)***

In late 2009, J. Y. Youn, president of Nongshim China in Shanghai, sat in his office room and reached for his second bowl of Shin Ramyun. This spicy, Korean flavor instant noodle had become a regular launch indulgence for Youn ever since he came to China. As he waited for the quarterly business review meeting at 3 p.m., Youn reflected on the company's performance in recent years. From 2006 to 2008, the average market share in most regions in China has turned stagnant, and even worse, it has begun to decline(See Exhibit 1). Now, the average total market share of Nongshim in the China market is only 1%.

The Korean headquarters had come up with a plan to invest an

* This paper published in 「KBR」, Vol.16, No.3.
** Professor of Marketing, School of Business, Sungkyunkwan University
*** Doctoral Student, School of Business, Sungkyunkwan University

additional $40 million in the China market for the coming year, which would allow Nongshim China to reverse the current situation. In two weeks, Youn was due to make a final recommendation to C. H. Shin, the CEO of Nongshim, about what they should move forward with this money. In preparation for his conference with head-quarters' supervisors, Youn had asked his subordinates to help him think through a feasible plan at the quarterly business review meeting. Youn noted, "As the market research manager suggested, the problems were caused by the insufficient development of our marketing channels."(See Exhibit 2).

〈Exhibit 1〉 Nongshim's Market Share in Different Regions of China

4.4%	3.9%	Beijing
	3.4%	
2.5%	2.5%	Tianjin
2.2%		
1.2%	1.4% 1.4%	North region
2006	2007	2008

7.7%	7.8% 7.2%	Shanghai
1.5%	1.5% 1.4%	East region
2006	2007	2008

0.3%	0.2%	
	0.1%	West Region
2006	2007	2008

3.1%		Guangzhou
	1.9% 2.2%	
1.1%	0.8% 0.7%	South Region
2006	2007	2008

Source: Internal Document of Nongshim, 2009.

〈Exhibit 2〉 Nongshim's Value Share and WTD Distribution Performance

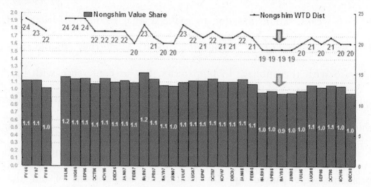

Source: Internal Document of Nongshim, 2009.

I. Company Background

Nongshim is a food manufacturer specializing in instant noodles and snacks, topping the Korean food industry since its establishment in September 18, 1965. Since its inception of year 2000, Nongshim has paid much effort to become a global company and has helped create a better life by providing end-to-end services for promoting health and lifestyle. At the end of 2008, total assets stood at KRW1.73 trillion, 10.7% increase from KRW1.56 trillion posted a year earlier (See **Exhibit 3**).

〈Exhibit 3〉 Total Assets of Nongshim(KRW in billions)

	2008	2007	2006
Current assets	623.1	555.7	617.4
Non-current assets	1,102.2	1,003.2	918.4
Total assets	1,725.3	1,558.9	1,535.8
Current liabilities	508.2	464.8	480.5
Long-term liabilities	107.3	69.1	100.4
Total liabilities	615.5	533.9	580.9
Total shareholders' equity	1,109.8	1,025.0	954.9

Source: www.nongshim.co.kr

Ramen (instant noodles) was first introduced to Japan in the late 1950s, after that, many Korean food companies started to manufacture the product; the first was Samyang, in 1963, and then Nongshim began in 1965. Ramen made it possible for consumers to have a quick and inexpensive meal, and its sales continued to grow in both Japan and Korea. The ramen market, however, leveled off in the early 1970s, in Japan, and in Korea, it leveled off in the late 1970s. Since the first instant noodle plant was established in Daebang on Oct. 1966, Nongshim entered the ramen industry as a latecomer in Korea. Although Samyang was the first company to introduce ramen to the Korean market, with continued innovation of their products (especially, 'Shin Ramyun' the most famous product of Nongshim, which was developed on Oct. 1986) and contribution of improving consumers' diets through a variety of noodle products that reflect consumer needs and trends, Nongshim caught up with market leaders in both Japan and Korea markets and eventually gained the largest market share in Korea since the late 1980s(Yoon, 1999).

At present, Nongshim has rolled out all kinds of instant noodles such as Shin Ramyun, Ansung Tang myun, along with various other products like snacks, instant rice, bottled water and fruit juice. Their instant noodles have been popular among Koreans as an alter- native to rice—the traditional staple, because they are tasty, nutritious, hygienic, safe, non- perishable, and convenient. Nongshim has five domestic plants located in Anyang, Ansung, Asan, Kumi and Pusan. At the same time, they also produce bottled water labeled Cheju Samdasu in collaboration with the authorities of Cheju Island. Starting with its most successful product, Shin Ramyun, Nongshim has produced a number of market-leading brands which led them to the top position in the Korean market today.

1. Overseas Expansion

After a big success in the Korean domestic market, Nongshim planned to expand to the overseas markets. Their first overseas plant was established in Shanghai, China, on Sep. 1996. After that, Nongshim became a real global company that not only produces instant noodles and snacks, but also contributes to the development of customers' lives and food culture. Nowadays, Nongshim has expanded into about 80 markets overseas by responding to the increasingly changing external environment.

As part of the globalization effort, Nongshim is tapping into overseas markets in a three- tiered way of boosting exports, localizing and enhancing the function of overseas trading firms. As to the effort to boost exports, the company is exporting its products such as instant noodles and snacks to over 80. As part of the effort, Nongshim is operating three plants in Shanghai, Qingdao and Shenyang and two offices in Beijing and Guangzhou in China. As to the Japanese market, the com- pany has sales footholds in five major cities. Nongshim also expend into North America, such as Los Angeles, New York and Toronto. Through the globalization effort, Nongshim gained knowhow(See **Exhibit 4**) shows the demerging of Nongshim. As of end of 2008, Nongshim Holdings had two listed companies 'Nongshim and Youlchon Chemical' and four non-listed companies such as 'Taekyung Nongsan,' as its affiliates.

In 2008, Nongshim recorded their overseas markets a 23.6% sales growth from the previous year to US$185.5 million. Viewing sales by region, they posted a 30.3% growth rate in China, 15.0% in the U.S., and 45.5% in Japan. In this case, they achieved an ordinary income surplus of KRW28.1 billion. In addition, Nongshim's exports saw a 16.5% annual growth to US$72.2 million due to balanced growth in the U.S., Canada, Japan, China, South East Asia, Oceania, and Europe, almost everywhere.

〈Exhibit 4〉 Demerging of Nongshim (2008)

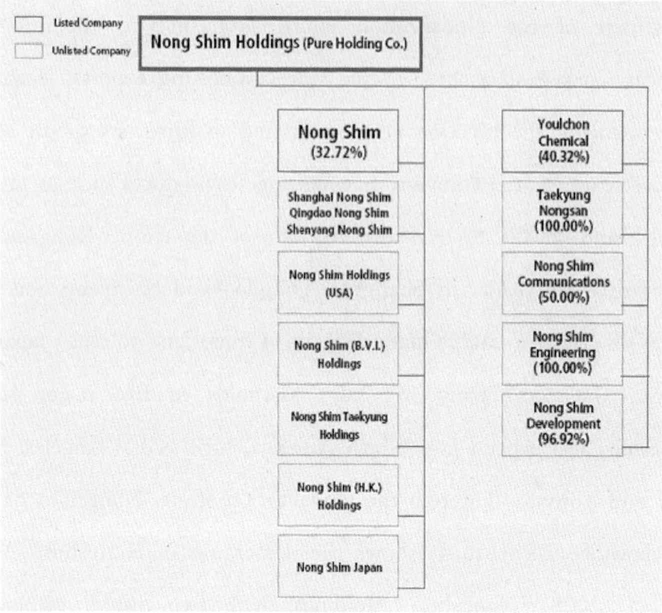

Source: www.nongshim.co.kr

Ⅱ. Chinese Instant Noodle Industry

As one of the key industries listed in the 11th Five-Year Plan in China, the food and beverage industry has met great opportunities to develop rapidly owing to the relevant favor- able policies from the Chinese government. Driven by sustained economic development and fueled by enormous inflows of FDI, which will buy consumer confidence, overall food consumption will continue to experience strong growth in China. Total food consumption in China was forecasted to grow by 31.4% to CNY 1.39 trillion in 2013, while per capita food consumption will reach USD $165.5, an increase of 46.3% from 2008 levels. On the other hand, as major cities and market is gradually becoming saturated, investment of food manufacturers has turned to secondary and tertiary cities. This in turn is helping to drive the rise in food consumption, as a wide range of packaged foods become available to more Chinese consumers.

The China instant noodle industry increased year by year since the first package was born in 1970 in Shanghai until today. Recently, with China reportedly accounting for over 50% of the world's instant noodle consumption, the local market is an enormously attractive investment opportunity for local producers and multinationals. As competition intensified ahead of and following the Beijing Olympics, the industry's growth prospects look set to improve as it seeks to make the transition from a cheap, convenient mass-market staple to a premium, healthy product. Instant noodles are now the symbol of convenient, cheap, and unique tasting food that can well satisfy people's hunger. The annual consumption for instant noodles per capita on mainland China, on the average, is 34 packages. In Japan and Korea, where people have similar food habits, the figure is about 50 and 80. In some areas such as second and third tier cities, the instant noodle markets are still under saturated with large potentials. In 2008, the total sales volume of instant noodles was $2,741 million in the China market. It is forecast that China's sales volume of instant noodle will exceed $6,817 million, 2.5 times growth, in 2015; and this market will continue to grow at a normal scenario rate of about 13.9% annually in the following five to ten years (See **Exhibit 5**).

〈Exhibit 5〉 Analysis and Forecast of the China Instant Noodle Market
(2008-2015)

(Unite: Million USD)

CAGR Forecast

Aggressive Scenario 17.2%[1]

Normal Scenario 13.9%[2]

Conservative Scenario 6.6%[3]

8,325

6,817

4,288

2,741

NOTE: 1) AC Nielsen2l (2005-2008) CAGR
2) DataMonitor

Source: AC Nielsen CAGR Report (2006-2008). Data Monitor Report (~2011).

The instant noodle product consists of pack- aged noodles and bowl noodles. The braised beef taste noodles are still the main product in the China market, and the bowl noodles have grown steadily with the increasing rate from 24% to 29% between 2004 and 2007. In 2008's Chinese ramen market, packaged noodles were proved as the more lucrative product, which is reported as $1,919 million, holding about 70% of the market's overall share. This market is forecast to rise to $4,226 million with the compound annual growth rate of 11.9%. On the other hand, it is predicted that the bowl noodle market share will be increased to 40% in 2015 from 30% in 2008. The average price is forecast to be increasing in the next seven years mainly because of the inflation and rising cost of raw materials (See **Exhibit 6**).

⟨Exhibit 6⟩ Packaged and Bowl Market Size Forecasting in the Chinese Instant Noodle Market

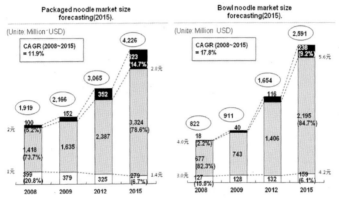

Source: Internal Document of Nongshim, 2009.

In recent three years, because of the infla- tion, the instant noodle price has increased greatly from average 1.05yuan to 1.24yuan. The regional noodle product has become boomed and consumers' preferences of the 'Good-Enough' products have increased. Due to the fierce competition, strategy alliance bet- ween noodle companies has become a trend. Distribution channels have turned to developing from urban areas to rural areas. Brand value, marketing channels, health and safety, and customers' information are predicted as the core elements of instant noodle manufacturers for success in the near future.

Ⅲ. Competitors

The instant noodle market in China is do- minated by three parties. From the competitor's perspective, "KSF" (Tinghsin Group) shares the biggest market by more than 40%. It has a higher market power in almost every region of China. In comparison, other competitors only have higher market share in their own particular regional segments (See **Exhibit 7**). For example, "Tongyi" (Uni-President Enterprise Group) accounts for a higher market share in the southern part of China. "Hualong" (Nissin Hualong Foods Co., Ltd) has a relatively good market foundation in the second and third tier cities of the northern regions, and recently, they have the tendency to penetrate into the first tier cities.

〈Exhibit 7〉 Market Shares of the Main Competitors Based on Different Regions in China (2008)

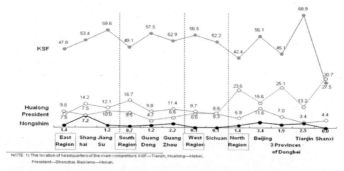

NOTE: 1) The location of headquarters of the main competitors: KSF—Tianjin, Hualong—Hebei, President—Shanghai, Baixiang—Henan.

Source: Internal Document, Nongshim (2008).

1. Master Kang(KSF)

Falling into the temptation of such a large market, the competition is fierce. Among all the players, Taiwanese conglomerates have the best performance and account for the largest market share of instant noodles in the China market. The success of Taiwanese instant noodle enterprises is well illustrated by the rise of KSF, which is owned by Tinghsin Group, the largest packaged-food manufacturer in China. The main strength of KSF is that it has high market share in both the profitable bottled-tea and instant-noodle segments. The headquarters invest 10% of annual tur- nover into marketing and promotion of new products, ensuring that their products are among the strongest brands in the categories.

According to benchmark analysis, there are four main reasons for KSF's successes in the Chinese instant noodle market:

First, it makes the tastes of its products diversified and localized to cater for different regional consumers. Each taste has been de- fined after careful investigation. While their Braised Beef Noodle, Laxuanfen Noodle, and Hailuxianhui Noodle are sold nationwide, there are niche variants designed for each specific regions such as Youlazichuanqi (油辣子传奇) flavor, Youpolazi (油泼辣子) flavor selling well in west China, according to consumers' flavor preference.

Second, KSF has the capability to maintain constant steady product quality and tries its best to develop various styles. It launched two product lines to conquer the Chinese instant noodle market: Fu Manduo (FMD) and Kangshifu (KSF). The mid tier FMD effectively helped KSF defend against local players while the KSF brand is more likely built for premium (See **Exhibit** 8).

⟨Exhibit 8⟩ Total Product Line and Brands for KSF

Source: Nongshim Internal Document, 2009.

Third, braised beef flavor is the core equity for KSF. It is the top selling product which has contributed 44% of total KSF sales over the years and is still gaining market share at present and it built strong brand awareness of KSF among consumers.

Fourth, KSF established a sales channel from the distributor to the wholesaler and even the retailer for its services in everywhere of China. Its in-depth and national widely dis- tribution networks benefit KSF in expanding their direct distribution channels and logis- tics inventory capacity, fast product turnover of their wholesalers, increased liquidity, im- proving the price competitiveness, information collection, as well as efficient regional distri- buting. It established nationwide factories and use these places as their distribution strongholds (See **Exhibit 9**). In each target market, KSF uses the network distribution way to control their retailers efficiently. The advantages of these territorial expansions and various channels strategy help KSF to keep their leading position in the Chinese instant noodle market for many years.

〈Exhibit 9〉 Factories Location and Distribution Footholds of KSF and Nongshim in China

High-end and Middle-end Line (KSF)
Low-end Line (FMD)

Northeast China

KSF	FMD
HEB	HEB
SY	

SY Nongshim

North China

KSF	FMD
TJ	HB

West China

KSF	FMD
XJ	XJ
XA	LZ
	HY

QD Nongshim

Mid China

KSF	FMD
MA	CS
	ZZ

SH Nongshim

East China

KSF	FMD
QD	JN
HZ	AH
NJ	HZ
BJ	

Southwest China

KSF	FMD
CQ	CQ
KM	MS
	CD

South China

KSF	FMD
GZ	DW

Source: Internal Document of Nongshim, 2009.

Thanks to early market entry and substantial investment in nationwide distribution, KSF has managed to grab over 40% of

Chinese instant noodle sales. However, the company's market share is in decline; having stood at an estimated 49% in 2005, it dropped to 43% in 2007 because of competition from compatriots Uni-President and Nissin Hualong.

2. Uni-President

Uni-President Group also plays a noticeable role in the instant noodle market. Like Tinghsin Group, they are also Taiwan-funded enterprises, have similar product lines, similar marketing policies, and even similar enterprise culture. Initiated into the Chinese market with high-end products, Uni-President Group has firmly established its second position in Chinese instant noodle market with competitive advantages similar to those of KSF, including a complete product line, long market developing history, and perfect sales and service system, after several years of steady development.

3. Nissin Hualong

As a latecomer to the instant noodle market, Hualong has exceeded many of its forerunners and now is third in the market. It demonstrates the most successful expanding from a local instant brand to a national one. Hualong's performance even shocked KSF and

President. As a purely local brand, Hualong has achieved such a performance on the market, where there are two large leading enterprises with longer involving histories, by employing the strategy of "First surround cities from villages, and then occupy the cities", based on sufficient reor- ganization on the features of Chinese con- sumer market, to develop its own advantages and avoid its disadvantages and thus to stea- dily succeed in the mid-end and low-end market, which had been blank.

4. Segment

⟨Figure A⟩ Different Segments of the Chinese Instant Noodle Market

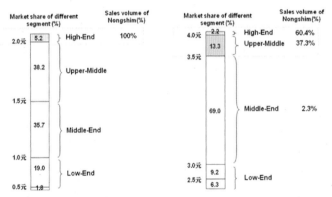

Source: AC Nielsen Index(2006-2008).

Based on price, the Chinese instant noodle market is divided into four segments: high- end, upper-middle, middle-end and low-end (See **Figure A**).

In 2008, the market share of the packaged noodles was about 70%, while the last 30% was the bowl noodles. As **Figure A** shows, the fastest growing segment will be the high- end segment from 5.2% market share in 2008 to 14.7% in 2015 (packaged noodles). The biggest segment will still be the middle- end in the next seven years. In comparison, the low-end market is predicted to be shrin- king. In terms of the market value, the bowl noodle market has a similar situation with the packaged noodle market in both high-end and middle-end segments, while, their low-end market is forecast more positively, contrary to the packaged noodle market.

In recent years, intense competition among producers has seen, manufactures focus on marketing and brand-building investments in a bid to make their products standing out among the hundreds of options on offer. This led to rapid proliferation of low-fat and nut- ritional noodle variants, which typically carry higher price tags and which have proved popular among wealthy, urban consumers. However, they have proved a harder sell at the mass market level, where the price is still prohibitive and where instant noodles are strongly associated with being unhealthy.

The segmentation is obviously based on dif- ferent brands at present. For example, KSF's "Mian Ba" series focus on the middle-end segment, while another sub-brands, are posi- tioned at the low-end segment. Among all the segments, the high-end segment account for 4.3% market share and, as Nielsen's report in 2008, holding 91%

sales volume, Nongshim occupied almost the whole high-end segment both in the packaged noodle market and the bowl noodle market.

5. Distribution Channels

〈Figure B〉 Channel Situation of Chinese Instant Noodle Market (value %)

Source: Nielsen Retail Index, Dec. 2008.

Independent retailers and mass grocery stores are the main channels of instant noodle in China (See **Figure B**).

Compared with last three years, hyper- markets and supermarkets have increased their frequency of patronage from consumers. The traditional food retailers appear to be visited somewhat less often than before. The reality is, from the time of early-bird foreign retailers complaining about consumers' resis- tance to shopping for food and fast-moving consumer goods (FMCG) in a nice, climate- controlled shopping environment in the mid- 1990s, organized retail has taken a rapid growth path. This trend could very well have been spurred by the prevalence of counterfeits and low-quality goods being distributed in China. As consumers' incomes reach a certain level, they start to appreciate the better shop- ping environment and the better assurance of quality and product authenticity that reputable organized retailers provide. This has resulted in the gradual development of hypermarkets/supermarkets in China. Nevertheless, though the Key Account (KA) channel has grown fast in recent years, the main channels for ins- tant noodle distribution are still groceries and kiosks. Since the instant noodle market has almost become saturated in the first tier cities, some manufactures have begun to focus on the second and third tier areas in China.

IV. New Distribution Situation for Fast Moving Consumer Goods (FMCG) in China

Traditional distribution system was used in the first stage when China operated a planned economy from 1949 to 1978. Then, with the China's economic reforms from 1978, the second stage of distribution system reform has taken place. It not only has changed the forms of logistics and distributions in the country, but also has brought more convenient lives for Chinese consumers. Since China entered the World Trade Organization (WTO) in 2001, China's distribution system develop- ment has entered a stage of fast growth(Yau and Steele, 2000). Currently, China's new international links multiplied as its domestic market expanded, and now China is part of more than half of the world's supply chains. At the end of the year 2005, most restrictions to foreign investments and MNE were removed. Many foreign companies have been encouraged by promising market potential to enter the market. Under these circumstances, China's FMCG market distribution channels are changing from only wholesalers and retailers to various types of state-owned, private, and foreign logis- tics companies in terms of their ownership (Hong and Liu, 2007).

1. Distribution Characteristics of FMCG in China

Fast Moving Consumer Goods (FMCG), are the products that are sold quickly at relatively low cost. Though the absolute profit made on FMCG products is relatively small, they ge- nerally sell in large quantities, so the cumulative profit on such products can be large(Coulthart, 2006). Examples of FMCG generally include a wide range of frequently purchased consumer products such as toiletries, soap, cosmetics, teeth cleaning products, beverages, and pac- kaged food such as instant noodles, as well as other non-durables such as glassware, light bulbs, batteries, paper products and plastic goods.

Regarding the consumer behavior of FMCG in China, purchase

choices are determined by price and value, hence the success of discount stores and multinationals, which are able to buy in bulk and offer low prices. Their choices are entirely unrelated to modern retail; ho- wever, they are driven by locality, afforda- bility. In the other hand, for an ever-growing minority, purchasing choices are based on the availability of convenience and the presence of add-value in-store products and services that catenling for their aspiration needs.

In terms of the distribution channel in the FMCG marketing is mainly a supermarket or similar stores(Barschel, 2007). It means the mass grocery retailers which includes hyper- market, supermarket, discount stores and con- venience stores are the main distribution channels in Chinese FMCG market. The mass grocery retailers sector experienced explosive growth between 2002 and 2008. It is benefit spectacularly from China's continued economic growth and distribution system reform. From being highly fragmented and typified by small, independent retail outlets, the forms are being transformed by hypermarkets, supermarkets, and discount and convenience stores, as mul- tinationals continue to seek growth oppor- tunities in emerging markets and as local operators expand to protect their market share. The leading multinationals, such as Tesco, Wal-Mart, Carrefour and Auchan are all operating in China.

2. Hypermarkets/Supermarkets

The advent of modern trade (MT) distribution market provided Chinese consumers with a wider range of FMCG attractively displayed and priced. The MT has adopted the Western management approach and has been perfor- ming particularly well in areas like sourcing, stock ordering, inventory control and handling.

More recently, hypermarkets, which offer lower prices and a broader range of products and services, have increased in popularity, especially in the wealthier coastal cities are more and more popular among the Chinese consumers. Hypermarkets have been able to be cost-competitive because of more efficient and modern distribution systems. These more- efficient distribution systems provide a better opportunity for packaged food, as including instant noodle, bottled water.

In the Chinese consumers' perspectives, awareness is the most important to evaluate store equity. Moreover, most consumers see the store accessibility as the other essential factor of making their shopping decision. Other store equity driving factors, such as efficiency and loyalty program, large store format and wide selection, pricing, and quality products have almost the similar influences to the consumers. In this case, supermarkets have been the preferred format for local operators to upgrade existing premises in line with modern demands. They also provide an ideal balance in terms of real-estate space for expansion and product mix to attract shop- pers and maintain profitability. The largest supermarket chain is Lianhua, which operated 3774 stores until 2008 generating almost RMB47 billion in sales. Other major super- market and hypermarket chains include HuaLian (2108 stores), Nong Gong Shang (3226 stores) and Huarun Wanjia (2539 stores)(Zhongguo lian suo jing ying xie hui, 2008). However, in sales terms, Lianhua has lost its market leading position to Carre- four and Wal-Mart. The foreign retailer giants are gradually seizing the Chinese market day by day. For example, the stores increasing rate of Carrefour is 24% with owning 100 hypermarkets and 212 hard-discount stores. Having acquired Trust-Mat's 100-outlet-strong hypermarket network, Wal-Mart is now the largest retailer in China.

3. Convenience Stores/Discount Stores/Independent Groceries/Kiosks/ Miscellaneous Stores

Currently there are tens of thousands of small retail shops, kiosks and groceries with different types of ownership selling a great diversity of consumer products, in cities and towns throughout China. Though buyers de- pend heavily on larger format modern trade, the individual retailer or the traditional trade (TT) is still the leading distribution places for FMCG in China at present(Nielsen, 2008). These types of distribution channels have an incredible geographic reach that can direct contact with the ultimate consumers every- where. This advantage is obviously for FMCGs distribution; and they are also flexible using in rural places or some third tier cities in China. Even though the independent retailers may have the less competitive price, lower services, worse environment or other disa- dvantages than MT retailers, their power of penetration cannot be ignored.

In terms of forms, discount stores have proved popular with multinationals, allowing them to appeal to lower-income consumers who would otherwise be beyond the reach of modern retail. Convenience stores are a po- pular means of expanding in crowed urban centers and of appealing to young and de- manding consumers(Zhongguo lian suo jing ying xie hui, 2008). Other places like food retailers, hotels and vending machines —which we call them miscellaneous stores —hold on only a few market shares of total FMCG retailing.

4. Open markets/Free markets/Traditional markets

In China, the key-account (KA) distribution channels such as supermarkets or hypermarkets have appeared only during the recent two de- cades; In the undeveloped places such as some small towns or rural areas the open market still has continued strong growth momentum. Traditionally, farmers and private peddlers are the key players in free markets. However, recently more state- and collectively- owned enterprises, especially some small and medium FMCG companies, are using the free market to sell their products. Since China's vast rural population remains a consumer group that have potentially represent and even bright future of long-term sales growth for retailers and FMCG manufactures, the strategic importance of this channel has long been overlooked by foreign manufacturers and suppliers. Especially in the last two to three years, as major cities have slowly begun to crowd; retailers are expanding into tertiary towns and cities, into rural areas, looking to guarantee future growth prospects.

V. Distributing Korean Spicy Flavor: Nongshim China Development of Nongshim's China Market

The Chinese caring 'taste', 'flavor' and 'color' of their daily food have begun to pursue the 'high scale', 'diversifies', 'nutritionally balanced', 'healthy', 'convenient' and 'compact' style of their meals(Kim, 2011). Moreover, followed with "Han Liu" (A trend that has made all things Korean popular and Korean cuisine really hot), more and more Chinese young people have become interested in Korean food.

⟨Exhibit 10⟩ Nongshim's Product Line in the China Market

农心

石鍋牛肉拉面   辛拉面   辛拉面鲜虾味   辛拉面大碗面/杯面   辣白菜拉面

辣白菜拉面大碗面/杯面   乌龙面   上海汤面炖肉面   上海汤面海鲜面

Source: www.nongshim.co.kr

Under this situation, Nongshim entered into the China market in 1995. Owing to distri- bution network not being formed yet, as well the difficulty in understanding Chinese con- sumers in a short time, Nongshim used joint venture as the breakthrough procedure. The partner was selected as Want Want, the second largest food company in Taiwan, which owned the most registered trademarks in China at that time. Because the image of the Want Want brand is well known to the public consumers in Mainland China, and within the regions of China, the Group has established 32 sales branches and over 329 sales offices, which has strategic meaning to Nongshim. According to Nongshim's development strategy, Want Want's nationwide distribution networks, local regulatory knowledge and access to what appeared to be a relatively small, high-risk domestic market were exceeding useful to Nongshim. Meanwhile, Want Want had the requirement to diversify their products and planned to aggressively thrust to the China's instant noodle market. Based on this background, the 50/50 joint venture between Nongshim and Want Want started in 1995.

However, in practice like many other joint ventures and alliances, Want Want and Nongshim have failed to deliver the original promise. The joint venture ended after Nongshim purchased all the stock, and then decided to do direct investment. So far, with "Shin Ramyun" as the main product, Nongshim has already developed seven kinds of ramen including two local Chinese tastes (See **Exhibit 10**). According to the sales report of Nongshim, the market grew with a compound annual growth rate (CAGR) of 13.7% and the market share is around 1% from 2006 to 2007 (See **Exhibit 11**).

⟨Exhibit 11⟩ Size of the Chinese Instant Noodle Market and the Market Share of Nongshim (2008)

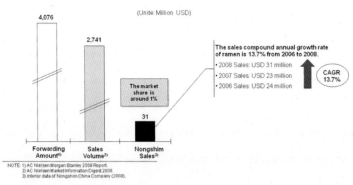

Source: Internal Report, Nongshim.

1. Shin Ramyun

Shin Ramyun is the most popular spicy and beef tasting product, made of beef flavor and various natural seasoning. Creating a sensation since the first roll out in October 1986, Shin Ramyun has maintained the position as best selling item in Korea. In 2008, Nong Shim's five main noodle products made up an impressive 53.9% share of the Korean noodle market, and among these, Shin Ramyun alone held a 28.2% share of the market (www. nongshim.co.kr). It also is Nongshim's first ramen product with a unique and hot taste introduced in China.

Differentiation strategy was the key factor for Shin Ramyun's success in the China market. When Shin Ramyun was introduced to the China market in 1995, the instant noodle market was divided into the high-end market and low-end market bounded by 1.8yuan(Rhee and Choi, 2006). The low-end market was almost dominated by KSF, Pre- sident, and Hualong, the G3 of the instant noodle companies. Considering the fierce com- petition as well as high prices associated with high margins and the fact that sales could be supported by a group of rich consumers, Nongshim decided to position Shin Ramyun in the premium segment (See **Exhibit 12**). The essence of their brand strategy for the high price food brand is the image of high quality new life. The target market is the upper-middle class living in the first tier cities, with incomes of more than 1000 yuan. To fit in with the high price positioning, Nongshim concentrates more on R & D and put a lot of effort into the taste and quality of Shin Ramyun (Kim, 2011).

⟨Exhibit 12⟩ Shin Ramyun's Brand Positioning

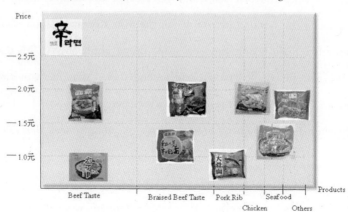

Source: Internal Document, Nongshim.

With differentiation strategy, Shin Ramyun's brand identity has been increased. The unique hot taste and the premium price have attracted a number of consumers who prefer the new life style and high food quality. According to a report of the 2008 China instant noodles competitive landscape, Shin Ramyun was evaluated as one of the fastest growing brands in China's instant noodle market.

⟨Exhibit 13⟩ Channel Structure of Nongshim in the China Market

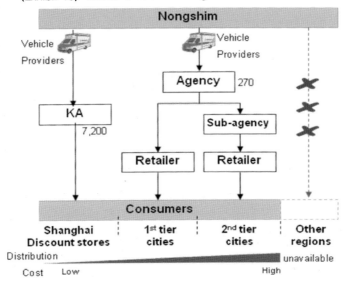

Source: Internal Document of Nongshim, 2009.

2. Distribution Strategy

Nongshim adopted different distribution stra- tegies based on different provinces and regions, rather than establish their own distribution systems in the China market (See **Exhibit 13**). Since it is difficult to establish a nationwide distribution network, Nongshim chose a number of metropolises such as Beijing, Shanghai, and Guangzhou as their footholds and spread their distribution channels to other adjacent first tier cities. Considering their penetration capability and their premium product posi- tioning strategy, Nongshim decided to focus on hypermarkets with multi-packs contributing the majority of business in this channel. They wanted to build Shin Ramyun's brand aw- areness and word-of-mouth effect through hypermarket channels. On the other hand, Nongshim also set up their distribution channels in other cities near those main cities.

According to the distribution structure, Nongshim divided their marketing channels into many categories. Take the Beijing branch for instance; they categorized the distribution channels into seven main channels, about eleven sub-channels and eighteen terminals (See Exhibit 14). Meanwhile, they have cooperated with some agencies and brokers. Among these categories, Nongshim picked up two Carrefour hypermarkets as the key stores to exhibit their products. One is located in the Gubei area of Shanghai; the other one is close to the International Trade Exhibition Center in Beijing. In store performances are emphasized and Shin Ramyun is displayed in the most prominent places in these two stores.

〈Exhibit 14〉 Channel Categories of Nongshim Beijing Branch

Main Channels		Sub Channels		Terminals		Remarks
A	Mass Grocery Retailers	A1	Hypermarket	A1-1	Hypermarket	MT
		A2	Convenience Stores	A2-1	Chain stores	MT
				A2-2	Independent store	MT
		A3	POST Stores	A3-1	Small size	
				A3-2	Middle size	
		A4	Traditional Groceries	A4-1	Kiosk	
				A4-2	Independent sellers	

B	Restaurant	B1	Restaurant	B1-1	Korean Restaurant	SP
C	Leisure and Entertainment	C1	Sports	C1-1	Golf course	SP
		C2	Entertainment	C2-1	Internet cafe	SP
				C2-2	Night club	SP
				C2-3	Bistros	SP
D	Accommodation & Transportation	D1	Transportation	D1-1	Railway	
		D2	Accommodation	D2-1	Hotel	
				D2-2	Resort	
E	Work places	E1	Work places	E1-1	Troops	SP
				E1-2	Korean companies	SP
F	Special channels	F1	Korean town	F1-1	Korean town	SP
G	Agency/Broker					

*MT: Modern Trade SP: Special Place
Source: Internal Document of Nongshim Beijing Branch, 2009.

3. Current Problems

Though Shin Ramyun had a success after coming into the Chinese market based on their differentiation strategy, the average mar- ket share has fallen in recent years. Until 2009, the average total market share of Nongshim in China is only 1% (See **Exhibit 11**).

⟨Figure C⟩ Scale of Shanghai Packaged Noodle Market

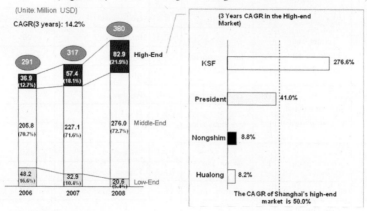

Source: AC Nielsen Retail Index.

⟨Figure D⟩ Nongshim's Value Share in Hypermarket, 2008

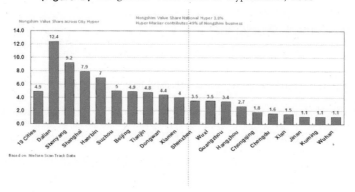

Source: Internal Document of Nongshim, 2009.

The decline was driven primary by market share losses in their high-end segment. Shin Ramyun, the most lucrative product of Nongshim, is positioned as a premium brand. A big challenge came from other competitors such as KSF, President, and Hualong to plunder the high-end market, and market growth rate of these companies has significantly increased. The competition is heating up day by day and the battle is not only occurring in the packaged noodle market, but also the bowl market. Take the Shanghai market for instance. (**Figure C** describes the scale of Shanghai packaged noodle market in recent three years.) KSF has the fastest compound annual growth rate (CAGR) of 276.6% in Shanghai's high-end market, and this number is followed by 41.0% of President, which is just a little bit lower than the 50% average growth rate of this market. Compared with KSF and President, Nongshim has a very poor performance with only 8.8% CAGR and Hualong is on the heels of Nongshim with the similar 8.2% CAGR. The premium price positioning may result in the growth limitation of Nongshim in this segment.

4. Nongshim's Market Research

Nongshim China had much lower penetration of the total population than its major com- petitors. But its consumers were relative loyal in the category. Periodically, the Nongshim research department fielded a major study to assess the "health" of their marketing channels.

The market research department monitored both the effectiveness of their distribution systems, as well as the cumulative impact of channel coverage on the overall health of their sales. Both quantitative and qualitative re- search provided data from manual audit stores (such as independent groceries or kiosks) and scanning stores (such as hypermarkets). The result was reported by comparing the benchmark performance with the market leader KSF. "Once we did take notice about our distribution channels, we discovered several things", said Y.S. Kim, the chief of market research team.

First, hypermarket is the core channel (con- tributing nearly half of Nongshim's business); however, performance is not so good in each city's hypermarket, considering expansion. Nongshim is losing distribution and market share in their current cooperating stores, and facing the strong competition from other competitors (See **Figure D**). In-store perfor-mance stagnation might be the main factor in hypermarket share decline. Because in-store share has seen significant drop in last three years, products cannot occupy the best- position selves. It means even with the foo- tholds of Nongshim, they didn't plant their feet sturdily. In 2008, Nongshim missed over 500 hypermarkets and they still have a big distribution gap with KSF in benchmark (See **Exhibit 15**).

〈Exhibit 15〉 Benchmark: Nongshim vs. KSF, Distribution Gap1

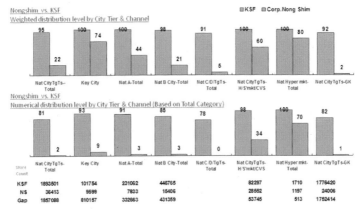

Source: Internal Document of Nongshim, 2009.

〈Exhibit 16〉 Benchmark: Nongshim vs. KSF in Channel/City Tier

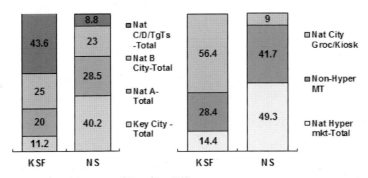

Source: Internal Document of Nongshim, 2009.

The market research team also discovered that Nongshim's channel expansion to second tier and third tier cities is too limited. Recent years, since major cities have been crowded and markets are gradually becoming saturated, investment of food manufacturers has turned to secondary and tertiary cities in China. Meanwhile, consumers in these regions are evaluated as the highest potential groups in terms of their purchasing power. However, current distribution of Nongshim is very low in these secondary and tertiary cities, even in adjacent markets of their main target cities, such as the developed cities in Zhejiang, Jiangsu, and Guangdong where higher prices are seen. Compared to KSF, Nongshim is more concentrated in key and first city hyper-markets; hence it lacks national presence and scale (See **Exhibit 16**). Moreover, deve- lopment of Nongshim's marketing channels to non-hypermarket, independent groceries, and kiosks is insufficient. The problem, as **Figure B** indicates that although the KA channel has grown fast in recent years, the main channel for instant noodle distribution is still the groceries and kiosks in traditional formats. So, it is very difficult for Nongshim to build their brand awareness and increase their market share by only counting on hypermarket channels.

With respect to consumer behavior, the market research team discovered that, Nongshim's distribution segments and Shin Ramyun's unique selling points (USP) are incompatible (Kim, 2011). The USP of Shin Ramyun is their spicy taste; nevertheless, Nongshim chose Shanghai, where spiciness is not the tradi- tionally popular flavor in people's daily food, as their first distribution segment and strong-hold city. This inappropriate channel segment brings conflict between Nongshim's product line and local citizen's dietary habits. In comparison, KSF provided spicier flavor choices in western China according to regional pre- ference while Nongshim holds spicy taste in all areas (See **Exhibit 17**). Consumers in west provinces such as Sichuan, love spicy food and seem more open to spicy flavor. Once Nongshim can penetrate those areas successfully, it seems easier to build the spicy brand image in the future.

⟨Exhibit 17⟩ Benchmark: Nongshim vs. KSF in Flavor

■ Spicy   □ Non-Spicy

	NS	KSF	Ttl
National	18 / 82	69 / 31	63 / 37
East	22 / 79	75 / 26	63 / 37
South	13 / 87	63 / 37	58 / 42
West	13 / 87	47 / 53	43 / 57
North	17 / 83	83 / 17	75 / 24

Source: Internal Document of Nongshim, 2009.

⟨Exhibit 18⟩ Channel Structure of Master Kang (KSF) in the China Market

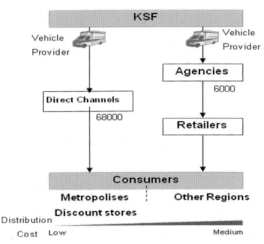

Source: Internal Document of Nongshim, 2009.

Finally, the team discovered that, unlike KSF's nationwide distribution network, there is no integral and nationwide distribution network for Nongshim in the China market. Based on the location of their factories, Nongshim mainly focuses on distributing products to hypermarkets in first tier cities (See **Exhibit 9**). This fragmented distribution system cannot effectively integrate structural channel elements such as configuration, con- nection, inventory, and logistics together. Furthermore, the non-integrated distribution system may curb the information flow between supply chain and operation management. In addition, it will increase distribution cost, as **Exhibit 13** indicates, since with the frag- mented system, distribution costs usually account for 8% of Nongshim's total sales volume. **Exhibit 18** shows KSF's distribution structure. It helps KSF to cut down channel links in order to reduce distribution costs—only 4.5% of KSF's total sales volume.

5. Critical Decision

Responding to the market research findings posed a difficult sales challenge. "I do believe in our market research to assess the cumulative impact of marketing channels in the long run", said Youn, "however, many other factors may have an immediate short-term impact on our sales, it was often difficult to draw causal relationship between channels and sales."

In two weeks, Youn was scheduled to make a final recommendation to Shin and other supervisors about what plan Nongshim China should roll out within the $40 million invest- ment. Staring at the empty ramen bowl on his desk, Youn mused:

"Was the main problem related to the mar- keting channels? Should we put all of it in developing our distribution channels? Other- wise, what about we invest 50/50 to both channel development and brand promotion activity?"

Youn knew that this critical decision would be the last chance for him to fix the slow sales momentum in the China market.

References

Barschel, Hauke(2007), "B2B Versus B2C Marketing - Major Differences Along the Supply Chain of Fast Moving Consumer Goods (FMCG)", Akademische Schriftenreihe, 6-8.

Coulthart, Janet(2006), "Fast Moving Consumer Goods", US Department of Commerce.

Hong, Junjie and Binglian Liu(2007), "Logistics development in China: a provider perspec- tive", Transportation Journal, 46(2), 55-65.

Kim, Yong June(2011), China Marketing, Seoul, Pakyoungsa.

Nielsen(2008), AC Nielsen Retail Index.

Rhee, Dong Kee, and Jin Ah Choi(2006), "The Globalization Strategy of Nongshim: Foreign Direct Investment in China", International Marketing Review, 10(2), 137-164.

Yau, Oliver H. M. and Henry C. Steele(2000), *Chinese Business: Challenges in the 21st Century*, Chinese University Press, 237-256.

Yoon, Suck-Chul(1999), "A successful strategy of follow the leader combined with cultural adaption—A food company case", Int. Studies of Mgt. & Org, 28(4), 49-56.

Zhongguo lian suo jing ying xie hui.(2008), *China chain store almanac*, Beijing, Zhongguo shang ye chu ban she.

김용준(Yong June Kim)

Northwestern University 마케팅 박사
성균관대학교 현대중국연구소 소장
성균관대학교 경영전문대학원 정교수
삼성오픈타이드 차이나 대표이사, 사장
중국 청화대학(MBA) 객좌교수
중국 상해교통대학 초빙교수
University of British Columbia 조교수
The Chinese University of Hong Kong(MBA) 객좌교수
전) 한국국제경영학회 회장
현) 한국마케팅학회 회장

김주원

성균관대학교 경영학 박사
현) 성균관대학교 현대중국연구소 연구교수

노은영

중국인민대학교 법학박사
현) 성균관대학교 현대중국연구소 연구교수

문철주

성균관대학교 경영학 박사
성균관대학교 현대중국연구소 연구교수
현) 동아대학교 국제무역학과 교수

오원석

성균관대학교 경영학 박사
현) 성균관대학교 경영학부 교수

이상빈

중국 북경대학교 정치학 박사
현) 창원대학교 경영대학 신산업융합학과 부교수

이상윤

중국 북경대학교 경영학 박사
현) 성균관대학교 현대중국연구소 연구교수

이홍숙 ————————————————————————————

성균관대학교 경영학과 박사과정 수료
현) 신라대학교 글로벌비즈니스대학 교수

왕정(Zheung Wang) ————————————————————

성균관대학교 경영학 석사
현) 중국 산동과학기술대학교 마케팅 전임강사

중국의
상업관행과
제도적 환경변화

초판인쇄 2014년 11월 21일
초판발행 2014년 11월 21일

지은이 김용준 외 지음
펴낸이 채종준
펴낸곳 한국학술정보㈜
주소 경기도 파주시 회동길 230(문발동)
전화 031) 908-3181(대표)
팩스 031) 908-3189
홈페이지 http://ebook.kstudy.com
전자우편 출판사업부 publish@kstudy.com
등록 제일산-115호(2000. 6. 19)

ISBN 978-89-268-6789-1 94320